激震！コロナと不動産

価値が出るエリア、半額になる物件

榊 淳司

Atsushi Sakaki

はじめに

わずか1年前、新型コロナの地球規模での感染拡大などは誰も予想しなかった。

2019年の年末から翌年の正月にかけては、ラグビーワールドカップで活躍した日本代表選手がテレビ番組に出まくっていた。コロナ騒動さえなければ2020年の年末から翌年のお正月には、同じように東京五輪のメダリストたちを毎日のようにテレビ番組で見ていたはずだ。

しかし、今の日本と世界はそんな太平楽な状況にはない。特に北半球の国々では、新型コロナの第3波に脅えている。もちろん、日本も例外ではない。

新型コロナは日本社会のさまざまな構造を大きく変えた。なかでも最も大きなものは、長年にわたって掛け声だけで実態が伴わなかった「働き方改革」が、ごく自然なカタチで実現してしまったことではないか。

例えば、情報化社会が進化した現在、ホワイトカラーのほとんどの業務は出勤先のオフィスでない場所でも遂行可能であることが判明した。また、コロナ以前には頻繁に行われていたはずの会議や出張が大幅に圧縮できることもわかった。

同時に、各職場における個々人の能力や人柄の今まで見えなかった側面が、改めて浮かび上がったのではなかろうか。

リモートワークの普及は、これまで合理性という基準を軽視してきた日本のビジネス社会に、ほぼ強制的に合理化をもたらしたと筆者は推測している。

簡単に言えば、人も空間も業務も、何が無駄で何が必要なのかを多くの人に知らしめたのだ。これはある意味、コロナ禍がもたらした数少ないメリットのひとつかもしれない。


ビジネス社会が合理化した影響は、不動産市場にも明解に現れてきた。

コロナ以前は空室がほとんど出なかった渋谷エリアのAクラスビルでもテナントの募集が目立ち始めた。賃料も小幅ではあるが下降傾向がはっきりと読み取れる。

ヤフーや楽天などのネット系大手企業はいちはやくリモートワークを取り入れて、働き方の基準を変えた。人材派遣大手のパソナは兵庫県の淡路島へ本社移転を決めた。本社を東京に置く必要がない、という判断であろう。

都心の一等地に本社オフィスを構えようとする動きは今後、劇的に減少するはずだ。そのことはすでにオフィス空室率の上昇と賃料の下落、という統計数字となって明確に表れている。

一方、住宅関連でもこれまでにない動きが起こった。

まず、首都圏都心の新築市場では戸建て分譲住宅の販売が絶好調となったが、マンションは不調に。特に都心エリアの高額なマンションは動きの悪さが際立つ。中古マンション市場では、湾岸の中古タワマンに需要が集まった。また都心を中心とした中古物件はかなり堅調な成約数の伸びを見せた。

こういった動きの理由は主に2つあると考えられる。

まずひとつはリモートワークの普及による「ワークスペース需要」。戸建ては部屋数が多いのでワークスペースを確保しやすい。湾岸のタワマンは共用施設が充実しているので、住戸外かつ敷地内でリモートワークを行える物件が多い。

2つ目は、収入減を見越した駆け込み需要だ。2020年のうちに住宅ローン組むのなら2019年の収入が審査基準になる。しかし2021年なら残業やボーナスが激減した2020年の収入を基準にされる。「だったら今のうちにローンを組もう」と考えた人々が、すぐに住める中古マンションの購入に走ったようだ。

しかし、こういった購買行動は危険が伴う。彼らは多分、「2021年にはコロナが収束して自分の年収も回復する」と見込んだのだろう。その通りになればいいが、現実には新型コロナ感染の第3波が世界を襲っている。2020年は「コロナ元年」、2021年は「コロナ爆発イヤー」となっても不思議ではない。

新型コロナによる、不動産市場の変化はまだ始まったばかりだ。

今後、リモートワークは日本のビジネス社会でそれなりに定着していくだろう。例えば、一部の大手商社では、2020年の秋口に「自分たちの仕事はエッセンシャルワークだから」という理由で、コロナ以前の出社体制に戻したらしい。

しかし優秀な就活生はリモートワーク主体のA社と、出社を基本とするB社の両方の内定を得たときに、どちらを選ぶだろうか。多くはA社であろう。

商社の経営資源は何よりも人材である。こういう現象が優勢になればやがてB社もリモートワークに立ち戻らざるを得ない。

私がアウトサイドからコロナ禍のビジネス社会を眺めていて、気づいたことがある。それは社風が合理的で社員のレベルや意識が高い企業ほど、リモートワークが向いているということだ。そうでない企業はリモートワークを取り入れたことによって業績が悪化しているケースが多い。

このように、リモートワークは企業間の競争をさらに激しくしてしまったのかもしれない。勝ち残る企業ではますますリモートワークが普及するのだ。

リモートワークが定着すると、住宅需要は大きく変化する。職場の近くに住まなくてよくなると、人々はどこに住まいを選ぶのか。それを考えるのは本書の大きなテーマであった。

また、新型コロナの感染拡大は日本経済全体に大きな打撃を与えている。実のところ、新築や中古のマンションを含めた不動産の価格は、景気動向に大きく影響を受ける。景気がいいと上昇し、悪くなると下落する。

2020年の日本経済はマイナス成長が確実だ。であれば、マンションの価格も下がるのか。

実際にはマンション価格はまだ下がっていない。その理由は本書で詳しく書いたが、簡単に言ってしまうと政府の景気対策が効果を上げていることと、不動産価格の動きは景気動向から半年以上は遅行するからである。

しかし2021年もマンションをはじめとした住宅価格が下落しないと考えるべきではない。その理由は、需給関係である。個人所得が減ることによって需要は細る一方、住宅ローンの返済が困難に陥った人々の精算・売却が想定されるからだ。その仕組みや、想定しうる現象についても本書で詳しく解説した。

様々な考察を行った結果、筆者はある結論に達した。それは、新型コロナによる日本の不動産市場への負の影響は2021年に本格化し、その後何年も継続するだろうというものだ。さらに言えば、コロナが2021年の後半に収束が見えることで日本経済全体は回復基調となり、ちょっとしたバブル現象も起こるかもしれないが、住宅市場にそれは反映されにくいのではないか、という悲観的な予測である。

理由は、2013年以来東京の都心やその周辺の一部エリアのマンション市場は、実力以上に価格を高騰させてきた。それを支えてきたのは異次元金融緩和で市場に供給された潤沢なマネーだ。それらのマネーのマンション購入は、都心の希少性や旺盛な居住ニーズの存在を前提としてきた。

しかし、リモートワークの普及はそういった居住ニーズを根底から覆す変化をもたらしている。その結果、これまでの「都心や湾岸エリアのマンション価格は下がらない」というセオリーを崩壊させた可能性がある。

本書では2020年の東京の住宅市場で何が起こったのか、そして2021年以降は何が起こるのかについて需要と供給の両面はもちろん、過去の事例も踏まえて多角的に分析・考察を行った。

今後、人々が自らの住宅購入や売却などで市場を理解する上で、本書の考察や分析が多少なりともお役に立てれば幸いである。

目次

第2章 郊外＆ベッドタウン「住みたい街」激変！……69

第1章

湾岸タワマン崩壊とマンション市場リスク

「バイヤーステージ」から「セラーステージ」へ 首都圏の中古マンション市場でこれから起きる異変

2020年10月、NHKの「クローズアップ現代」で東京の中古マンション市場が活況であるという内容が放映され、業界内ではずいぶん話題になった。「コロナ禍なのになぜ購入？　追跡！　都心の不動産売買」と題されたテーマで、コロナ禍においても、都心のタワーマンションが売れているという内容だ。

残念ながら筆者は見なかった。ただ、番組の趣旨はおおよそ想像できた。またそれを解説した記事もいくつか読んだ。

確かに6月以降、湾岸エリアなどの中古マンションがよく売れた、というのは統計データ的にも明らかになっている。

なぜそうなったかというと、やはり新型コロナの影響だ。

外出の自粛などによって、人々はステイホームしている時間が長くなった。すると、現状の住まいにさまざまな不満を感じるようになる。「もっと広い住まいが欲しい」と考える人が出てくるのは必然だろう。

また、リモートワークの環境を求める「広さと部屋数」への需要も生まれた。多くのビジネスパーソンにとって自宅とは、新型コロナが広まるまでは「寝に帰る場所」だった。そこに突然、「仕事をする場所」という役割が加えられたのだ。そうなると「狭い」とか「落ち着かない」という不都合が生じることも多くなる。

湾岸のタワマンは都心のそれに比べると共用施設が充実している。そもそも、周辺に何もない埋め立て地に突然、数百戸規模のスケールで開発されたケースが多い。だから敷地や建物の中に盛りだくさんな共用施設を造ってある。「ここに居ればたいていのことが可能ですよ」ということを謳い文句に販売されたのが湾岸タワマンなのだ。当然、会議室やラウンジ、敷地内のテラスなど、リモートワークを行えるような場所もたくさんある。

だから、「すぐにでも引っ越したい」と考えた人々が、湾岸の中古タワマンに殺到したのも頷ける。

しかし、その選択が中長期的に見て賢明であったかどうかは疑問である。

新型コロナは早くても2021年いっぱい、遅ければ2022年以降に終息すると考えるべきだ。2020年に湾岸の中古タワマンへ急いで住み替えた人々は、コロナ後もそこを気に入って住み続けるだろうか?

コロナ禍の直前まで、マンション市場ではハッキリと「タワマン離れ」という動きが広がっていた。眺望以外には際立ったメリットが見いだせず、ランニングコストがやたらと高いタワマンの現実を見つめ直す流れが、新型コロナを機に一変したとは思えない。むしろ壁が薄くてエレベーター待ちでストレスが溜まるタワマンを敬遠する動きも鮮明化しているのだ。

任意売却物件が2021年以降にたくさん出てくる

中古タワマンや新築戸建ての販売好調な今の市場の動きを、筆者は「バイヤーステージ」と捉えている。つまり、新型コロナによる外出自粛やリモートワークの普及によって、自宅の住環境に不満を抱いた人々の中で、住み替えができる経済力を持った層が急いで動いたのだ。何といってもリモートワーク環境の改善は、彼らにとって喫緊の課題となっていた。

それが6月以降、中古マンション市場や新築戸建て市場で顕著に表れた。テレビ局もそこだけを捉えて慌てて取材し、番組化したのだろう。市場の一面を捉えてはいるが、それは大きな流れの一部でしかなかった可能性がある。

こういった動きは需要が一巡すれば終息する。次に来るのは「セラーステージ」である。どういうことか説明しよう。

新型コロナの蔓延によって収入を減らさなかった、あるいは増やした層は全体から見ればかなりの少数派だと考えるべきだ。残業代が減ったり、業績の悪化で給与所得者の圧倒的多数は収入を減らしている。場合によっては職を失っているケースもある。

しかし、そういった〝多数派〟はまだ住宅市場で動いていない。政府の経済対策による給付金や、貯金の取り崩しなどでやりくりしているからだ。あるいは、住宅ローンを抱えている人の中には、金融機関に返済を猶予してもらっている人もいるだろう。現に住宅金融支援機構に寄せられている返済猶予の相談件数は新型コロナ以降、急増しているのだ。

ショッピングモールの隣に立つ複合開発マンションのミニチュア模型（本文とは関係ありません）

実際に、やや無理めのペアローンを組んで湾岸のタワマンを新築時に購入した人々の苦境が、各種メディアなどで報じられ始めている。派遣社員である配偶者が雇い止めになる、というのはありがちなケースだ。

金融機関で返済猶予が認められた場合の期間は、通常6か月である。その間に返済再開の目途が立たなければ、任意売却となるのが通常の流れだ。5～6月にかけて猶予が始まったケースの任意売却物件が本格的に中古市場に出てくるのは年末以降になる。この流れで行けば、２０２１年の年明けから中古マンション市場では売り物件が急増しそうだ。

任意売却が通常の売却と異なるのは、期間内（３か月～半年）に必ず売らなければいけないという縛りがあること。つまり、最後は希望価格を下げてでも売り切らねばならない。そういったケースが目立ってくるので、筆者はこれからが「セラーステージ」であると考えているのだ。

「買う人」より「売る人」が増え中古マンション市場に影響

新型コロナによって、日本経済は確実に不況に突入する。それはすでにＧＤＰの統計数字に表れている。しかし、不動産業界は周辺も含め、不況感はない。

実は、不動産業界が相手にしている消費者は、基本的にある程度以上のお金を持っている人々なのである。今回の不況ですでに生活の困窮が始まっているのは、あまり所得が高くない人々だ。彼らが不動産業界の人々と交わる機会は少ない。

しかし、今後は中堅所得者の困窮が本格化する。

例えば、12月はボーナスシーズンだが、住宅ローンにボーナス払いを組み込んでいる人は、そこでコロナ不況を実感することになる。だから日本がコロナ不況を本格的に実感するのは年末以降ということになる。

そして、菅政権には安倍政権の時のような景気対策の給付金バラマキは期待できない。まず、菅氏自身が「自助」、すなわち自己責任を求めるタイプだ。さらに、経済産業省の役人が支配していた安倍時代の官邸は、所管外の赤字国債が増えることなどまったく気にしなかった。しかし、菅総理になってからは、財政収支の健全化を求める財務省カラーが強くなっているはず。したがって、今後は実際にお金のかかる景気対策は望み薄だ。

困ったことに、バイヤー側よりもセラー側のボリュームはかなり厚い。2021年の中古マンション市場では、任意売却物件が激増することで今からでは想像しにくい光景が見られるかもしれない。

その時には、夏から初秋に見られた「湾岸中古タワマン市場の活況」という風景は、はるかな昔のことと思えるようになっているかもしれない。

台風被害の次はコロナ禍が襲った！武蔵小杉タワマン売却を決意した男性の悲劇

コロナ禍に関係なく、マンションというのはそもそも買うよりも売るほうが難しいといわれる。これはマンション業界に関わる人間たちにとっては半ば常識だろう。しかし、一般の方々（不動産業界では「エンド」と呼ぶ。エンドユーザーの略）は、そのことをまず知らない。

先日、筆者の事務所にマンション売却の相談に見えたエンドさんがいた。30代後半と思しきカップルだ。

「どうしたら、以前のような価格でマンションが売れるでしょうか？」

そのエンド男性は、かなり深刻な様子である。

彼が相談を持ち込んだマンションは、２０１９年10月に台風19号が日本を襲った時に、内水氾濫で地下３階の電気室が冠水。建物全体に電力が供給できなくなったことで、エレベーターはもちろんトイレも使えなくなった川崎市・武蔵小杉にあるタワマンだった。

「ああ、あの物件ですか……」

筆者は内心、「困ったなあ」と思った。

このマンションには被災直後、テレビや新聞、雑誌などあらゆるメディアが殺到。業を煮やしたタワマンの管理組合は居住者たちに「メディアの取材を受けるな。何も話すな」と箝口令を敷いたといわれている。

筆者は今でも、あのメディア対応はまずかったと思っている。当事者から情報がとれないなか、取材で現地に殺到した各メディアは情報を求めて右往左往した。公道と地続きのエントランス付近の敷地内に入っただけで、居住者から「不法侵入だ！」と怒鳴られた記者もいた。こうした広報対応をとれば、記者たちがそのタワマンのことを同情的に捉えるはずもない。結果、「豪華なタワマンを手に入れた富裕層がひどい目に遭っている」といった庶民が溜飲を下げる一種の〝エンターテインメント〟になっていった。

被災直後はもちろん、その後半年以上にわたってさまざまなメディアがその被災タワマンに関する報道を続けた。当然、筆者のところにもテレビ出演やコメント取材、あるいは原稿依頼が殺到した。

あの台風19号は、国土交通省の資料によると「死者90名、行方不明者9名、住家の全半壊等4008棟、住家浸水7万341棟」という甚大な被害をもたらした。にもかかわらず、メディアは延々とエレベーターやトイレ、電源が使えなくなったタワマンの惨状だけを繰り返し報道を続けた。なぜなら、世間の関心を集めたからだ。

そのおかげで、「武蔵小杉」という街と「トイレが使えないタワマン」のことは関東以外の多くの人も知るところとなってしまった。

報道では、そのタワマンの名称までは出てこない。しかし、ネット社会の今では誰にでもすぐにわかってしまう。SNSでは具体的なマンション名が飛び交った。

台風前より成約価格は1割前後下がっていた

「このマンション、売却は急がれますか?」

男性がこくりと頷いた。そして、すがるような眼差しを向けてくる。

「実はこのマンションは今、離婚協議中の妻と……」

聞けば、35年返済のペアローンで5年前に購入したものだと言う。ということは、一緒に来た女性は奥さんではないということか（後でわかったことだが、別居後にお付き合いを始めた女性だったのだ。彼女もどこか不安そうな表情をしていた）。

およそ5年前に購入したタワマンは、当時築7年だった。アベノミクスと黒田日銀総裁の異次元金融緩和で、マンション市場が局地的に高騰を始めた年に建てられたものだった。

「おいくらでお買いになったのですか？」

男性から聞いた額は、新築分譲時よりも15％ほど値上がりした水準だった。

「それでも、あの台風の前だったらさらに1割ほど上乗せして売れましたね」

「はい。私もそのつもりでいたのですが」

男性が苦しそうに答える。

「ご存じかもしれませんが、あの台風以後、約10か月ほどこのマンションの売買が成約した事例がまったく登録されていませんでした。２０２０年8月になってやっと2

件、9月に1件が登録されただけです」

不動産仲介業者が売り物件や成約事例を登録する、国土交通省所管の指定流通機構のサイトを見ながら筆者は説明した。

その直近の3件の成約事例を見ると、いずれも台風前より1割程度は下落している。男性はそのこともある程度知っていた。

「台風前は値上がり分で諸費用を賄おうと考えていたのですが、今の相場ではそれが無理なのかどうかご相談したいと思いまして」

それとなく事情を聞いていくと、離婚協議中の奥さんはなかなか強硬で「台風前の値段で売ってちょうだい」と要求しているらしい。

「先生、何かいい方法はありませんか?」

男性は相変わらず、すがるような目で訴えかけてくる。

「はっきり申し上げますと、台風前の相場で売却することは、日本経済がインフレにでもならない限りほぼ不可能です。それどころか、8月以降のこの3件の成約事例の水準ですら、買い手が現れるかどうかわかりません」

筆者は〝現実〟を教えるしかなかった。

離婚協議中の妻の同意がなければ売却できない

不運なことに、台風で被災したタワマンには双子の兄弟のような物件が隣地にそびえ立っている。同じ売り主、同規模、同時期の竣工で、名前も前半部分は同じ、サブネームだけが違う。あの台風直後に「武蔵小杉のタワマンで汚水逆流」というニュースがネット上を賑わせた時、当初はその双子タワーのほうだという誤情報が駆け巡った。

つまり、男性が売却しようとしているタワマンには双子の兄弟が隣に立っていて、そこはなぜか台風の被害がほとんどなかったのだ。

ということは、同じ条件で中古タワマンを探している人は、まずその被害がなかったほうの購入を検討する。被災した男性が離婚協議中の妻と共同所有するタワマンは、買い手側からすると「安ければ考えてもいい」という位置付けになるのが普通だろう。

現に、過去1年で被害のなかったタワマンのほうは10件の成約事例がある。しかも、8月以降にやっと3件成約した被災物件よりも5～10％成約額が高い。

そのことを説明すると、男性の表情がさらに暗く翳っていった。

台風は避けられなかった。しかし、ペアローンは賢明な判断をしていれば避けられた選択である。ペアローンとは、夫婦共同で住宅ローンを組むことで、それぞれの持ち分に合わせた金額を借り入れ、共同で個別の債務を返済していく仕組みになっている。これは考え方によっては非常にリスキーな仕組みだ。

まず、現在は新たに結婚する3組に1組がいずれ離婚するという時代だ。この男性のようにペアローンを組んだ状態で婚姻関係を解消しようとすると、売却額などで揉めることは簡単に予測できる。何といっても売り主側の2人が同意しないと売買そのものが成立しない。

次に、例えば35年という返済期間中は夫婦のどちらもがマンション購入時と同等かそれ以上の収入を確保し続けなければならない。そういう条件を満たして、やっとローンが完済できるのだ。

この男性の場合、あの台風で被災する前だったら売却によってペアローンがきれいに完済できたうえに、夫婦それぞれが少しくらいは手元に資金を残せただろう。しかし、仮にそのまま離婚せずにこのマンションに住み続けたとしても、ローンを完済できたかどうか疑問だ。

タワマンの寿命＝50年の間に何が起こるかわからない

こういう問題に、うまい答えは見つからない。

その昔、ダイエーという巨大な流通チェーンを築いた中内㓛氏（故人）は、莫大な借金をしながら店舗をどんどん増やしていった。誰かに借金のことを指摘されると「成長はすべてを癒やす」と答えたそうだ。借り入れが危険なレベルにまで増えても、企業そのものが成長していれば何とかなる、ということだろう。

これを個人のマンション購入に当てはめると「値上がりはすべてを癒やす」ということになりそうだ。

この男性のケースも、ペアローンで購入したタワマンが値上がりを続けていれば、離婚協議になってもさほど悩まずに済んだかもしれない。しかし、マンション市場が永遠に値上がり基調を続けるわけがない。中内氏のダイエーも成長が止まったことで経営が傾いた。

確かに、台風19号の襲来は予測不能であった。しかし、35年という年月の間には何が起こるかわからない。現に２０１９年は台風がたくさんやってきた。数十年のうち

台風19号で街のイメージが一変した武蔵小杉。新型コロナによる打撃も小さくない

に台風の当たり年がやってくる確率は少なくないだろう。さらに天災以外でも今回の新型コロナウイルスのように、不動産市場を激変させる出来事が起こる可能性もある。

相談者のエンド男性には「できるだけ早く売るのがいいですよ」と話した。コロナ禍において、８、９月時点で中古マンション市場の相場観はそれほど崩れていなかった。その頃に売却すれば、相場で成約できる可能性があったからだ。

しかし、今後はそうはいかないだろう。コロナ禍で確実にマンション市場にも下落圧力がかかってくる。２０２０年末から年明けにかけて、住宅ローンを払えなくなったエンドさんたちの任意売却が急増することが予想されるからだ。

そうしたトレンドに陥った場合、「浸水したタワマン」という不名誉な枕言葉がつく武蔵小杉の不動産価値は圧倒的に不利なのだ。台風とコロナのWショックで、「ニューセレブの楽園」は、完全に過去のものになりつつあるようだ。

ルポ 住人の相互監視に犯人探し……! コロナ禍がもたらしたタワマンの「分断」

取材・文●『週刊SPA!』特別取材班

新型コロナウイルスの発生源を巡る米中対立や、さらに国内を見渡せば自粛警察や県外者狩りなど、パンデミックは社会にさまざまな分断をもたらした。それはまた〝天上世界〟でも例外ではない。

ステイホームの呼びかけによって、巣ごもりの拠点となった超高層タワーマンションの住民たちの間にも大きな軋轢が生じていた。

特に3密になりやすいエレベーターは、摩擦の温床であるという。江東区東雲のタワマンで子育て中の40代男性は明かす。

「緊急事態宣言以降、ウチのマンションの管理組合は、3密防止のために『エレベーターの相乗りは原則5人まで』という努力目標を出した。しかし、ステイホームでマンション内の人口が増えているし、食材の買い出しやら気分転換の散歩やらで、外出自粛とはいえ皆、けっこう出入りは頻繁だった。そのうえ、小分けになって乗るからエレベーターが全然来ない。私も基本的にはこの努力目標を守っていたんですが、急いでいる時に、仕方なくすでに5人乗っているエレベーターに押し入ったら、小池百合子みたいなおばさんに『密です！』と叱責されたこともある。うちは中層階に住んでいるので、下階行きのエレベーターを呼んでも、すでに先客で満員ということが多く、理不尽な気もしますが反論はしません。またネット上のマンションごとの住民専用掲示板で、『○階に住んでる会社員風の男はエレベーターでマスクしていなかった』などとさらされたりする。完全な相互監視社会で、本当に怖いです」

これまで幾度となく、タワマン・コミュニティでは、居住する階数によって地位が決まる「階数ヒエラルキー」が存在するといわれてきた。しかし、コロナ禍のタワマンでのエレベーター利用を巡っては、そうした格差がより鮮明になったようだ。品川区内のタワーマンションに住む30代の主婦の話。

「ウチのマンションは18階までしか行かない低層階用エレベーターと、それ以上にしか行かない高層階用エレベーターの2台に分かれている。ウチは4階なので、低層階用エレベーターです。以前は、高層階住人から見下される立場として、低層階住民にはちょっとした連帯感があったんです。しかし、3密が嫌われる現在は、低層階用エレベーターの利用者の間で『5階くらいまでの人は階段を使え』という雰囲気が漂っている。上階から来たエレベーターに4階から乗り込むと、舌打ちをされたこともあります」

現在は、なるべく階段を使っているという彼女だが、そこでもこんな問題が……。

「高層マンションのなかでは4階

エレベーターは住人同士が接触するだけにトラブルのもとになりやすいようだ……

というと低層ですが、毎回階段で上り下りするとなると、かなり大変です。それに、緊急事態宣言以降、共用施設のジムが閉鎖になっているので、トレーニング代わりに階段を上り下りしているおじさんたちが結構いるんです。ただでさえ階段は換気も悪いのに、正直迷惑です。ちなみにウチの真上の階にいる子なし夫婦も昼間から部屋でエクササイズしているみたいで、ドスンドスンとうるさくて仕方ないですよ」

ラウンジやジムなど共用施設が閉鎖され価値下落

緊急事態宣言以降、首都圏の多くのタワマンではジム以外にも温浴施設、ラウンジなどといった共用施設を閉鎖してきた。

これについて、「共用施設が使えなければ、タワマンなんて刑務所や病棟と変わらない」と話すのは、江東区有明のタワマンの賃貸物件に住む30代の男性会社員だ。

「ウチの会社では4月から2か月間リモートワークだったのですが、緊急事態宣言が発令されてからは、リモートワーカーが増えたせいでネット回線が混雑してつながりにくくなり、仕事になりませんでした。徒歩圏で食材の調達ができるのは、マンション1階にあるスーパーが唯一の場所だったのですが、肉や冷凍食品はずっと品薄状態。トイレットペーパーの争奪戦も起きていました。共用施設がすべて閉鎖されているので、気晴らしといえばマンション敷地内の遊歩道を歩くくらい。しかしそこも、休校になったガキどもが溢れ、無秩序に暴れていたりする。何人か叱り飛ばしてやりましたけどね。おそらく、親も子供といる時間が長くなりすぎて疲れているのか、ほったらかしなんですよ」

一方で男性は、コロナ禍で浮かび上がってきたタワマンという居住形態の限界について指摘する。

「そもそもタワマンは昼間に全住民が在宅することを想定して造られていないので、ステイホームによってあらゆる場所がキャパオーバーになっている。共用施設の再開も未定だし、私は夏にも今の部屋を退去する予定です。私は賃貸だからよかったけど、買っちゃってる人は逃げるわけにもいかず、閉塞的な環境でご近所に気を使いながら生きていかなければならない。本当に気の毒です」

この男性のように、コロナ禍をきっかけに住んでいたタワマンを離れる人は少なくないようだ。都内のある不動産仲介業者は言う。

「タワマンの売りであるラウンジやジムなどの共用施設が閉鎖されたことは、売買市場よりも流動的な賃貸市場においては負の影響になっています。すでに入居している貸借人の間では、共用施設を使えないのに今までと同じだけ共益費を徴収されることに対する不満もあります。共用施設が充実している高級タワマンでは、管理費・共益費は月額２万円以上になるところもあるので、切実な問題。そして、さらに困るのは、急に入居者に出ていかれた物件オーナーです。この時期に退去されてしまうと、新しい入居者はしばらく見つからないでしょうからね。ローンで物件を購入し、入居者からの賃料収入でその返済に回していたようなサラリーマンオーナーは、空室状態が続けばローンが払えなくなってしまいますよ」

タワマンの賃貸市場の雲行きが怪しくなれば、オーナーのなかには物件を手放さざるを得なくなる者も出てくることだろう。そうなれば、売買市場への影響も小さくないはずだ。

しかし、もっと悲惨なケースもある。マンションの住人に新型コロナの感染者が出てしまった場合だ。

資産価値低下を恐れる管理組合がとった行動

では、実際に感染者が出たマンションでは何が起きたのか紹介しよう。東京・湾岸エリアにある某タワーマンションに住む40代の男性の証言。

「感染者が出たらしいという情報が、4月上旬に別の住民からLINEで回ってきた。その後、エントランスに、コロナ感染者が出たことを知らせる貼り紙が一時的に掲示されていました。これを機に、住民の間で〝犯人捜し〟が一斉に始まった。『先週、エレベーターで咳をしていた女性が○階で降りた』『○○号室のご主人はよく中国に出張していたらしい』などと、真偽不明の噂が飛び交いました。感染を恐れてマンションから一時的に避難した人もいます。さらに感染者の部屋番号を公開すべきと主張していた人もいました」

このタワマンでは、ある住人が感染者だという噂が広まり、のちに非感染者だと判明するなど住民同士が疑心暗鬼に陥ったという。さらにこの男性を含む同タワマンの住民は、居住者同士の軋轢だけではなく、外からの厳しい視線にもさらされることとなった。

「感染者が出たという噂はマンションの外にもすぐに広がった。そのせいなのか、妻がなじみのクリーニング屋に洋服を出しに行った時に、ほかの客よりも明らかに厳重にアルコール消毒をさせられたそうです。以前は、ウチのタワマンに住んでいるだけで近所でも『すごい』などとチヤホヤされたりしたんですが、今はできるだけどこに住んでいるのか、バレないようにしています」

感染者が出たというのは事実なのか。管理する三井不動産レジデンシャルサービスに問い合わせたところ、「個別の案件についてはお答えしかねる」との回答。ただし同物件を扱う不動産仲介業者に聞いたところ「4月中旬に感染者が1人出たと聞いている」と認めた。

前出の住人によれば、エントランスの貼り紙はその後、すぐに剥がされたという。資産価値が低下するので周知すべきではないという意見が上がったからだ。前出の三井不動産レジデンシャルサービスは「一般論として」と前置きしたうえでこう答えた。

「感染者が出た場合を含め、コロナ対応などは住民様による管理組合が主導で決定しています」

こうしてコロナ対応に関する住民のコンセンサス策定が急がれるなか、会議が紛糾

タワーマンションが林立する湾岸エリア。コロナ禍を機に、ライフスタイルは一変した（本文とは関係ありません）

している管理組合も少なくなさそうだ。

　江東区・豊洲エリアのタワマン管理組合の役員を務める40代男性は話す。

「目下の議題は、現在閉鎖中のジムやキッズルームをどうするか。再開は時期尚早とする声がある一方、閉鎖されたままだと共益費・管理費が払い損だと主張する人もいる。再開するにしても、今後の感染予防にかかるコストをどうするかという問題もあり、頭が痛い。閉鎖されていた間の施設管理費の一部について、運営委託先の業者に返還を求めようという動きもあります。しかし、われわれ管理組合の役員は、委託先の業者から接待を受けていて、あまり大きくは出られない事情もある。管理費の返還について特に消極的なのが組合長。私たち以上の接待を受けているのではないかと、役員の中でも疑念が膨らんでいます」

住人の分断や、施設を巡るいざこざは各地で起きている。パンデミックが浮かび上がらせたタワマンの闇はあまりにも深い。

コロナ後にタワマン爆買いが再び起きる!?
虎視眈々と値下がり物件狙う中国人投資家

コロナ禍で、首都圏の住宅市場はかなりイレギュラーな様相を呈している。リモートワークの普及が思わぬ需要を生み出し、郊外の中古住宅や都内でも戸建てを購入する動きが加速している。こういう動きは、まもなく一巡しそうだが、今後は住宅ローンの返済に窮した人々が任意売却に向かう動きが目立ってくるだろう。

もうひとつ、コロナ不況が東京の住宅市場に影響する新たな展開がある。それは米中関係の悪化による「逃避マネー」の流入だ。

ご存じの通り、アメリカと中国は今、政治的にも経済的にも対立を深めている。すなわちデカップリングが進み、経済や技術、人的交流が停止しようとしているのだ。実現するか否かはわからないが、トランプ前大統領は「中国に新型コロナ蔓延の責任を取らせる」という趣旨の発言をたびたび行っていた。バイデン氏が大統領になって、対中政策が引き継がれるかどうかは定かではない。しかし、仮に経済的損失を中国に請求したり、資金拠出を要求するという事態になった場合、具体的に何が起こるのか。

よく知られている通り、今の中国では高位にある人々は個人的な資産を海外に移転させている。ここでいう「海外」とは欧米や日本を含めた民主主義・自由主義陣営の国々である。家族と資産は海外に置いて、自分も地位が危うくなったらいつでも中国から逃げ出せるように準備をしているのだ。そういった中国の高級官僚を「裸官」と呼ぶそうだ。

彼らは自分の母国である中国をまったく信頼していない。何かあればいつでも海外へ逃亡する覚悟を決めている。そんな彼らが資産を移す先は、これまではタックスヘイブンであったりスイスの銀行、あるいはアメリカやカナダ、オーストラリアでの不動産だった。

ところが、アメリカ政府は中国共産党の要人たちが海外に持つ銀行口座などの情報を把握しており、すでに凍結し始めている。２０２０年春以降、新疆ウイグル自治区の人権問題や香港の国家安全法を巡り、中国企業の幹部や政府高官の米国内の資産を凍結しており、今後さらに凍結される対象が広がりそうだ。

アメリカは言うまでもなく、カナダもファーウェイ問題があったり、オーストラリアでも中国政府の内政干渉が問題視されるなど、欧米圏と中国の外交関係はますます悪化しつつある。そういった国で不動産を所有していることに、中国人富裕層たちは不安を抱いても不思議はない。何といっても彼らの祖国では政府の命令ひとつで不動産の所有権など簡単に剝がされてしまうからだ。

国内顧客を裏切り北京や上海で販売フェアを開催

そんな不安を抱く裸官たちが、日本での不動産購入に興味を示す可能性はないだろうか。

振り返れば、2015年ごろから中国人による「爆買い」が話題になった。あの時、買われていたのは電気製品や日用品だけではない。都心や湾岸エリアのタワーマンションも爆買いの対象だった。

当時、日本の大手マンションデベロッパーは、自社販売物件の購入者に占める外国

湾岸エリアには2010年代以降に次々とタワマンが建設され、中国人富裕層による「爆買い」が話題なったこともある

人比率を、内部規定では２割以下に設定していたとされる。

　あるタワマンの販売センターでは、日本人の購入検討者が外国人比率の高さに対する不安を口にすると、担当者はシレッとした表情で「当物件では現時点で約11％です。最終的にも15％に達しないように調整いたしますのでご安心を」などとトークしていた。

　ところが、その物件の３分の１程度が未契約のまま完成在庫になると、北京や上海で販売フェアを開催。「何戸でもご契約いただけます」と、平然な顔をして営業していたのだ。

実際に全体の何割を外国人が購入したのかは、いまだによくわからない。それを知っている売り主や管理組合も、情報は一切外に出さない。当たり前だが、外国人比率の高い物件は、資産価値が下がることはあっても上がることはないからだ。

さて、中国の裸官たちは今、資産の逃避先に悩んでいる。

アメリカ政府の権力が及ぶ先では、大切な資産がいつ凍結や没収という憂き目に遭うかわからず、恐れているのだ。

その点、日本政府は中国人に対してそうした荒っぽいことはしないだろう、と思われている(根拠はないが、何となく確信的な予感を持っているようだ)。日本は基本的に私有財産を手厚く保護する国だ。外国人が不動産を保有することにも、ほとんど制限はない。実際のところ、こういう国は極めて珍しいのだ。

コロナ以降、中国人たちが日本の不動産を買っているという動きは確認できていない。海外から日本の不動産を購入するためのファンドマネーが入ってきている、という話は聞くが、それに裸官マネーが含まれているのかどうかまではわからない。

一方で、中国人向けの日本の不動産物件売買プラットフォーム「神居秒算」のサイトを見てみると、日本のタワマンをはじめ多くの物件が並んでいる。同プラットフォームは楽天などに在籍していた在日中国人が立ち上げたもので、中国人富裕層は実際に物件を見ることなく、中国から日本の物件を購入することができる（現在は日本企業のＧＡテクノロジーズが所有）。成約率は10％（日本の不動産全体の成約率は０・３％）を超えるとアナウンスしており、爆買いを支えている。

サイトを見てみると、購入可能な物件が約９５００件（２０２０年11月時点）。マンションから民泊用物件、土地まである。さらに、銀座の一等地の12階建ての商業ビルが一棟丸ごと36億円で販売されていた。

この「神居秒算」について、立ち上げた社長は経済メディアのインタビューで「中国の高所得者の消費は戻っており、不動産投資意欲は引き続き強い。神居秒算への問い合わせ件数も、７月にはコロナ前の水準に戻った」と述べている（『ビジネスインサイダーＪＡＰＡＮ』２０２０年９月23日配信）。

日中間の人の往来はまだ厳しく制限されているが、現地からネットで購入できるのだから、まったく影響はないようだ。

米中対立が今後も激化すれば、中国人富裕層や裸官が日本の物件を再び爆買いする可能性は少なくないだろう。

コロナ禍で打撃受けた日本の不動産に逃避マネーが流入!?

一方、日本の不動産市場は今のところ手堅い動きを見せている。

個人投資家向けの「利回り物件」市場も、昨年は低迷したが今はやや好調。「給付金バブル」で思わぬボーナスを手にした個人投資家たちが投資向け物件を漁っている。

前述のようにリモートワーク需要で中古マンション市場も好調だ。この様子を目にして、裸官たちが「日本の不動産市場は底堅い」と見なせば、今後、彼らが欧米圏に所有している逃避マネーが矛先を変えて日本に一気に流入してくるかもしれない。

先進国では今、コロナ対策によって金融はユルユルの状態になっている。簡単に言えば、お金が余っている。そのお金が流入する先ではバブルが生じる。現に日米の株式市場では共に企業業績の悪化が鮮明であるにもかかわらず、高値をキープしたままだ。

余ったお金が、日本の不動産市場の一部に流れ込んできても不思議はない。しかし、不動産というものは金融商品とは基本的に「似て非なるもの」である。バブルが終われば需給によって価格が決まるようになる。不動産は基本的に、そこから生まれる利用価値によってその価格が決まるのだ。

上がった価格はいつか、その利用価値に基づいた適正水準に是正される。海外のファンドや裸官たちの逃避マネーが流入しても、それを実需だと見誤らない冷静さを持つべきだろう。

五輪〝事故物件〟になるのか!?
湾岸エリアの2つのタワマンの行方

2013年9月に東京五輪の開催が決まった時、湾岸エリアのマンション市場は沸き立った。それまでは閑古鳥が鳴こうかという状態だったタワーマンションの販売センターには、決定のその日から見学予約の申し込みが殺到。その後は連日、ほぼ満席状態となった。

それから数か月ほどで、それまで販売不振だったタワマンが次々と完売。新たに売り出されたタワマンも、高値にもかかわらず販売は好調を維持した。ほぼすべての物件が、建物が完成するまでに完売してしまった。

現在、東京の湾岸エリアで売り出されている新築マンションは東京五輪の開催が決定後に事業計画が決まった物件だが、その典型的な存在が、五輪の選手村跡地にできる「晴海フラッグ」だ。

東京五輪の選手村は閉会後、総戸数4145の巨大マンション群「晴海フラッグ」となる。上は完成図イメージ（東京都資料より）

総戸数はタワマン２棟を含む４１４５戸で、五輪閉幕後に建物内を分譲マンションに全面改装し、購入契約者には２０２３年３月以降に引き渡される予定だった。

　しかし、東京五輪は１年間延期された。晴海フラッグはどうなってしまうのか。

　そもそも、晴海フラッグの販売が始まったのは２０１９年７月。前年の年末からモデルルームでの集客が始まった。当初予定の「販売開始」は２０１９年５月だったが、延びに延びた。結局、第１期６００戸の登録申し込みを受け付けたのは7月中旬。お盆前に抽選という焦りぶりだった。

中心価格帯は約90㎡の3LDKで8000万円程度、坪単価は約270万〜340万円で、周辺および中央区のタワマンより1〜2割安い。最寄りの勝どき駅まで、徒歩20分かかるにもかかわらず、世間の話題を集めたことも確かで、「最高倍率70倍超」というニュースを覚えておられる方もいるだろう。実は、あれは中身のわりに価格の安い住戸（業界内では客寄せパンダをもじって「パンダ住戸」と呼ぶ）を設定して人気の演出を図ったのだ。

五輪の延期で晴海フラッグが契約の白紙撤回を始めた！

しかし、あまり効果はなかった。販売価格を当初より高めに設定したことで、思惑通りに集客できなかったのである。案の定、パンダ住戸も第1期2次の販売では出てこなかった。

スタートダッシュに失敗した晴海フラッグは、第1期についてはいつになっても

「完売」表示が出なかった。その後、第1期2次の340戸の販売が行われたが、こちらも完売表示はなし。販売側の広報では「894戸が契約済み」というのもあった。

こうしたなか、今年、新型コロナウイルスが襲った。3月初旬まではモデルルームでの接客営業も行われていたが、緊急事態宣言で一斉に自粛となり、モデルルームはどこも〝休業〟となった。

その後、あれよあれよという間に五輪開催の延期が決まった。約900人の購入契約者に対する処遇は、マンション業界だけでなく、社会的な関心事となっていった。

契約の行方が心配されるなか、6月中旬にようやく売り主サイドからアナウンスがあったようだ。「五輪が2021年に開催された場合、お引き渡しは1年程度の延期が見込まれます。お申し出があれば手付金をお返ししての白紙解約にも対応します」という趣旨の連絡が、契約者に通知されたという。今後、何人が白紙解約を求めるのかわからないが、筆者が得た情報を総合すると半数くらいは解約すると予想される。もともと売れ行き不調だった晴海フラッグに追い打ちをかけたことは確かだ。

さらに言うと、2021年の東京五輪開催も確定しているわけではない。このまま有効なワクチンや治療薬が開発されず、開催中止となる可能性も少なくない。東京五輪が「幻」となれば、晴海フラッグも「幻の東京五輪の選手村跡地」という位置付けになる。世にいう〝事故物件〟ではないが、縁起が良い場所でないことは確かだろう。「不運の街」あるいは「悲運の選手村跡地」といった呼び名で後世まで語り継がれるかもしれない。

荒漠とした埋め立て地に託された「五輪の夢」

東京の湾岸エリアにはもうひとつ、新型コロナによって運命を狂わされた街がある。2020年6月に2か月遅れで開業した江東区有明の複合商業施設「有明ガーデン」だ。その面積や規模は隣接エリアのららぽーと豊洲に匹敵し、加えて8000席規模のイベント会場や有明四季劇場（2021年開業予定）といった施設も備えている。

ただし、ここも晴海フラッグ同様、著しく交通の便がよろしくない。公共交通機関としてはりんかい線かゆりかもめを使うしかないが、どちらも主要駅からは最低1回は乗り換えなければならないうえに、ダイヤもまばらでアクセスに時間がかかる。

２０００年代初頭に「お台場ブーム」があったのを覚えている方は多いだろう。ブームにとどまったのは、交通の便が悪かったからだ。そんな有明エリアにとって、東京五輪の開催は何よりの朗報であった。あの荒漠とした埋め立て地が、一気に世界のトップアスリートたちの晴れ舞台に変わるのだ。有明エリアには、いくつもの競技会場がすでに完成している。五輪が中止となれば、それらが「悲運のモニュメント」と化す。

晴海フラッグと異なり、有明ガーデンは複合開発だ。街区内の住居施設として「シティタワーズ東京ベ

すでに完成した選手村。五輪延期で周囲はゴーストタウンのようになっている

イ」という名のタワマン3棟がすでに完成している。中心価格帯は70㎡の3LDKで8700万円程度、推定坪単価は約400万〜420万円。総戸数は1539戸で、現在の推定販売戸数は約860戸（11月11日時点）。完売まではまだ少し時間がかかりそうだ。

有明ガーデンの周囲には多くの五輪競技施設が設けられている。いわば競技会場に囲まれた〝新しい街〟になる予定で、コロナ禍がなければ今頃は世界各国からやってきた観光客やアスリートたちがショッピングや食事を楽しんでいたはずだ。しかし、コロナで開業が遅れ、人影もまばらな有明ガーデンには今、イオンで買い物をする地元住民しかいない。

東京五輪の開催が決まってから、東京の湾岸エリアは基本的に「五輪ありき」で街づくりが進んできた。「五輪の○○会場に近いから」「選手村跡地だから」ということで、新しく開発されたマンションは高値で販売されてきた。消費者側も「五輪」という付加価値やストーリーに期待したからこそ、高い物件を購入したのだ。

しかし今、五輪は中止リスクが急激に高まっている。抱いてきたさまざまな夢やイメージが、ガラガラと音を立てて崩れ去れば、湾岸に林立したタワマン群も「五輪価格」が維持できなくなる。湾岸エリアには「新築タワマンは必ず値上がりする」という都市伝説が2013年以降に広まり、晴海フラッグを含め、多くの人が値上がりを期待して購入していた。コロナ禍で今、そうした物件が中古マンション市場で売られるようになっているのだ。「値上がり伝説」は「暴落の悪夢」と化すかもしれない。

有明エリアにそびえ立つ「シティタワーズ東京ベイ」。この物件も「五輪の負の遺産」となってしまうのか

ルポ

リモートワーク急増で予想外の事態に！
羽田空港「新ルート」が不動産価格に与えた影響

取材・文●『週刊ＳＰＡ！』特別取材班

想定以上の騒音だった。国交省は「羽田新ルート」の開始1か月の騒音測定データを8月4日に公表した。うち9例で住民らに説明していた平均推計値より1～4デシベル大きいことがわかったのだ。

まず、羽田新ルートについて解説しよう。国際線増便などを目的に、3月末から採用されたこの新しい飛行ルートでは、15～19時で、1時間あたり44便程度が都内を低空飛行する。品川区では300ｍ以下となり、東京タワーより低い。騒音に関しては、新宿区や渋谷区、港区で70～80デシベル（幹線道路沿い～パチンコ店内に相当）。騒音以外では落下物や危険な進入角度による墜落も懸念されているのだ。

こうした騒音問題を抱えるなか、今回の測定データ公表を待たずして、6月に新ル

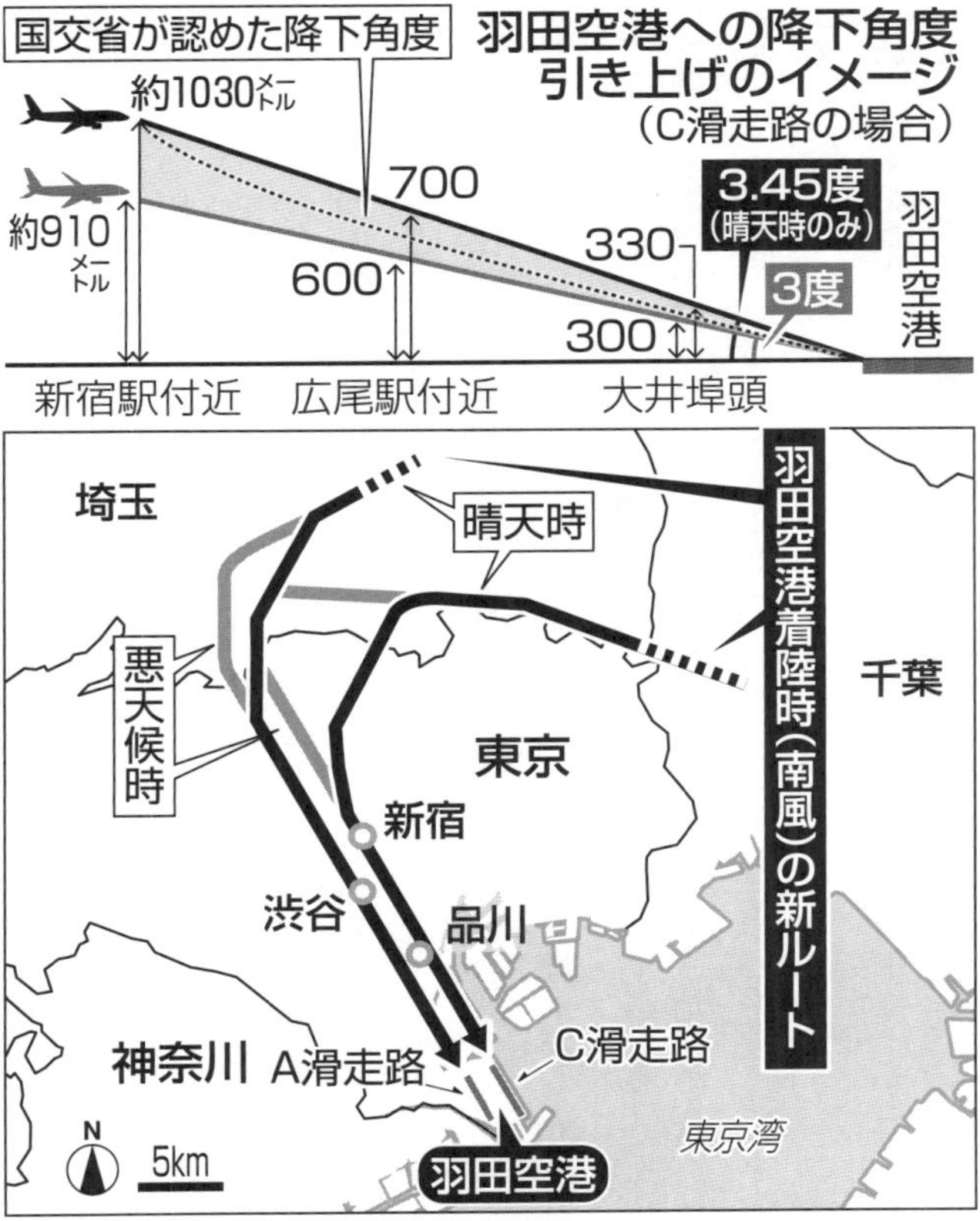

羽田新ルートの飛行経路および高度。「広尾駅付近」の600mでも、実際に見るとかなりの低空飛行に見え、騒音も大きい

ート下の住民ら29人による「羽田問題訴訟の会」が、国を相手に運用停止を求める行政訴訟を東京地裁で起こしている。ただ、9月に行われた第1回口頭弁論では、国側は争う姿勢を示しており、両者の溝は埋まらない。

同会メンバー・黒田英彰氏はこう主張する。

「騒音は3デシベル増えると体感音量は約2倍になるとの国会答弁すらあり、場所によっては当初の想定の倍以上のうるささといってもいい。風の向きや強さでさらに大きく聞こえることもあります」

渋谷区内に住む訴訟の会の別のメンバーもこう証言する。

「ビルの5階に住んでいますが、窓を閉めていても騒音はかなりのもの。高校生の孫も新ルート運用以降、勉強に集中できないと嘆いています。ほかにも区内の保育園では、騒音で園児が泣き出したという報告も受けています。幼児の寝入りばなの90分は熟睡しないと脳の発達に影響すると指摘し、騒音の悪影響を危惧する小児科医師もいます」

新ルートの運用は、コロナ禍と重なったことでテレワーカーからも怒りの声が。品川区に住む会社員（30代）の話。

「新型コロナ以降、週に3日はリモートワークなのですが、新ルートの騒音のせいでまったく仕事に集中できない。私のマンションは、新ルートの真下で飛行高度約350mの地点なんですが、部屋は18階なので航空機までの距離は300mも離れていない。私は冷房が苦手なので、夏場は窓を開け放して過ごしているのですが、南風時の新ルート飛行時はテレビの声が聞こえにくくなるほどの騒音でした。窓を閉めていても地鳴りのような轟音です。先日、友人夫婦を部屋に招いてホームパーティをしたのですが、騒音が聞こえ始めると、彼らの食事の手が止まってしまうほどでした」

さらに「南風時には毎日、轟音にさらされるようになりました」というのは同区の別の住民（50代）だ。

「うちは戸建てだし新ルート直下からは500mほど離れていますが、それでも騒音はハンパない。うちで飼っている犬は、新ルート開始直後から食欲不振になって、気も少し荒くなった」

こうしたなか、懸念されているのが新ルート直下にある不動産の資産価値の低下だ。大井町駅近くにある不動産店主は言う。

「4月以降、新ルートによる騒音を理由とした退去が2件あった。いずれも飛行高度が300mになる大井町エリアに住んでいた、幼いお子さんを持つ家庭です。一方、同エリアで新たに部屋探しする人も、騒音問題を気にして飛行時間帯に内見をしたいという人が増えています。実際に騒音を聞いて、『こんなにうるさいのか……』と絶句した夫婦もいました。周辺物件の資産価値の低下を示す客観的なデータはなく、あくまで私の実感ですが、新ルートの騒音によって大井町エリアの賃貸相場は5%ほどへっていて、売買相場でも2%ほど低下する可能性があるのではないでしょうか」

ルート直下の賃貸相場が5%も下がっていた!

実際、新ルートによる騒音が原因となり、不動産の売買取引が凍結された例もある。大井町エリアに一戸建てを所有する70代の女性も話す。

「昨年末、夫に先立たれて一人暮らしになったので、マンションに引っ越そうと今の家を売りに出したところ、こちらの言い値の4500万円ですぐに買い手がつきました。ところが新型コロナが発生した影響で、売買契約が先延ばしになっていた。そうこうしているうちに、新ルートの運用が始まったんですが、実際の騒音を聞いた買い手が、購入を躊躇するようになって、結局取引は白紙になってしまった。不動産業者からは『4000万円以下に値下げしないとなかなか買い手はつかないでしょう』と

品川駅や大井町駅付近を飛ぶ旅客機。この高度で2〜3分おきに飛んでくるのだ

言われていて、落胆しています」

一方で、新ルートの騒音が話題になることによって資産価値が低下するリスクに気を揉む人も。渋谷区内のマンションを所有する男性は言う。

「新ルートに対して反対の声を上げようと住民に呼びかけたんです。しかし、管理組合の理事長からやめるよう圧力をかけられた。どうやら不動産業者から『マンションの資産価値が下がるから黙っておいて』と言われたらしい」

騒音は不動産価格にどの程度の影響を与えるのか。マンションアナリストの武内修二氏は言う。

「不動産価格の変動にはさまざまな要因があるので、単純計算はできません。例えば1994年に民間企業が米連邦航空局に提出した報告書には、ロサンゼルス国際空港北部では騒音が1デシベル上がるにつれ不動産価格が1・33％下がるという分析結果があります。この数字を基に大井町駅の最大騒音レベル80デシベルと仮定し、通常時の60デシベルの差を掛け合わせると、大井町駅周辺の不動産価格は27％程度下がることになります。一方で、不動産価格への影響の一部はすでに織り込み済みであることを示唆するデータもあります。品川区のマンションの中古相場は2016～2020

年で約16%上昇していますが、新ルート直下のタワマン相場はほぼ横ばい。また、新ルートから150mの距離にある某タワマンは、5%ほど値を下げています」

騒音による影響はすでに出始めているようだが、前出の黒田氏は、他の問題点も指摘する。

「住宅街上空を頻繁に行き交うことで、氷塊や部品などの落下物による死傷事故リスクが大幅に上昇します。2014年8月25日には、羽田空港に着陸前の航空機から氷塊が落ち、工場の屋根を突き破るという事故も起きています。住宅街なら死傷者が出るでしょう。また、通常は3度程度となっている着陸時の進入角度も、夏場の新ルートでは3・8度前後まで深くなります。羽田新ルートは世界の空港と比べても着陸が難しいことで有名です。さらに、航空機の離陸時の3分、着陸時の8分は『クリティカル11ミニッツ』と呼ばれ、天候やヒューマンエラー等の危険要素が増加し、事故が発生しやすい。新ルートでは離着陸ともにその11分間に川崎石油コンビナート上空を通過します。ここに高温の部品が落ちたり、万一墜落機が突っ込むようなことがあれば大惨事です。過去、石油コンビナート火災が燃え尽きる前に消火できた例はないと聞いています。さらに川崎市の浮島町にある東芝の原子力技術研究所には、日本で唯一の民間実験炉である小型原子炉も現時点では存在しています」

新ルートの裏にある航空官僚の悲願と利権

では、国交省はなぜこれほど問題の多い飛行ルートを採用したのだろうか。航空ジャーナリストの坪田敦史氏は話す。

「まず、安倍政権によるインバウンド政策や東京五輪開催に合わせ、国交省は首都圏の発着枠を増やしたかったわけです。それなら、キャパシティに余裕のある成田空港を増やせばいいのですが、世界の航空各社は都心へのアクセスが近い羽田に就航したい。そうした意向も汲み取る形で、海に面した空港でありながら、住宅街を飛行するルートを採用せざるを得なかったんでしょう」

一方、大手新聞の交通行政担当記者は、国交省に別の意図があるのでは訝っている。

「国交省には、航空機の着陸料やジェット燃料の税金をプールした資金が空港整備特別会計という名目のもと、1兆円近く貯まっていた。2013年に自動車安全特別会計に統合されましたが、ゆくゆくは一般会計に繰り入れられるはず。航空官僚には、このカネが一般会計になって自由に使えなくなる前に羽田拡張に使ってしまおうという思惑があったのではないか。拡張は省益拡大や天下り先確保にもつながるので、動機としては十分です」

新ルートが決まった経緯にはさまざまな要因がありそうだが、住民から非難囂々となっていることについてどう考えているのか。国交省はこう回答を寄せた。

「新ルートはまだ固定化したわけではなく、今年度中に新ルートのメリット・デメリットを取りまとめ、検討を重ねていきたい」

前出の黒田氏は言う。

「実は、羽田空港には夜間の23時～早朝6時に限って、千葉県の富津岬あたりから反時計周りに東京湾を回って着陸する飛行経路があるのです。これを改良して昼間に使用すれば、新ルートは必要なくなり騒音問題も解決できるかもしれません」

新ルートは果たして固定化するのか、行政訴訟や国交省の検討の行方を見守りたい。

第2章

郊外&ベッドタウン「住みたい街」激変!

湾岸エリアや武蔵小杉は下落!? コロナ後に一変する「住みたい街」

コロナ禍は世界に大きな変化をもたらした。身近なところでは、日常の働き方が変わった。多くの人は半ば強制的にリモートワークを経験してしまったが、実はそれが不動産市場にも大きな変化をもたらしそうなのだ。

コロナ以前、首都圏の住宅市場では「駅近」「人気」というのが購入や賃貸における物件選択の重要な指標であった。人気の街で駅から近ければ、いざというときに売りやすいし、貸しやすい。

しかし、自宅でオフィスにいるときと同レベルの職務がこなせるのなら、企業にとっても社員にとってもリモートワークのほうが好都合だ。それに気づいた企業は、オフィスの省スペース化に取り組んでコストを低減する。一方、サラリーマンは毎日通勤する必要がないのなら、無理をして価格が高い駅近や人気の街の物件に住む必要性

2020年５月、東京で緊急事態宣言が解除されて初めての朝、電車は多くの通勤客で混雑した（写真はJR新宿駅）

はない。

近年、首都圏のマンション業界では「パワーカップル」と呼ばれる人々が需要層の主力だった。世帯年収が１４００万円以上の20～30代の夫婦のことである。この層はダブルインカムで日常を忙しく過ごすので、職場がある都心に近い住居を求めた。しかし今の時代、その世帯年収程度では山手線の内側には手が届きにくい。そこで選ばれたのが、都心近郊で分譲されるタワーマンションだった。

具体的には東京の湾岸エリアや神奈川県川崎市の武蔵小杉、東京都品川区の武蔵小山、千葉県習志野市の津田沼あたりである。そういうエリアでは、彼らの世帯年収で購入可能な7000万～9000万円程度のタワマンが数多く供給された。今は史上最低レベルの低金利なので、年収の7倍あたりまでは住宅ローンが組めた。

しかし、働き方の基本がリモートワークになれば、高いローンを組んでそういったエリアのタワマンを購入しなくてもよくなる。海が好きならば海の近く、山が好きならば山の近くに住居を定めても、週に1回や月に数回の出社なら、さして不自由は感じないだろう。自然環境豊かな日常生活を楽しみながら、非日常的に都市の喧騒を観察するという優雅な暮らしが実現する。それでいて、住居費はかなり節減できる。

このほかにも「満員電車離れ」という動きもある。リモートワークで通勤ラッシュから解放された人々は、コロナ前の日常への回帰を避けようとする。例えば地下鉄の東西線沿線は、「多少電車が混んでも乗車時間が短ければガマンして住もう」という価値観で選ばれてきた路線だ。これは、毎日の通勤を前提としている。それがなくなれば「少し遠くても環境のいいところへ」という価値観に変わっていくだろう。

働き方以外にも不動産市場に影響を与えそうな要因もある。それは「タワマン離れ」だ。

2019年の10月に全国に甚大な被害をもたらした台風19号は記憶に新しい。当時、武蔵小杉のタワマンの一部では、一時的に電力供給が不能となってエレベーターが使えなくなり、さらには下水が逆流する被害が起きたが、この出来事は世間に衝撃を与えた。タワマンというのは電力や上下水道などの都市インフラが正常に機能することを大前提として成立している住形態だ。そのどれかが支障を来した場合、ただの鉄筋コンクリートの箱になってしまう。そのことを如実に示してしまったのが台風19号だったのだ。

タワマンにあるのは壁ではなく「パーテーション」

その半年後にコロナ禍がやってきた。タワマン住民の多くもリモートワークに勤しんだようだが、そこには侮りがたい居住性の欠陥がある。それは〝超高層レオパレス〟ともいうべき薄弱な戸境壁の構造だ。15階建て程度のマンションであれば、住戸と住戸の間を隔てる戸境壁は鉄筋コンクリート構造である。しかし、建物が20層以上に積み上がっているタワマンの場合は、荷重負担を軽減するために戸境壁に鉄筋コンクリートは使えない。そこに使われているのは「乾式壁」という建材。これは分厚いパーテーションのようなもので、工場で生産されたものを現場に持ち込んで天井と床部分を接合する。

　鉄筋コンクリートの戸境壁の場合は床や天井と一体化しているが、乾式壁には接合部がある。現場で上手に接合すればマニュアル通りの遮音性が期待できるが、そこは施工する職人次第である。

　また、そもそも鉄筋コンクリートでないために遮音性自体にも問題がある。筆者のところに相談に来た、

パワーカップルが好んで住んだ武蔵小杉のタワマン。リモートワークの普及で以前ほどの人気は維持できないかもしれない

都心の高級分譲タワマンの住人は「隣の人がくしゃみをしてもわかる」と話していた。多忙な日常を過ごし、平日は自宅に「寝に帰る」暮らしだったタワマン族も、リモートワークでほぼ24時間在宅となった。隣家の生活音やテレビ・ユーチューブの音声、子供が走り回る振動、さらには夫婦喧嘩の様相までも、リアルに聞こえてくるのである。

そういう住まいを夫婦のペアローン35年返済で購入することに、大いなる疑問を生じさせることになったのも、コロナ禍の副産物ではないだろうか。

熱海や山中湖などのエリアが注目される

コロナ後のマンション市場では、都心近郊のタワマン人気が可視的に低下するかもしれない。例えば、選手村跡地に建設される「晴海フラッグ」は総戸数４１４５戸の分譲マンション群の中に、２棟のタワマンが含まれている。この販売はまだ始まっていないが、２０１９年にタワマン以外の住棟の販売が始まり、人気を博した。売り主

人気の上がりそうな街・沿線	人気の下がりそうな街・沿線
湘南・熱海（JR東海道線）	湾岸エリア（晴海・有明）
三浦海岸（神奈川県）	武蔵小山（品川区）
成田周辺（千葉県）	武蔵小杉（川崎市）
高尾（八王子市）	津田沼（千葉県）
山中湖（山梨県）	東西線沿線（東京メトロ）

サイドの発表によると、すでに900戸近い住棟に購入契約者がいるそうだ。しかし、五輪自体が1年延期され、2021年の開催さえも危ぶまれている状況だ。今後、タワマン棟の販売が始まったとしても、果たして購入希望者は集まるだろうか。最寄り駅の大江戸線・勝どき駅へは、徒歩15分以上離れているのだ。

人気だった武蔵小杉でも、現在新築のタワマン物件の販売が続いているが、進捗状況は決して順調だとは思えない。五輪の競技会場が多数設営された江東区の有明エリアでも現在、いくつかの新築タワマンが販売中だが、中古タワマンも多いので、流通市場には常に売り物件が出ている状態だ。まだ明快に価格は下落していないが、リモートワークによる「特需」が終われば、価格は弱含みになっていくのではないか。

逆に、コロナ後はどんなエリアが注目されるのだろうか。海沿いなら湘南や熱海まで、山側なら高尾や山中湖、あるいはそれこそ新潟県の湯沢あたりまで住居選択の範囲が広がるのではないか。

かといって、そうしたエリアではもともと住宅が余剰だったので、価格が急上昇するとも考えられない。逆に、人気や必要性が衰えた東京・湾岸エリアや武蔵小杉に林立するタワマン、あるいは通勤ラッシュのひどい東西線等は、明確に需要が細りそうなので、資産価値が脆弱となるだろう。特に湾岸エリアは五輪が中止となった場合、「負け組エリア」としてのイメージが形成されそうだ。

「住んでみたい街」はコロナ後に一変するかもしれない。

タワマンを捨て中古戸建てやミニ戸建てへの「移住」が始まった

新型コロナウイルスは日本人サラリーマンの働き方を、半強制的に変えてしまった。この大きな変化は日本のさまざまな産業へ大きな影響をもたらすだろう。ここでは、首都圏における住宅市場について、その影響を考えてみたい。

まず、直近10年ほどの首都圏における住宅市場は「都心回帰」という大きな流れのなかにあった。

それまで中堅サラリーマンの購入対象となる住宅は、主に郊外エリアに立地していた。職場まで1時間程度かけて通勤するのが一般的だった。お父さんはその程度の通勤をいとわない。お母さんは専業主婦として家庭を守る。子供たちは自然環境が豊かなエリアで伸び伸びと育つ——というのが都心で働くサラリーマン一家の平均像だったのだ。

それがリーマン・ショックの前後から、若年層のファミリーはダブルインカムが標準スタイルとなる。夫婦ともに都心に通勤するのが当たり前で、子供は保育園に預けるというスタイルになった。その頃から「待機児童」というワードが盛んに使われ始めたのではないか。

ダブルインカムだと世帯収入が1・5倍から2倍に増える。その分、購入する住宅の予算も上げることができる。ちょうどリーマン・ショック後の景気対策で、金利は史上最低レベルに据え置かれたままの状態が続いた。金利が下がれば住宅ローン返済の毎月負担額も軽減されるので、さらに購入予算を上げられる。

そこへ人件費高騰による建築コストの上昇や、ホテル需要拡大を原因とした不動産の値上がりが重なった。首都圏の一部エリアではマンションの価格が急上昇したが、ダブルインカムと超低金利が需要層の購入力を高めた。

東京の湾岸エリアや川崎市の武蔵小杉に代表されるエリアでは、新築タワーマンションが高値で続々と供給されたが、そのほとんどはスムーズに売れてしまった。こうした物件を購入したパワーカップル（世帯年収１４００万円以上の若年層）は夫婦ともに都心へ通勤するので、通勤利便性が高い場所に住まいを求めた。それが、都心回帰の大きな流れを形成した。

郊外の中古戸建てが一部エリアで値上がりしていた

こうしたなか、コロナが世界を襲った。多くのサラリーマンは好むと好まざるとにかかわらずリモートワークとなった。会社ではなく、自宅でパソコンに向き合って業務をこなす日々がやってきたのだ。

ところが、主に「寝に帰る」ことを想定して購入した都心タワマンで24時間過ごしてみると、いろいろと不都合が目立ってくる。まずは狭い。夫婦がともにリモートワークでダイニングテーブルを使うのも落ち着かない。隣戸との間の壁が薄く、生活音が漏れ聞こえてくる。上階で子供が走り回ると、その騒音にイライラする。マンションの弱点にも人々の目が行くようになった。

エレベーターやキッズルームなどの共用施設では「3密」が起こりやすい。屋外に出る際に必ず通るエントランスもしかり。フィットネスルームやプールは、現在も閉

都心のマンション住民の多くは仕事部屋がなく、ダイニングでテレワークを強いられた（本文とは関係ありません）

鎖されたままのところが多い。大浴場などの豪華設備が売りのタワマンでは、それでも高額な管理費が軽減されることはない。

また、集合住宅であるマンションはほぼ一方向からしか自然採光が取れない。住戸内の空気の流れも悪く、窓のない部屋では空気が淀みやすい。長時間を過ごしていると、そういう欠点がよくわかるようになるのだ。

こうした不満を持った人々が動き始めた。

郊外への移住を検討している人が増えているというのだ。今のところ、公的な統計データによる検証はできないが、筆者が不動産関係者に聞いたところによれば、現実には郊外の中古戸建てが最近調子よく売れているようだ。エリアによっては探している人が多いわりには物件が少なく、値上がりさえ起きているという。

　相場から考えると、中古の戸建てが買いやすいエリアとしては東京なら町田、八王子。神奈川方面は茅ケ崎、辻堂、海老名や橋本など。埼玉なら大宮や浦和の駅から少し離れたところだろう。千葉は木更津、君津に加え東武野田線、新京成線の沿線が狙い目になっているようだ。

　こういった動きは、緊急事態宣言が

戸建ての場合、駐車場代や共益費、修繕管理費もかからないところがポイントだ

出た4月ごろから目立ち始め、6月にはそれなりのトレンドとして読み取ることができるようになったという。一方、ＩＴ系などを中心とした一部の企業では、リモートワークを導入することでオフィススペースを縮小しようと動き始めている。オフィスの場合は賃貸契約期間の満了時等が基本的な移転時期となるので、今後、半年から１年でトレンドが本格化すると予測できる。

戸建てとマンションの需要は連動していない

戸建て人気は、郊外の中古だけではない。新築狭小戸建てにも注目が集まっている。都心や都内の城南エリアを中心に建売住宅を供給しているある開発業者によると「4月以降の販売が絶好調」になっているというのだ。

彼らが主に供給しているのは、延べ床面積が25～30坪前後（約80～１００㎡）の、駐車場が付いたミニ戸建て。そういう物件は市場に出ると、猛スピードで次々と完売しているという。こうした動きを受け、現在、この業者は強気でどんどん事業用地を

コロナ以降で戸建てが人気に

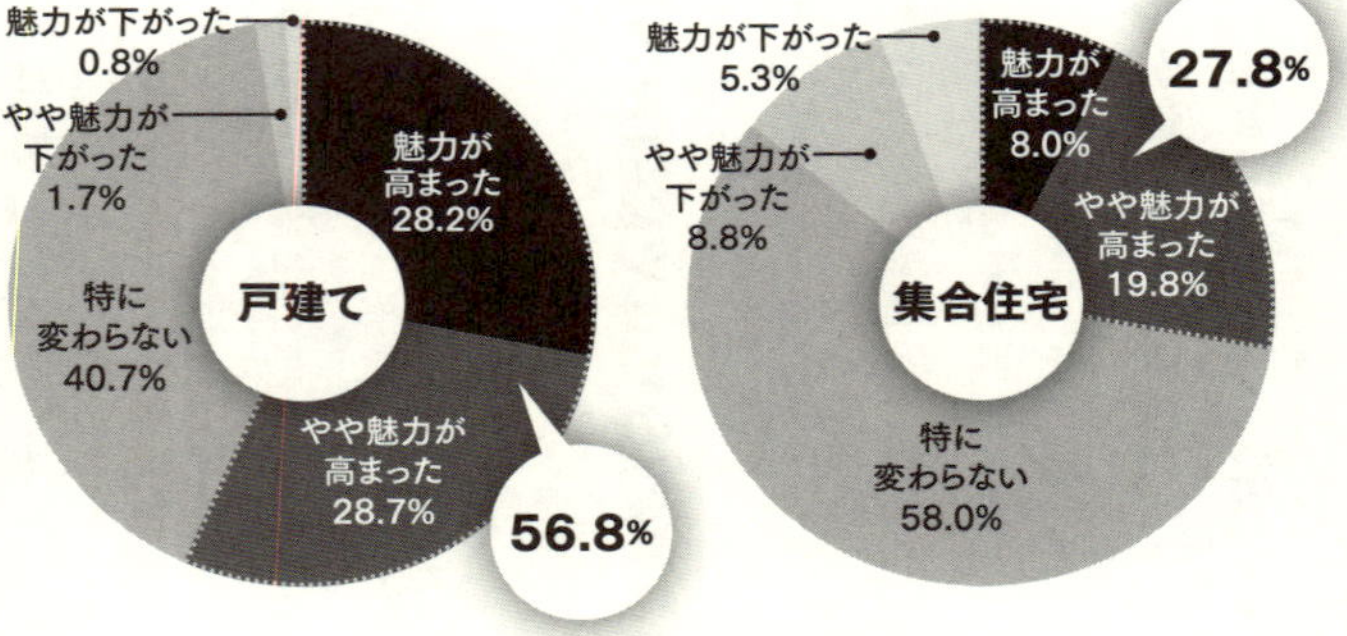

出典：オープンハウス「コロナ禍を受けた住宅意識調査」（600人対象）

仕入れているという。

戸建て住宅の販売は、マンション市場の動きと連動しにくい傾向があるのは、以前から知られていたことだ。現に、都心の新築マンション市場は2013年の異次元金融緩和以降バブル状態になったが、戸建てはさほど値上がりしていない。なぜなら、戸建て購入者のほぼ全員が、自分が住むために買っており、マンションのような値上がり狙いの思惑需要が起こらないからだ。戸建ての需要は、居住目的で購入する人の数の範囲内でしか発生しない。つまりは、マンションのように実需の範囲を超えた不自然な値上がりはない。

戸建ては近隣居住者との3密もなく、通風や採光に優れている。さらに管理費や修繕積立金のような固定されたランニングコストは発生しないし、もちろん駐車場の使用料を払う必要もない。日常的な維持コストは、固定資産税等の税負担だけだ。

多くの人が、コロナ禍を機に戸建て住宅のメリットを再発見したのではないだろうか。だから今、都心においてミニ戸建ての需要に火がついたと考えられる。

リモートワークの普及は、十数年間続いた「都心回帰×タワマン」の流れを変えつつある。そして、郊外への移住トレンドや戸建て信仰は昭和の時代に後戻りしたわけではなく、むしろ新しい流れをつくったと解釈すべきだ。

「もうコロナ前と同じようには戻れない」

そんなフレーズをさまざまな場面で聞くようになった。コロナ禍は住み方や住む場所を変え、住形態への志向性までをも変えてしまったのかもしれない。そして、住宅業界の人たちの多くはまだ、こういった変化に気づいていない。

ルポ

都内から木更津・三島に移住した!?
コロナ後に中古戸建てを選んだ人々

取材・文●『週刊SPA!』特別取材班

コロナ禍の真っ只中の2020年5月、首都圏新築マンション発売戸数（不動産経済研究所による発表）が、前年同月比82・2％減の393戸となり、業界に衝撃が走った。単月としては1973年の調査開始以来、最少である。緊急事態宣言でモデルルームの休止が相次いだことの影響もあると見られるが、同研究所は『日経新聞』の取材に対し、今年通年の発売戸数が3万戸を下回る可能性が濃厚で、2万戸割れもあり得ると答えており、コロナショックが長引く可能性が示唆されている。

2020年上半期の供給戸数も8851戸となり、前年同期比で26・2％のマイナスとなった（同、不動産経済研究所）。下半期は回復傾向にあるものの、第3波の到来で2021年以降また減少することも考えられる。

そんな不振に陥るマンション市場を尻目に堅調をキープしているのが戸建て市場だ。東京カンテイが公表した6月の首都圏新築小規模戸建て住宅の平均価格は、前月比1％増の4517万円と3か月ぶりに上昇したのだ。

また、不動産情報サービス「アットホーム」が公表した9月の「首都圏における『新築戸建』の価格動向」を見ると、特に価格上昇が顕著なのが埼玉県や千葉県などの「郊外」だ。中でも、千葉県の西部を除くエリアでは、5月以降の伸びが継続しており、前年同月比6・3％と大幅な上昇となっている。

コロナ禍によるマンション離れが進む一方、戸建てに注目が集まっているといえるかもしれない。首都圏の住宅販売に強いオープンハウスも好調さをアピールする。

「4～6月における、神奈川・千葉・埼玉の商圏内の当社戸建て仲介販売・新規契約数は、前年同期比でプラス20％と需要が増えています。広く指摘されている通り、リモートワークや外出自粛で在宅時間が増え、自宅が手狭に感じて住み替えを検討する方も少なくないと思います。加えて、年収が上がらないのではという危機感を抱える人が、ローンが組めるうちに住宅を購入しようという動きも背景にあると見ています。外出自粛によってレジャー出費が貯蓄に回り、それをローンの頭金の一部として活用

しようという方もいます」（広報担当者）

こうした「集合住宅から戸建て」という需要の変化は「都心から郊外」につながっていく。都心のIT企業に勤める梨田憲一さん（仮名・34歳）は最近、東京・杉並区から千葉県木更津市に引っ越した。

「ウチの会社では、リモートワークが今後も継続することとなり、出勤は基本週2回でよくなった。だったら、高い家賃を払って東京にいなくてもいいと思って、引っ越しを決めました。これまでは阿佐ヶ谷の月12万円の2DKに、妻と2歳の子の3人暮らしだったのですが、家で仕事するなら書斎も必要になってきます。そこで見つけたのは、築25年、130㎡の2階建ての、家賃7万5000円の中古戸建てです。内見時に子供が楽しそうに庭で走り回ったことが決め手でした。ちなみに、うちの子の保育園には、私たち家族のように都心から移住してきたという家の子供が少なくともほかに2世帯いますよ」

実は木更津は都心へのアクセスも悪くないという。

「最寄りの君津駅までは徒歩15分なのですが、そこから職場の東京駅までは特急で1時間。高速バスに乗れば新宿や羽田空港にも直通です。以前は、20分ちょっと満員電車に揺られて通勤していましたが、特急電車や高速バスなら必ず座れて仕事もできる。ストレスの低さは段違いですよ。駐車場もついているので、50万円くらいの中古車を買ったとしても、以前より生活コストは断然低い。今の家は5年間の定期借家なのですが、それまでにこの付近で一戸建てを購入するつもりです。条件としては、子供とキャッチボールできて、家庭菜園も楽しめるくらいの庭があれば。東京では夢みたいな話ですが、ここならわりと簡単に実現が可能です」

土地面積200㎡の2階建て4LDKが400万円

筆者が梨田さんの住む君津駅周辺で中古戸建てを検索したところ、駅から徒歩11分、築40年、土地面積２００㎡の２階建て４ＬＤＫが４００万円という破格の値段で出ていた。さらに、駅から徒歩20分を覚悟すれば、築35年、土地面積２４０㎡２階建ての５ＬＤＫで、３６０万円という物件もあった。

木更津市南部の農業エリアでは、不動産業者の動きがにわかに活発化しているとの情報も。地場の不動産業者は言う。

「緊急事態宣言が明けたくらいから、都内から物件の買いつけに来た不動産業者を見かけるようになった。古い空き家の家主を捜して、周辺住民に聞き込みをしている。ターゲットは、広めの庭や耕作地がついているような物件。この辺の古い空き家なんて今までは買い手がつかなかったのに、修繕したのちにリノベーション物件として売り出すらしい。『適切に管理されていない空き家は今後、空き家対策特別措置法が適用されて固定資産税が6倍になります』なんて言って、家主を脅して安く買い叩

君津駅前の高速バスの発着ターミナル。行きは朝5時台からあり、帰りの最終は21時台。80〜90分で東京駅に到着

こうとする輩もいるみたいです」

しかし、飲食店もコンビニも徒歩圏になく、言葉は悪いがこんな辺鄙な農村の住宅に、需要はあるのだろうか。

「このあたりは築50～60年以上の物件もザラで、すぐに住めるような中古戸建てはタマ数が少なく、条件通りの物件が見つかることはほとんどない。『となりのトトロ』にあこがれたような子連れの夫婦が物件を探しに来ることがありますが、仮に条件は合致しても、いざ物件を内覧したら、だいたいあまりのオンボロさに青ざめて帰っていく（笑）。都会のマンション育ちの人には、修繕しながら住むっていう発想はないのかな。だから、修繕済みにして、若い人が好む間取りに変えたりすれば、需要はあるでしょう。木更津エリアで住宅費を抑えることを考えるなら、賃貸より購入してしまったほうがお得。この辺は都会に比べて賃貸市場の流動性が低く、空室期間も長くなる傾向にあるので、賃料は物件の価値に対して高めに設定されている」

こうした動きはさらに広がりを見せている。従来は都心通勤圏外と思われていたエリアに住み替える人もいるのだ。新型コロナをきっかけに、東京・目黒区のマンションを離れ、静岡県三島市内の中古一戸建てに移り住むことを決めた会社員の浅木健太郎さん（仮名・52歳）もこう話す。

「コロナの影響は経済的にも公衆衛生的にもしばらく尾を引くと考えて、引っ越しを決めました。購入したのはバスで10分、築30年の1600万円の物件。今のマンションを売却すれば、2000万円くらい差額として残る計算で、経済的にも余裕ができる。うちの会社もコロナでこの先どうなるかわからないし、老後のことを考えると、このほうが得策だと判断しました。何より、東京よりも格段に新鮮な魚や野菜が半値近くで手に入るので、食費も安くあげられます。温泉も近くにたくさんあって、

木更津で人気の新興住宅地・ほたる野。このエリアではめったに中古物件は出ないという

沼津まで出れば釣りもできる。今から老後が楽しみです。品川まで新幹線で約50分の通勤になりますが、ほぼ確実に座れますし、テーブルもついているのでＰＣで作業もでき、むしろ時間は有効に使える。すし詰めにもならないので、在来線より感染症の危険性は少なくなると思いますよ」

都内では郊外の戸建て分譲住宅が販売絶好調

彼らのように思い切った住み替えをする人はまだまだ限られたケースだ。だが、首都圏を中心に中古戸建ての仲介を行っているある不動産業者はこう明かす。

「都内の職場付近に駐車場を借り、埼玉の春日部や加須、千葉の館山あたりに引っ越そうという人は何人かいましたね。皆さん、車での通勤を考えているようです。駐車場代がかさむのでは、と思うかもしれませんが、都心の商業施設併設などでは平日に限って一日中定額で駐車できる定期券というものがある。これなら、銀座の一等地でも月々1万5000円程度で駐車場を確保できる。ガソリン代や高速料金を加えても、郊外移住による住宅費の削減分でカバーできる。何より車通勤なら、感染症のリスクが皆無ですからね」

『週刊住宅タイムズ』編集部の中野淳氏も話す。

「みずほ総研によると、リモートワークが可能になるのは全体の30％程度と試算しているので“職住近接”というトレンドはしばらく動かないでしょう。ただ、限定的とはいえ、リモートワークが可能な都心生活者に、『郊外移住』という選択肢が注目され始めたことは確か。都心の住宅開発に参入できない郊外拠点の中小のディベロッパーは『在宅業務環境』や『3密フリー』の住宅環境への需要に目をつけて営業活動を行っています」

同紙によれば、東京・練馬区光が丘で開発さ

首都圏新築小規模一戸建ての供給動向（木造／土地面積50〜100㎡）

平均価格が反転上昇

	2020年5月	2020年6月
平均価格	4474（万円）	4517（万円）
平均土地面積（㎡）	76.5	76.1
平均建物面積（㎡）	95.4	95.6
供給戸数	1799	2034

※出典：東京カンテイ プレスリリース（7月7日）

れた、最大４部屋・５ＬＤＫまで対応可能な戸建て分譲住宅が好調だという。ガラスの可変間仕切りなどで個室を創出できるプランで、全23棟中すでに18棟が成約済み。開発業者は同紙の取材に対し「都内の５ＬＤＫのニーズの高さに加え、コロナ禍による在宅勤務によって、潜在需要を掘り起こした」と答えている。

「集合住宅から戸建て」「都心から郊外」という動きはまだまだ始まったばかりだ。住宅環境に求めるニーズの多様化はコロナ禍を契機に一気に進むかもしれない。

コロナ後に存在価値を失った「寝に帰る」だけの郊外ベッドタウン

新型コロナウイルスは、さまざまな面で日本社会のあり方を変えようとしている。特に働き方や住まいに関しては、この国の大都市が数十年の歳月をかけて築き上げてきた常識的な価値観を根底から覆そうとしているようだ。

そのひとつが「サラリーマンはどこに住むか」という問題だ。これまで毎日、定時出社するのが大原則だった。しかし、コロナ禍で一気にリモートワークが広がり、そして今後も定着しそうである。これまで何度か指摘したように、リモートワークであれば、わざわざ通勤に便利な場所に住む必要はない。

昭和の終わり頃に郊外の街につけられた名称がある。「ベッドタウン」だ。俗にいえば「寝に帰る街」ということになる。リモートワークになれば、毎日出社する必要がないのだから「寝に帰る」必要もなくなる。つまりベッドタウンという街の存在意義が薄れてしまう。近年、ベッドタウンは都心に近づく方向にあった。それはなぜか。

ここ10年ほどで東京や大阪などの大都市に住む若年層カップルは、夫婦ともに職業を持つことが常態化した。そこで脚光を浴びたのが都心近郊のタワーマンションだ。価格は安くない。しかしダブルインカムで、世帯年収が１４００万円以上の「パワーカップル」なら、物件価格が１億円程度でも購入可能な範囲になる。同じく世帯年収１０００万円レベルなら、価格が７０００万円あたりまでのマンションの購入が可能だ。

２０２０年7月、千葉県習志野市に立地する「津田沼ザ・タワー」の引き渡しが始まった。総武線の津田沼駅から徒歩４分。販売価格帯の中心は７０００万円前後であったと記憶する。このマンションの主要な購入層は、世帯年収１０００万円前後の「準パワーカップル」だ。

確かに、通勤には便利がいい。津田沼駅はＪＲ総武線だけでなく地下鉄東西線も始発で利用可能だ。大手町のオフィスに通勤するなら、理論的にはドア・ツー・ドアで１時間未満と理想的な立地だ。

しかし、準パワーカップルをターゲットにしたベッドタウンのタワマンがコロナ後に一気に〝時代遅れ〟に変わってしまう可能性が出てきた。本連載でも紹介したように、これまで通勤圏外と思われていた木更津や湘南に住んでも、リモートワークであれば支障が少ない時代がやってきたのだ。わざわざ無理めのローンを組んで、通勤しやすい近郊エリアにマンションを買わなくてもよくなった。

商業施設を備えた複合型開発が危ない

同時に、これまでベッドタウンとして街が形成されてきた都心近郊の新興都市も、その存在意義がにわかに怪しくなってくる。

川崎市の武蔵小杉は都心に通いやすいタワマンの街として、かつては「住みたい街ランキング」の上位に入っていた。しかし2019年10月の台風被害や、それ以前の「改札まで30分の行列」報道によって、人気が急速に衰えていた。そこにコロナ禍が加わり、存在価値が漂流し始めている。

ほかにも、先行きが危うくなりそうな街はたくさんある。さいたま新都心エリアでは盛んに大規模マンションが供給されているが、通勤を前提としなければその魅力は半減するだろう。千葉県では幕張新都心付近でまた新たな複合大規模開発が始まっているが、そもそもが「寝に帰る街」であったところに、今さらマンションを買おうとする需要が生まれるのか。

横浜市の日吉エリアでも大規模な再開発物件が販売中だ。価格もコロナ前の水準でかなりお高めだが、今となっては、わざわざここに住もうという人がどれほどいるのか。今後の販売動向が注目される。次ページの表に示した通り、すでに開発が終わった神奈川・

千葉県の海浜幕張では大型複合商業施設が2027年に開業を予定するなど、再開発が進んでいる

コロナ以降で資産価値が凋落しそうな首都圏のベッドタウン

東京都 多摩ニュータウン	埼玉県 白岡ニュータウン
千葉県 千葉ニュータウン	千葉県 ユーカリが丘
埼玉県 越谷レイクタウン	千葉県 幕張ベイタウン
神奈川県 港北ニュータウン	千葉県 柏の葉キャンパス
埼玉県 さいたま新都心	東京都 光が丘ニュータウン

千葉・埼玉にある数多くのニュータウンも、将来的に見れば、その資産価値は下がっていくことが予想される。

都心近郊の新興都市への懸念はまだある。それは大型商業施設の必要性だ。

人々の消費購買行動はコロナによって急速にEコマースにシフトしつつある。家電やPCなどの情報機器は店舗でじっくりと品物を吟味するよりも、ネット上でスペックを比較しながら選ぶ時代に変わったのだ。生鮮食品やトイレタリーなどの日用品を除き、人々の店舗利用は急減している。

こういう時代に、旧来の大型商業施設を付設した複合開発は時代遅れになりつつある。東京都江東区のオリンピック競技会場が集中するエリアに先頃、ようやく開業にこぎつけた「有明ガーデン」も、いわば旧来型の施設なので、今後何年その命脈を保つのかと心配してしまうくらいだ。

どうやらベッドタウンという価値観や大型ショッピングモール併設、という平成型の住まい選びはコロナによってガラガラと音を立てて崩れ始めているようだ。

コロナ禍で再確認された「自分らしさを追求する生き方」

では、この先の住まい選びはどのような視点に立てばよいのか。

まず「通勤しやすい」という従来型の価値観は捨て去るべきだろう。すでに「毎日出社する」という考え方は過去のものになりつつある。しかし、世界有数の大都市である東京という街に住むメリットは、たとえコロナ禍を経ても薄れるところは少ない。

したがって、高いコストに甘んじてでもビジネスに有利でさまざまなアミューズメントを身近に享受できる都心に住む、という選択肢は絶対的に残される。そう考えれば、都心の不動産の価値はさして下がらないかもしれない。

一方、コロナ禍によって生まれつつあるのは、あえてそういう都心の喧騒から距離を置き「自分らしさを追求する」という選択だろう。それこそ、海のある湘南やゆったりした木更津への移住だ。このトレンドはそれほど力強くはないが今後、息長く続くだろう。

二極化の狭間で取り残されるのは、従来の「通勤優先」で選ばれてきた、中途半端な近郊型のベッドタウンではないか。もう「寝に帰る」街は必要ない。あえてそういう街を選ぶのは、ビジネス優先なのか自分らしさを大事にするのかをキッパリと選べない、表層的で見栄っ張りな属性の人々になるのではないだろうか。平成期に好んでタワマンを買った人にも共通するライフ

通勤ラッシュは以前と変わらぬ水準まで復活してきている（本文とは関係ありません）

スタイルだ。

コロナによって大都市圏の住まい選びも、ジワリとそのトレンドを変えている。今後の資産価値の変動もこれまでとは変わったものとなるだろう。こういう流れの中で、近郊や湾岸エリアのタワマンは今後、厳しい市場の目利きにさらされるだろう。

変化の予兆ははっきりと表れ始めている。この流れが途絶えることはなさそうだ。

赤羽に亀有……「せんべろ」目当ても!?「リモートワークののんびり暮らし」に適した街

新型コロナは私たちの社会にさまざまなマイナスの影響をもたらした。

ＧＤＰ成長率は史上最悪となり、飲食産業やアパレル産業を中心に経営不振で廃業・倒産する会社やお店が続出している。すでに２０２０年5月以降は企業の倒産や失業者の増加が具体的な数字になって表れてきたが、今後はさらに加速するはずだ。

しかし、数少ないプラス面もある。そのひとつがリモートワークの普及ではないだろうか。都心のオフィスへ毎日通わなくても、それなりに業務も会議もこなせるということに多くの人が気づいた。往復の通勤で費やしていた1～3時間が〝自由時間〟となったのだから、家族との団らんや趣味の時間が増えたことだろう。一方、リモートワークの普及は、オフィス面積の需要を減らし、すでに渋谷など都心エリアにおいてはオフィス空室率の上昇となって統計数字（Ｐ１２８参照）に出てきている。

毎日、出勤する必要がなければ、家賃やローン返済を頑張ってまで都心に住み続ける必要はない。郊外の自然環境の良いところに居を構え、通勤に割かれていた時間を自分らしく過ごすライフスタイルも可能になる。

サーフィンをしたい人なら湘南や千葉の外房、山歩きが好きな人なら高尾、東京ディズニーリゾートの年間パスポートを買って浦安あたりに住む、という選択肢も現実的になってくる。

そして、そういった具体的な目的はないけれども、ただのんびりと過ごしたいという人も多いはずだ。むしろ、何かの趣味や嗜好に偏らない生き方を選ぶ人が多数派ではないだろうか。

そういうごく普通の「のんびり派」におすすめの街をいくつかご紹介しよう。

つまり、家賃やマンションの価格はそんなに高くないが、買い物や食事などのお店が多く、便利で選択肢が豊富な街だ。ぶらぶらするのに肩ひじ張らずに楽しめるところがいいだろう。

まず、東京23区内にこだわる場合。候補に挙がってくるのは北区の赤羽、葛飾区の亀有と金町、江戸川区の小岩、大田区の蒲田、世田谷区の千歳烏山、練馬区の大泉学園、板橋区の大山や成増といった街だ。

これらの街は駅前に商業施設が集積しており、個性的な賑わいがある。街を歩いているだけで、楽しい気分が味わえるのだ。日常の買い物も激安スーパーなどがあったりして、選択肢も豊富。家族で外食する場合でも、ファミレスから地元の繁盛店までいろいろ選べるはず。それでいて、少し離れると自然環境には恵まれている。

近年、人気となっている赤羽がいい例だろう。2019年の住みたい街ランキングで2位（住宅ローン金融機関・アルヒ調べ）となったが、都心はもちろん埼玉や神奈川へのアクセスの良さが買われ、近くに複数ある大型商業施設も子育て世代を惹きつけている。もちろん、昼間から飲めることで有名な広大な飲み屋街の存在も忘れてはならない。「せんべろ（1000円で楽しく飲んで酔える）」目当てに引っ越してくる若者も多いという。埼玉と接する北区ということで家賃相場もリーズナブルだ。

何よりも家賃相場やマンション価格が高くない。さらに言えば、都心へのアクセスよく、たまの出社もほとんど負担を感じないはずだ。

ただし、これらの街に欠けているものがあるとすれば、それはステイタス性だろう。住んでいて威張れるタイプの街では決してないからだ。だから、湾岸のタワーマンシヨンを好むような人にはこのような街はおすすめしない。

東京23区外でも「徒歩10分以内」なら売却時も安心

さらに東京23区内にこだわらなければ、選択肢はもっと広がってくる。埼玉なら北浦和や南越谷、千葉なら柏と新浦安、神奈川なら川崎市の川崎区や新百合ヶ丘、都下なら調布、ひばりが丘あたりだろう。

これらの街で駅から徒歩10分以内のマンションを購入しておけば、10年後に売却する場合でもそれなりの評価が出るはず。将来のいつかに住宅を売却するつもりなら、「駅徒歩10分以内」という交通スペックは守ってほしい。住宅余剰が顕著になっている10年後、20年後には「徒歩15分以内」まで検索範囲を広げてくれる買い手はほとんどいなくなることが予想される。だから「10分以内」は必要条件なのだ。

また、都心へ直接つながっているこれらの街に住めば、子供が都心やその周辺の学校へ通う場合でも、さほど負担なく通学できる。さらに、このあたりまでくればマイカーを所有するための駐車場コストが低くなる。これまでマイカーを所有していても週末にしか使えなかったが、リモートワークになればマイカーを日常的に活用することもできるだろう。

郊外に住む大きなメリットのひとつは、マイカーでの利用客を前提にした大型のショッピングモールを気軽に利用できることだ。ただ買い物を楽しむだけでなく、シネコンで映画を楽しんだり、スーパー銭湯でゆったりとリフレッシュすることもできる。都心では簡単に味わうことのできない非日常がここでは日常となる。

リモートワークは多くのビジネスマンを、居住地の「都心（あるいはその近辺）縛り」から解放した。これは日本にサラリーマン（戦前は「勤め人」と呼んだ）という人生形態が大正時代に登場して以来100年ぶりの働き方の革命的な変化ではないだろうか。

ただ、変化はまだ始まったばかり。リモートワークは今後も緩やかに定着しそうな気配だが、すべての業種で適用できるわけではない。

また、コロナ禍での郊外移住などもデータからしっかりとトレンドとしてみえる状況になっているが、不動産の価格を左右するほどの力強い流れになるかどうかは、今後の動き次第だ。

しかし、これまでのように「多少狭くても都心に住まいを」という需要は確実に減退するはず。

コロナ後、私たちは住まい選び、そして住みたい街選びの基準が大きく変わったことに気づくかもしれない。変化は足元で確実に始まっている。

神奈川の本厚木がコロナ禍で突如「賃貸で住みたい街」で1位になった理由

新型コロナは首都圏での住まい選びの風景をかなり変貌させている。

それは「どこに買うか」という住まいの購入だけではなく「どこに借りるか」という賃貸住宅選びにも及んでいるようだ。

コロナ前であれば「どこに借りるか」はつまり、「どこなら借りられるか」とほとんどオーバーラップしていた。すなわち「まず、予算ありき」だったのである。

自分が払える月額の賃料なら、勤務先からどの程度離れなければならないか、という制約に縛られていた。住みたい街があっても、家賃水準が高かったり、あるいは通勤するには遠すぎたりすることで諦めざるを得ない場合が多かったのだ。

例えば、いつも「住みたい街」の上位に来る自由が丘に住みたくても、家賃が高すぎるから諦める人も多かった。茅ヶ崎あたりに住みたくても、毎日の通勤を考えると

突如1位に浮上した本厚木。小田急線の本厚木駅前の様子

躊躇してしまう人が少なからずいたはずだ。

しかし新型コロナによって、そういう条件が大きく変わった。その理由はやはりリモートワークの普及である。

まず、通勤の負担が大幅に軽減されたことで「遠すぎた街」まで選択肢に入れることができるようになった。茅ヶ崎や鎌倉などの湘南エリアでは、都心方面からの転居を目指す賃貸需要が押し寄せ、今や物件数が不足気味になっているという。

ただし、湘南は新型コロナが広まる前から人気エリアだ。家賃水準もさほど低くはなかった。今後はかなりの上昇基調になるのではないか。

そういった定番の人気エリアではなく、

コロナ以前はあまり注目されなかった穴場的な街の人気も高まっているという。

2020年9月に住宅情報サイト「ライフルホームズ」が発表した「借りて住みたい街ランキング」によると3位は大宮（埼玉）、2位は葛西（東京）、1位は本厚木（神奈川）だった。

この調査結果は賃貸物件検索で、物件の問い合わせ件数から導き出した、最も検索数の多かった駅名を上位からランキングしたものだという。住宅ローンを背負って購入して何十年も住み続けるのではなく、数年、あるいは10年程度の居住期間を想定した場合の「住みたい」街が選ばれていると考えていい。

2位の江戸川区葛西は「日常が楽しい街」

1位に選ばれた本厚木は、周辺エリアに住んでいる人でなければ訪れたこともないのではないか。つまり一般にはイメージが薄い街だ。

ところが、一度でも行くと「すごい」と思う人が多いと思う。何といっても駅前の商業集積が凄まじいのだ。ここ10年ほどで急速に変貌した街なのである。

また駅の近くにはタワーマンションが林立している。あの街を訪れると、そんなタワマンのひとつに暮らして、毎日あの街をウロウロと歩ければどれだけ楽しいだろうと考えてしまう人が多いと思う。リモートワークで在宅時間が長くなれば、さらに楽しみ方も増えそうだ。1年や2年では住む人を飽きさせないのではなかろうか。

ただ、何十年もそこで暮らすとなると、ちょっとためらう人もいるだろう。人生の風景は賑やかさばかりが良いというわけではない。

2位は江戸川区の葛西。何とも地味な街である。ただし、日常の暮らしは便利そうである。大きなショッピングモールがあって、スーパー銭湯が隣接。モール内にはボーリング場などもあって楽しく過ごせる。

東西線の南側は基本が埋め立て地であり、開発されて40年ほどが経つ。風景が伸びやかなのは、広々とした森林公園や親水公園が設けられているからだろう。さらに南に行けば、都内では最もローコストで一日を楽しめると評価が高い葛西臨海公園もある。そして、何よりも賃貸住宅が多くて家賃もリーズナブルだ。

3位に大宮が入った理由はよくわからない。街並みは落ち着いていて、駅前にはそれなりに商業施設が集積している。ただ大宮が本厚木や葛西よりも格段に優れているのは、交通の要衝であるところだ。都心へはJRの主要路線が何本も延びている。山手線の西側へも東側へもダイレクトにアクセスできる。

さらに、何といっても新幹線の主要駅である。越後方面へも東北方面へもすこぶるアクセスが優れている。東北や北陸の出身者にとってはなんとも親しみのある街ではなかろうか。昭和の頃に上野が果たした役割を、今は大宮が担っているのかもしれない。

このほかの4位以下、20位までを見てみよう。

4位　千葉（JR総武線ほか）
5位　池袋（JR山手線ほか）
6位　西川口（JR京浜東北線）
7位　高円寺（JR中央線ほか）
8位　蕨（JR京浜東北線）

9位　八王子（ＪＲ中央線ほか）
10位　町田（ＪＲ横浜線ほか）
11位　三軒茶屋（東急田園都市線ほか）
12位　川崎（ＪＲ東海道本線ほか）
13位　船橋（ＪＲ総武線ほか）
14位　柏（ＪＲ常磐線ほか）
15位　三鷹（ＪＲ中央線ほか）
16位　荻窪（ＪＲ中央線ほか）
17位　小岩（ＪＲ総武線）
18位　新小岩（ＪＲ総武線）
19位　川口（ＪＲ京浜東北線）
20位　津田沼（ＪＲ総武線ほか）

この調査で見える傾向のひとつは、検索者たちは上手に「家賃の高くない街」を選んでいるということだ。この中で、想定されるユーザーの収入で予算が足りなくなりそうなのは三軒茶屋くらいだろう。あとはほぼ一般的な所得があれば、予算内で賃貸住宅が見つけられそうだ。別の見方をすれば、ちょっと背伸びをしてでも住んでみたい街の代表が三軒茶屋なのだろう。ある意味、人気が高いと見なすこともできる。

自然に「安くて良い街」が選ばれて生き残っていく

この順位の中で意外な街は蕨だろう。ランキングの中では最もマイナー感が強い駅ではないだろうか。しかし、実は交通利便性が高くて、穴場的な駅と位置付けられている。

高円寺と荻窪は入っているが、その間の阿佐ヶ谷はない。実は、阿佐ヶ谷近辺は賃貸住宅が比較的少ない。八王子と町田は入っているのに、立川がないのも同じ理由だ。千葉や池袋、川崎はメジャーな駅だが、駅周辺には意外に賃貸住宅が多い。検索する人はよく知っているのだ。

「住みたい街ランキング」の類では〝レギュラー〟である吉祥寺が圏外なのに、お隣の三鷹は15位。吉祥寺は人気が高すぎて家賃もお高めだからか。お隣の三鷹はそうでもない。やはりユーザーは目ざとい。

西川口、川口、小岩、新小岩などは家賃が安いわりには交通の利便性が高い。街は庶民的で住みやすい。船橋や津田沼は千葉出身者にとっては、ある程度ステイタス感があって都心へのアクセスが優れている。それでいて、賃貸住宅もそこそこある。

この調査結果を見ていて感じるのは「検索したユーザーはかなり賢い」ということだ。

自由経済の市場では、自然に「安くて良いもの」が選ばれて生き残っていく。新型コロナは賃貸住宅市場から「通勤」という大きな呪縛を半ば解いた。多くの需要者はより自由に「住む街」を選べるようになったのだ。

その結果、やはりそれなりに魅力を備えた街が選ばれる結果となっている。コロナ後は「近い」というだけで魅力の薄い街は廃れていくことさえ考えられる。逆に本厚木のように都心から遠い街でも人気化することが可能になった。

あと何年か後には、こういった人気の街ランキングの中身も微妙に変化している可能性があるだろう。

ルポ

月数万円の減少……妻の「パート解雇」で住宅ローンが破綻するケースが増えている

取材・文●『週刊SPA!』特別取材班

新型コロナで停滞していた経済活動が元通りになるには、まだ時間がかかりそうだ。感染が拡大して以降、職を失ったままの人は今も少なくない。

２０２０年９月末に厚生労働省が発表した同月の有効求人倍率（季節調整値）は1・03倍で前月から０・01ポイント低下し、６年９か月ぶりの低水準となった。一方、総務省が発表した同月の完全失業率も２か月連続で３％を記録。新規求人（原数値）に至っては、前年同月比で17・３％減となっており、業界別では生活関連サービス・娯楽業（32・９％）や宿泊・飲食サービス業（32・２％減）、卸売業・小売業（28・３％減）、製造業（26・７％減）の減少幅が大きかった。どの業種も、コロナ禍での倒産や廃業が多かったことはすでに多くの方がご存じだろう。

さらに就業者数でも６か月連続の減少となり、前年同月比で79万人減り、６６８９万人になったが、特に厳しい状況となっているのが、非正規雇用者を取り巻く環境だ。

９月の非正規雇用者数は前年同月比で１２３万人減となる２０７９万人にとどまり、７か月連続での減少となっている。内訳では、パート・アルバイトの就業者数は61万人、契約社員は40万人それぞれ減少しているのだ。

こうした数値は、いったい何を物語っているのか。パートやアルバイト、契約社員の職が減ったことである事象が確認できるのだ。

こうした状況を受け、住居を手放さざるを得なくなる世帯が増えてきているようなのだ。

「フラット35」などの住宅ローンを手がける独立行政法人・住宅金融支援機構の発表によると、３月以降ローン返済の一時猶予や見直しを求める相談が殺到しているという。新型コロナ感染拡大直後の2月には15件だった相談件数は、３月には２１４件、４月には１１５８件、５月８７８件と、最大77倍に増加している。

同機構の広報担当者によると、主な相談として以下のような相談内容が目立って増えているという。

「新型コロナウイルスの影響で今月分は入金できない。1か月ほど待ってもらえるか」

「ボーナスが減りそうだ。ボーナス返済を取りやめることはできないのか」

また、同機構によるとこうした相談などに伴う「返済方法変更の承認件数」も、2月には0件だったものの、3月に2件、4月に198件、5月には1006件と激増しているのだ。

共働きを前提に子供の進路を決めていた

首都圏で住宅ローン融資を行う地方銀行の融資担当者が明かす。

「新型コロナを機に、うちでも確かに住宅ローンの滞納や返済方法についての相談は増え始めています。中でも目立つのが、ローンを組んで15～20年ほど経過していている、40代半ば以降～50代半ばくらいまでの共働き夫婦で、ペアローンを組んでいる家庭です。そもそもペアローンを組む人は、世帯収入からしてもギリギリの返済額でやりくりしている人が多い。しかも年齢的に、子供が高校生や大学生くらいになっている場合が多く、教育費がピークになっている。そこにコロナ禍が直撃してしまい、夫婦どちらかの収入が減ってたちどころにローンが払えなくなってしまった、というわけです」

ここに出てくる「夫婦によるペアローン」とは、「夫婦連帯債務型住宅ローン」などと呼ばれる融資契約の一形態だ。

夫婦のうちどちらかが主債務者に、もう片方が連帯債務者となることで、夫婦連名による借り入れを行うものだ。これにより、例えば主債務者である夫の年収だけでは住宅ローンの希望条件に満たないような場合にも、妻が連帯債務者となって収入を合算することで、条件をクリアできるというメリットがある。

ところが、夫婦の収入を合算することでようやく審査が通ったような住宅ローンは、有事の際には破綻リスクも大きくなる。

会社員・武内浩平さん（仮名・44歳）も、９年前に都内の新築マンション購入にあたって組んだペアローンの返済がコロナ禍を機に厳しくなり、物件を売却して賃貸マンションに引っ越した。

「ひとり息子が小学校に上がる頃に、学区なども考えて6500万円で購入したのがその物件です。月々のローン返済額は約17万円。当時は、私も妻も会社員で、月の世帯収入としては60万円ほどあり、返済は余裕だと思っていました。しかし、息子を中学受験させることとなり、塾への送迎や勉強のサポート、塾に持たせる弁当の用意などのために3年前に妻が仕事を辞めたのです。翌年には息子が無事合格し、妻は派遣社員として不動産会社で働くようになった。月18万円ほどの収入でしたね。おかげで、ローン契約時とほぼ同程度の世帯収入にまで戻っていたんです。しかし3月に入り、コロナ禍で派遣切りに遭ってしまい、無職になってしまいました。妻も40歳を過ぎているこどもあり、新しい派遣先も見つからない。貯蓄の多くは息子の受験や入学金に使ってしまっていたので、ほぼゼロでした。私の月40万円ほどの収入だけでは、月8万円ほどの息子の学費を支払いながら、住宅ローンを支払うことは厳しくなってしまった。息子は今高校生ですが、この先大学にも行かせることを考えると、住宅費をカットするしかないと思い、8月に売却を決意しました」

幸いにも武内さんのマンションは5700万円で売れ、今は都下の家賃12万円の賃貸マンション暮らししているという。

ドラッグストアの求人に失職パート主婦が殺到

一方、妻の収入への依存度がさらに低い家庭でも、ペアローン破綻は起こり得るようだ。千葉県在住の自動車整備士、野田信次郎さん（40歳）が話す。

「６年前、子供が生まれたことをきっかけに、ペアローンを組んで柏市に３８００万円の一戸建てを購入しました。当時、イケイケドンドンのローン審査で知られていた地銀Ｓでした。妻は知人が経営する飲食店でランチタイム前後の４時間だけパートとして働いていて、収入は月に８万円ほどだったのですが、それでも審査が通ったんです。私の当時の手取り収入は28万円ほどで、私だけではどこも審査が通らなかったのでずいぶんと救われた気分でした。頭金を３００万円ほど入れ、30年ローンで月々の返済額は約10万円。優遇金利の適用で１％弱でした。生活もそれなりに切り詰め、これまで返済の滞納は一度もありませんでした」

しかし4月、コロナの影響で野田さんの妻は勤務先の飲食店の経営が悪化し、解雇されてしまった。野田さんの収入はほぼ横ばいなので、８万円がそのまま減ってしまったかっこうだ。車のローン返済も月３万円あり、息子も小学生となって習い事なども始めていてお金がかかるようになっていた。

「最近はかなりカツカツな状態でローンを返済しており、パート代の8万円がなくなるとかなり辛い。妻にはすぐに別のパートを探させたのですが、コロナ禍ということもあって、子育てと両立できる時間帯のものはなかなか見つからない。ドラッグストアの求人1名に対し、20人以上のパート主婦が応募するらしいですからね。結局7月と8月に立て続けに滞納してしまった。これが、『2度滞納が発生した場合は優遇金利を取り消す』という条件に触れ、金利が2・125％にアップ。月の返済額が1万円以上増えることになってしまった。このことが決定打となり、すでに妻とともに売却の意思を固め、今は不動産業者に相談をしているところです。売却ができれば、千葉のさらに奥地で中古物件を探そうと思っています」

武内さん、野田さんに共通しているのは、自身の給与は一切減っていないものの、世帯にとっての副収入的な存在だった妻の稼ぎが途絶えたという点だ。大黒柱ではなく、補助的な柱が倒れただけでも破綻に追い込まれてしまうのが、ペアローンの怖さといえる。

ペアローンによって購入された物件か否かは別として、コロナ禍を機に、物件売却を考える人は増えているようだ。都内の不動産仲介業者も話す。

「8月に入ったあたりから、自宅を売りたいと相談に来られるお客さんが増えている印象です。中年の所帯持ちで、物件は築10～15年であることが多い。ただ、住宅ローンの残高を清算してもさらに数百万円以上のお釣りがくる程度の売値を希望される方がほとんどで、その多くは高望みです。なかなか買い手はつかないのが実情ですよ」

住宅ローンの滞納が続き、自宅の売却もできないとなれば、最悪の場合は差し押さえられて競売にかけられることになるが、それを虎視眈々と狙う投資家もいる。

前出の不動産仲介業者は「コロナ禍によって、条件のいい住宅や民泊物件がなど競売や任意売却に出されることが多くなっている。中には相場の半値程度で落札される物件もあり、任意売却の物件や競売不動産を買いあさる投資家にとっては今は千載一遇のチャンスといっていい」と話す。

競売の物件数もたしかに前年より増えている。2020年9月に首都圏で競売開始決定後に裁判所に公告された物件の数は、東京都が201件で前年同期比21％増、神奈川県が133件で同14％増、埼玉県が98件で同23％増、千葉県が117件で同23％増といずれも急増しているのだ。

マイホームを奪われる者がいるかと思えば、それを安値で買い叩こうとする者もいる。アフターコロナの住宅市場はまさに弱肉強食だ。

第3章

沈みゆく商用不動産市場と投資物件の行方

空室率増加で〝玉突き現象〟オフィス街はシェアハウスだらけに

新型コロナウイルスの蔓延は、不動産市場にもさまざまな変化をもたらしている。これまで住宅市場を中心に紹介してきたが、最も顕著な変化が見られるのはリモートワーク普及によるオフィス需要の減少かもしれない。

オフィス仲介の三鬼商事が発表した2020年10月時点の東京・渋谷区の空室率は5・14％。1年前は1・88％だったので、約3・26ポイントも上昇したことになる。コロナの影響がなかった1年前の渋谷駅周辺は業績のいいIT企業にとって〝垂涎の地〟だった。新興企業が坪単価5万円の賃料予算でオフィスを借りようとしても、なかなか物件が見つからなかった。だが、現在ではそれなりに選択肢があるはずだ。

渋谷だけではない。東京のビジネス地区（千代田、中央、港、新宿、渋谷）の10月時点における空室率は3・93％となり、やはり上昇傾向がうかがえる（同、三鬼商事調べ）。リモートワーク普及の影響が徐々に表れてきたと見ていいだろう。

ＩＴ系のように主にＰＣを使って高度な専門業務を行う企業ほど、リモートワークになじみやすい。コロナ以前にはそういう企業は優秀な人材を確保するために、渋谷など一流人気エリアの新築Ａクラスビルにオフィスを構えていた。しかし、リモートワークの普及によってオフィス面積を劇的に縮小できることがわかった。しかも、それは大幅なコストカットにつながる。

多くの企業がオフィス面積の縮小へと動き始めているが、オフィスの場合、賃貸解約予告は「６か月前」が相場だ。フロア縮小や移転といった現象は、秋以降に顕在化すると予測できる。

山手線周縁エリアのオフィスビルが余る論理

こうした動きは、オフィス需要の〝玉突き現象〟をもたらすだろう。リモートワークに移行した好業績のＩＴ企業がオフィス面積を縮小すると、そこを埋めるのは、予算面や空室待ちなどの理由で、今までAクラスのビルに入れなかったBクラスビルのテナント企業だ。

空いたBクラスを埋めるテナントは、都内の「二流オフィス街」から移転してくる企業になる。具体的には池袋や神田、新橋あたりのビルに入っていた企業である。

すると、空いた二流オフィス街には、これまで山手線周縁エリアにオフィスを構えていた企業がやってくる。具体的には山手線の外側2駅あたりまでの八丁堀や西新宿、椎名町、浅草橋あたりからの移転で、これが玉突き現象だ。

大規模な開発で新しいオフィスビルが急増した渋谷。コロナ禍で空室率が上がっているという（写真は渋谷ストリーム）

こうした動きがここ2～3年のオフィステナント流動化のトレンドになっていくだろう。その過程でオフィス賃料は基本的に下降していく。何といってもオフィス面積に対する総需要が減少するわけだから、価格の下落は免れない。

最終的に山手線周縁エリアでは、中小のオフィスビルはテナントが埋まりにくくなる。すると、中小の老朽オフィスビルのオーナーとしては、マンションデベロッパーやホテル業者への売却か、宿泊施設などへの転換を図らざるを得なくなる。

予兆はすでにあり、気になる動きもある。東日本橋エリアのある企業は、複数の自社ビルをシェアハウスやシェアオフィスに模様替えして賃料収益を上げているのだ。

シェアハウスの場合は、1区画を3畳程度の広さに区切ってベッドを設置。部屋にはそれ以外に小さな棚があるくらいだ。狭いが、一応はプライバシーは確保される。トイレやシャワー、キッチンなどは共用で、Ｗｉ-Ｆｉもある。ＰＣなどの端末は各自で用意するスタイルだ。

賃料は光熱費込みで月3万円台から。初期費用が別途3万円ほど必要なので、最初に7万円ほど用意すれば借りられるのだ。

東京都は緊急事態宣言によって都内のネットカフェに営業自粛を要請し、さらに警視庁もかねてからネットカフェに対する規制を厳格化していた。結果、営業自粛となって居場所を失ったネットカフェ難民をオフィスビルから急ごしらえの改装を施したシェアハウスが吸収した、という図式だ。

こうした超狭小で「寝るだけ」のシェアハウスが、中小オフィスビルが多い東日本橋だけではなく、京急線沿線などにも数多くできているという。しかも、需要は旺盛。どこもすぐに埋まってしまうというのだ。渋谷や新宿のネットカフェを居場所にしていた人々が流れていると考えていいだろう。

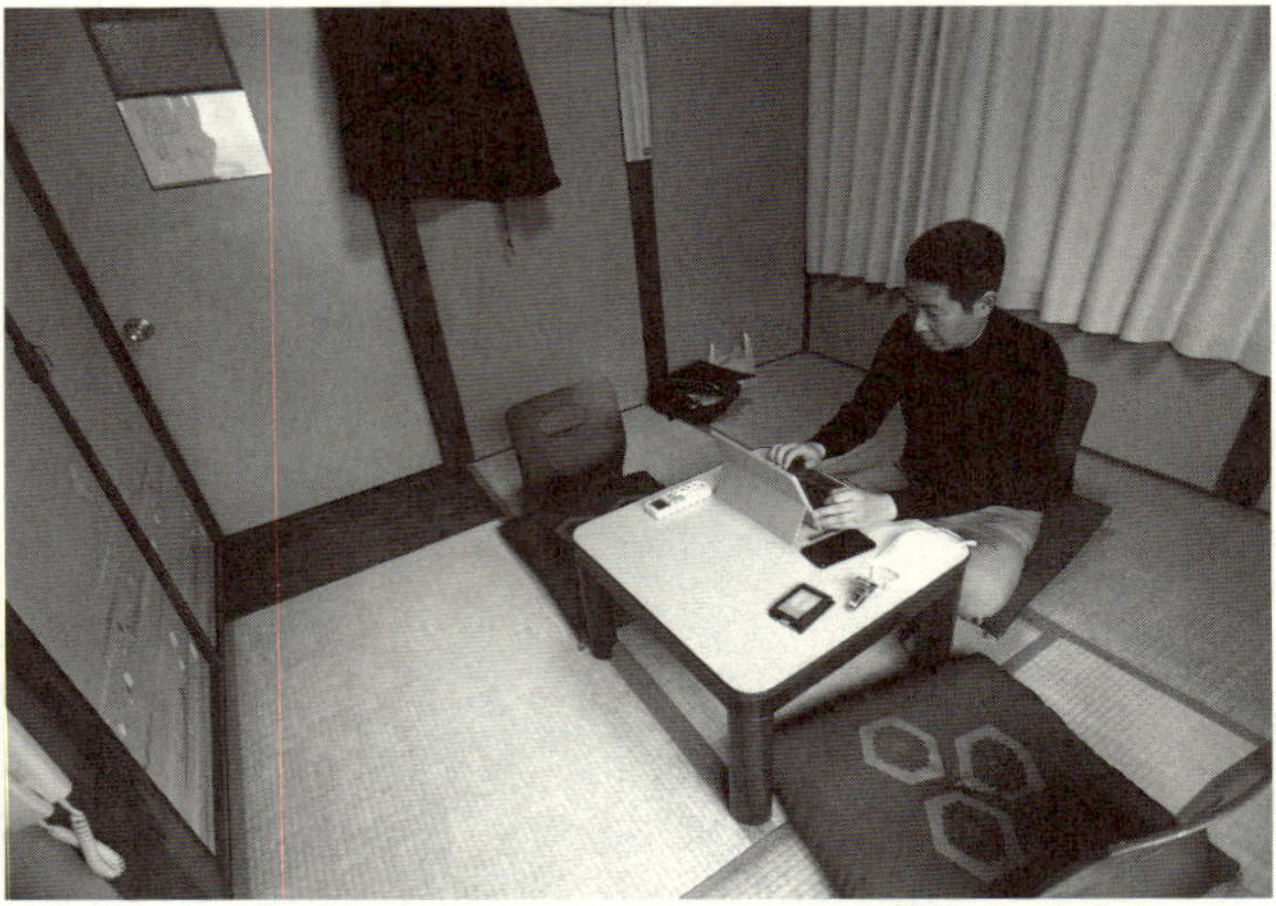
ゲストハウスのなかには旅行者が減ってテレワーク用の部屋を提供するところも（本文とは関係ありません）

繁華街の一等地ビルを外国人が買っていく⁉

一方、リモートワークに適したシェアオフィスに衣替えしたビルもある。日本橋馬喰町エリアのある物件は、広さが１㎡台から。まさに机１つ分の広さだ。賃料も１万円台から。初期費用は４～５か月分程度はかかるが、法人登記が可能で専用の郵便受けも使える。トイレは共用で、Ｗｉ－Ｆｉも完備するが、打ち合わせスペースはない。

リモートワークになっても自宅の中で落ち着いたワークスペースを確保できない人も多い。ビジネスホテルなどが「１日４５００円」といったリモートワークプランを打ち出しているのも見かけるが、毎日使うと費用がばかにならない。１か月２万円程度で使える個室が用意されていれば、思い切って利用する人も少なくないだろう。また、副業で法人を設立する場合にも使える。ただし、こちらは今のところシェアハウスと比べるとまだ需要は鈍そうである。

二流や三流のオフィス街では、まったく違う動きが起きるかもしれない。老朽化したオフィスビルが取り壊され、そこに中規模の分譲マンションを建てるのだ。オフィスの立地としては二流でも、住居としては都心エリアとなる。８階建てでワンフロア

200㎡だとすると、24～32戸はとれるからだ。5年後、10年後というスパンになるが、都心エリアにこうしたマンションが数多く供給されることになるかもしれない。

現在の状況を見ると、新型コロナウイルスの感染者数が近い将来に激減するとは思えない。となれば今のような自粛ムードがしばらく続くことになる。

外出の自粛によって大きな影響を受けているのは個人経営の飲食店だ。今までは政府や東京都のさまざまな給付金や協力金で何とか持ちこたえてきたが、そろそろ限界を迎えるところも多い。

例えば、銀座エリアでは昭和から続いているような有名店が次々と閉店している。この時期に、閉店した後の店舗に新たに入って新規オープンする飲食店があるとも思えない。

閉店した飲食店が賃貸のテナントなら、ビルのオーナーには賃料が入ってこない、ということになる。ビル経営も苦しくなる。今後、繁華街にある飲食テナント系のビルが売り出されたり、シェアハウスに転換する動きが目立ってくるだろう。平時では銀座や赤坂、新宿、渋谷などの一等地にあるビルは、めったに売買されることはない。しかし、コロナ禍によって何十年に一度かの流動期を迎える可能性がある。

かつて終戦直後の混乱期がそうだったように、これから一等地のビルの買い手に外国人が登場するケースも多くなりそうだ。

キーテナントもコロナ禍で続々と撤退
郊外ショッピングモール時代の終焉

コロナ禍において、旧来の流通業界の明暗が分かれている。デパートは地方を中心に続々閉店し、東京など大都市の店舗も苦戦している。それに比べて大型スーパーの業績にはあまり変化はない。都市部近郊の食品スーパーは業績が好調だが、都心の店舗は不振が続いている。一方、外出を控えるようになり、巣ごもり型の生活に変化しても需要は旺盛である。リモートワークの機材などパソコン関係や周辺危機、ネット配信の機材やゲーム機の売れ行きも好調だとか。

人々の消費で一番大きな変化は「お店まで足を運ばなくてもたいていのモノが買える」ことを、巣ごもりによって改めて実感した人が多いことだろう。コロナ禍での不動産業界のジョークに「そのうちアマゾンでマンションを売り始めるよ」というのがある。実際、すでに何年も前からヤフーオークションでは不動産を扱っている。

ところが、マンション業界はまだまだ感覚が遅れているのではないか。郊外では大型スーパーをキーテナントとする多彩な商業施設を伴った複合開発が、今でも盛んに行われている。「ららぽーとスタイル」とでも言うべきか。

２０２０年夏にも東京都江東区の東京五輪競技場エリア近くに大型の複合開発施設が開業した。千葉県の海浜幕張エリアでも、新たな開発が進んでいる。そういった開発は平成時代の〝遺物〟であり、令和の今は完全に時代遅れだと筆者は思う。

確かに、開業直後は物珍しさで人が集まってくる。しかし江東区の五輪エリアも海浜幕張も、今の今まで開発が行われなかったのには理由がある。立地の魅力が薄かったからである。つまり、人を集めにくい交通の不便さが際立つエリアなのだ。

東京というメガロポリスが膨張している間は、そうした開発も悪くないだろう。そのうちまわりが追い付いてきて、ショッピングモールはますます賑わうようになる。しかし、すでに東京という街は縮小期に入っている。大きな複合施設を造っても、人が集まるのは最初の数年ではないか。加えてコロナ禍で、郊外や地方への移住も進みつつある。都心や東京近郊の複合施設は、ますます苦戦を強いられるだろう。

日本ショッピングセンター協会によれば、２０２０年９月の既存店売上高は前年同月比21・6％も減ったという。巣ごもりに加え、訪日観光客もいないとあっては2割減も仕方ない。ちなみに比較的最近できた都心や湾岸エリアの商業施設には、必ずといっていいほど大きなドラッグストアと、気の利いた「メイド・イン・ジャパン」の土産を売る大型店がテナントとして入っている。これは言うまでもなく〝爆買い〟してくれる中国人をはじめとする外国人観光客を当て込んだものだが、コロナ禍に遭ってこうした日本人が見向きもしないお店は閑古鳥が鳴いている。

キーテナントのアパレル企業がコロナ不況で次々と撤退

当然、商業施設を付加価値にして、同じ街区内の高値で販売されているマンションの資産価値も下がっていくことになる。仮に、商業施設のキーテナントが撤退すれば、たちまち悲惨なことになりかねない。

人は店舗でモノを買わなくなっている。これからもその傾向は続く。新型コロナでその傾向はさらに強まった。一昔前にキーテナントとして扱われていたスウェーデンのアパレルブランド「H&M」も、新型コロナを機に2021年までに世界250店舗を閉めると発表した。代わりにデジタル事業（オンライン販売）を強化していくという。閉鎖する国内店舗が何店になるか不明だが、アパレル業界が全体的にオンライン販売にシフトしていくことが予想され、そうなると多くの複合施設でキーテナントとなっているアパレルメーカーの店舗はどんどん減っていくだろう。

事実、コロナ禍で飲食店と並び苦境に陥ったアパレル業界では、複合施設などを主戦場にする国内の総合アパレル大手5社（レナウン、オンワード、ワールド、TSI、三陽商会）が、2020年度に3100店舗以上を閉店したという（『WWD』2020年10月13日付）。

都心ならまだしも、郊外や準郊外の交通利便性のよろしくないところで、これ以上無理やり複合開発を行うべきではない。その華やかさに幻惑されてエリア内のマンションを高値で購入した人の未来から、幸せの養分を奪い取る結果になる可能性を秘めている。

すでに平成型の開発は時代遅れだ。消費者側も冷静な選択眼を持つべきだろう。

ルポ

コロナ禍による飲食店の大量閉店「おじさんの街」全滅も私鉄沿線は勝機!?

取材・文●『週刊SPA!』特別取材班

新型コロナウイルスの感染拡大で、もっとも経済的な打撃を受けた業種のひとつが飲食店だろう。首都圏から全国に広がった外出自粛要請や営業時短が負担となり、廃業や閉店に追い込まれた事業者も少なくない。

帝国データバンクの調査によると、2020年度上半期の飲食店の倒産は392件となり、年度の上半期としては最多を記録している。業態別では「酒場・ビヤホール」が98件で全体の4分の1を占め、最多となった。次いでラーメン店、カレー店、焼き肉店などが含まれる「中華・東洋料理店」が55件、レストランやフランス・イタリア料理店などを含む「西洋料理店」が54件と続いている。

潤沢な資金を擁する飲食チェーン各社でも、倒産とまではいかないものの撤退ラッシュが続く。コロワイドやワタミ、吉野家などの飲食業界の主要100社は、2020年10月末までに全国で1000店舗以上の閉店を決めたという。

一般社団法人日本フードサービス協会による「外食産業市場動向調査」によると、9月時点の飲食店全体の店舗数前年同月比は、97・3%となっている。業種別では「パブレストラン/居酒屋」は88%となっており、昨年同月よりも1割以上、店舗が減ったことになる。

飲食店不況はさまざまなデータが示しているが、具体的にはどのような経営状態に陥ったのか。

8月に閉店した、新橋のチェーン系居酒屋の店長はこう明かす。

「場所柄、ウチのお客は会社員が多かったのですが、緊急事態宣言以降、各社ではリモートワークの動きが広がり、客足がピタリと止まりました。緊急事態宣言が解除されても、多くの会社では社員に飲み会禁止令を出していたようで、お客が元の数にまで戻ることはなかった。一番難しかったのは、6月半ば以降。その頃になると、新規感染者数が日によって大きく増減しはじめ、それが客足にダイレクトに影響していた。結果、客の入りを見込んで食材を仕入れていても、ニュース速報で新規感染者数の増加が報じられたとたん、キャンセルの電話が相次いだりして、そのたびに食材ロスが発生しました。昼にもオフィス街に人が少ないのでランチやデリバリーの需要もない。結局、お盆休みで閑散期となる直前に、閉店することとなりました」

新宿で居酒屋の店長をしていた男性も言う。

「ウチは創業30年の大衆居酒屋だったんだけど、新型コロナで4月早々にオーナーが閉店を決めちゃった。客席数が80席と広かったけど、客単価は低めだったから、ひたすら回転させて利益を出すスタイルだった。こういう店が一番、打撃が大きかったと思いますよ。4月頭の時点で食材の仕入れが厳しくなり、アルバイトへの給料も遅配になっていった。テイクアウトももちろんやりましたよ。500円弁当を昼も夜も作ったけど、平日は街が空っぽ状態で、買う人もおらずすぐやめました。やっぱりお酒が出ないと利益はほぼなかったんです」

コロナ禍の苦境にあえぐ飲食店を救うため、政府はひとり来店1回あたり、ランチ500円分、ディナー1000円分のポイントを付与する、飲食業の救済策「GoToイート・キャンペーン」をスタートさせた。しかし、鳴り物入りだったわりには、それほどの効果は上げていないようだ。

「GoToイート」で客単価が下がる理由

キャンペーンに参加した都内で蕎麦店を家族経営する女性は話す。

「救世主になってくれると期待していたGoToイートですが、売り上げはコロナ以前の水準からすると程遠い状況です。結局、定額のポイント還元だとできるだけ会計を安く抑えたほうが割引率は高くなる。たとえば、２人で来店して2000円分のポイントをもらったら、会計6000円だったときの実質的な支払いは4000円。割引率は33％です。でも会計を4000円に抑えれば、割引率は50％になる。そのせいで、GoToイート利用のお客さんは、実は客単価は高くないのです」

一方、埼玉県内の焼き鳥店の店長の男性は、キャンペーン終了後に状況が悪化する可能性を危惧している。

「GoToイートのおかげで週末は席が埋まっていますが、みんなポイント還元目当てに来るいちげんのお客さんばかり。そのせいで常連さんが入れなかったりすることもあった。キャンペーンが終わったとたんにいちげん客は来なくなり、常連さんも帰ってこない、という状況になれば、もう廃業するしかないですよ」

さらに、中には、ＧｏＴｏイート・キャンペーンによって閉店を決めたという飲食店もある。都内で飲食店を営む男性の話。

「ウチは予約サイトと送客契約をしていないのでオンライン予約形式のＧｏＴｏイートにも不参加です。そもそもウチは、カウンター8席だけでやっている小料理屋なので、予約を取りにくいというのもある。でも今、ＧｏＴｏに参加していない飲食店は、以前に増して客が来ない。近隣でも賑わっているのはＧｏＴｏを実施している飲食店ばかり。キャンペーンが終わる2月まではとても息が続かないので、年内いっぱいで閉店することを決めました。うちの店は政府の政策に殺されたようなものです」

「おじさんの街」飲食店閉店は前年の2〜3倍

こうした状況のなか、都心部では飲食店の空き店舗が急増している。飲食店用の店舗の仲介サイト「飲食店・ＣＯＭ」に渋谷区で6月に新規掲載された飲食店向けの物件は１４７件と、２０１９年の同月約2倍に達したという。同じく新宿区や港区でも、

５割以上の増加となった。

都内で飲食店向け店舗の仲介を行う不動産業者の男性もこう話す。

「私の実感では、新橋や神田、田町といった『おじさんの街』での飲食店向け物件の空室率上昇が著しい。リモートワーク化の影響が大きいものと見られます。駅周辺では、前年の2～3倍程度の空室率になっている」

ただ、「空き店舗数」として表面化しているのは、実際の閉店数のごく一部だという。

「新型コロナの打撃を受けて閉店を余儀なくされた個人営業の飲食店の多くは、退去時の原状回復費を捻出できず、店は閉めても賃貸契約は継続中というところもある。居抜きのまま賃貸契約を譲渡したいと希望する閉店希望の飲食店さんも多いのですが、この時代にオフィス街に新規出店しようという事業者も少なく、なかなかマッチすることはない。閉店状態でも賃料がかかり続けることにしびれを切らして夜逃げしてしまうところもあります。これまで左うちわだった港区内にある雑居ビルのオーナーも、『入居している5軒の飲食店のテナントのうち、2軒が年内に退去予定だが、新しいテナントは当分入りそうにない』と、戦々恐々としていますよ。確かに飲食ビジネスに関しては、今回のコロナ禍で、高い家賃の物件に店を構えること事態が、大きなリスクであることが露見してしまった。このことは、巡り巡って飲食街の地価にも影響することになるでしょう」（前出の不動産業者の男性）

ちなみに、不動産サービス・クッシュマン・アンド・ウェイクフィールドの調査によると、4～6月期の銀座の商業物件の賃料は前年同期比で5％下落しているという。

一方で、都心のオフィス街とは対照的に、新規出店が目立つエリアもあるという。赤坂で居酒屋の店長をしていた男性は、コロナ禍を機に独立することを決意した。

「GW開けに勤めていた店が閉店になったので、それを機に辞めました。退職金と貯金、あと政府の創業融資制度を使って、東横線の学芸大学に小さな居酒屋を開く予定です。同業の仲間の話だと、コロナ以降、むしろ若い客が増えているということでした。廃業した飲食店も多いようでしたが、立地とやり方によってはまだまだいけます。地元の不動産屋さんや居抜きのマッチングサイトを利用して、現在物件を探しているんですが、いいのはすぐ埋まっちゃいますね。あと家賃もコロナ前より1～2割下がっている印象があります」

コロナ禍でリモートワークが広がったり、会社近くの飲食店での「飲み会禁止令」などの影響で、居住地近くの飲食店を利用する人々が増えている。

「今、小規模飲食店業者の新規出店の場所として好まれるのは、京王線、小田急線、東急目黒線などの沿線の、比較的若いファミリーが住むエリアです。リモートワークによって都心ではなく家の近所で外食することが流行っていることと、ランチタイムも需要が見込めることが人気の理由です。新宿や渋谷などで店をたたんだ飲食店が、そうしたエリアに移転するという動きも、この数か月で活発化しています。また、バーや居酒屋などの深夜営業の飲食店の間でも、来年春に予定されている首都圏鉄道網の終電繰り上げによって、客が引ける時間が早くなると予想し、私鉄沿線の街に引っ越す動きが出始めている。これに伴い、幡ヶ谷や笹塚、武蔵小山あたりの駅チカ商業物件の相場は、賃料が上がり始めているという情報もあります」（同）

コロナ禍を機に普及し始めたリモートワークで、住まいのニーズでは郊外志向が進んでいるというが、同様に飲食店の脱都心も進むのか。

ルポ

宿泊者数が9割減の衝撃！民泊バブル崩壊とその先にある希望

取材・文●『週刊SPA！』特別取材班

「本当なら今頃、ウハウハの予定だったんですけどね……」

ため息交じりに話すのは、都内在住の山岸行雄さん（仮名・42歳）。会社員である傍ら、東京五輪の特需を見越し、2019年9月に東京・江戸川区で中古マンションを購入し、民泊経営に乗り出した。だが、新型コロナと東京五輪延期によって、大きく当てが外れた格好だ。

「駅から徒歩12分の築35年の1DKの部屋を、住宅ローンを組んで2200万円で購入しました。割高だったんですが、当時は民泊可能のマンションは物件が出るとすぐに買い手がつく状態で、選択肢が少なかった。それに、いくつかの予約サイトでは、周辺の同じような条件の民泊物件の宿泊料相場は、五輪期間中は8万円くらいだったんです。ディズニーランドにも近く、五輪後も需要はあると見込み、思い切って決めました」

その後、リフォームや家具の新調に350万円ほど追加投資したのち、2019年10月末に稼働を開始。しかし、わずか3か月で〝開店休業〟となってしまった。

「2月はまだ計8泊くらいは予約がとれたんですが、3月以降は完全にゼロ。さらに絶望したのは都内のビジネスホテルの宿泊料金です。追い討ちをかけるようにGoToトラベル・キャンペーンもあって、一等地の週末価格でも4000円も出せば泊まれてしまう。しかも、その相場がキャンペーンが終わる3月くらいまで続いている。ビジネスホテルの宿泊料相場が9000円以上になってくれなければ、ウチの物件には勝ち目がない。月6万円のローンの返済も重荷になってきたので売却も考えましたが、購入時に仲介した不動産業者に相談したところ、今だと1800万円以下でしか売れないと言われ、決心がつかずにいます」（山岸さん）

それもそのはずだ。観光庁が公表している統計によると、全国の住宅宿泊事業（民泊）の宿泊者数は、2019年8～9月の約31万人をピークに減少しており、コロナ禍の4～5月には約3万人と9割以上減っている。インバウンド頼りだった民泊市場の急速なシュリンクを反映するかのように、事業廃止件数の増加ペースも3月以降、加速しているのだ。

観光庁が発表している「住宅宿泊事業法に基づく届出及び登録の状況（民泊施設の登録状況）」によると、2020年10月7日時点における「住宅宿泊事業の事業廃止件数」は、特に新型コロナ発生以降、増加の一途をたどり、3月時点の3692件から10月には約2倍の7292件に拡大している。

民泊事業の届出件数から廃止件数を差し引いた届出住宅数は、10月時点で前月よりも215件少ない2万

いまだわが国では観光目的の外国人の入国禁止措置が続いている。国内の主要空港はご覧の通り閑散としている

192件となり、民泊物件の減少傾向も続いている。

GoToトラベルによるあおりを受け、苦境にあえぐ山岸さんだが、コロナ対策として政府が打ち出した数々の経済支援も頼れない。

「勤務先が副業禁止なので、確定申告では不動産収入として申告していたんですが、その場合、持続化給付金や家賃支援給付金の対象にならないのです。一時は国を挙げて民泊を奨励していたのに、手のひら返しもいいところですよ」

繁盛していた中国人向けの民泊業者の悲鳴

GoToトラベルによるビジネスへの弊害については、都内で3軒の民泊物件を所有する久喜圭太さん（仮名・46歳）もこう話す。

「コロナ禍は誰にも予想できなかったことなので、それについては泣き言は言いませんよ。しかし、政府によるキャンペーンだけは許せない。ホテルに実質半額で泊まれてしまうこの政策のせいで、頼みの綱の国内旅行者は通常の予算よりワンランク上の宿泊施設に泊まりたがり、コスパが売りの民泊には見向きもしなくなった。民泊もキャンペーンの対象ではありますが、法人として事業をしていることが条件で、私のような個人事業者は対象外です。これでとどめを刺された民泊事業者も少なくないはずですよ」

さらに大きな打撃を受けているのが在日中国人だ。中国人観光客をターゲットに、大規模な民泊事業に乗り出した陳健司さん（仮名・50歳）は深い傷を負った。

「2018年秋ごろに、JR山手線・駒込駅から徒歩10分の場所にある築25年・全9部屋のアパート1棟を1億4000万円で購入し、2500万円かけて民泊用にリフォームしました。うち1億1000万円は利率2・65％で銀行から借り入れを行うことができました。中国や台湾の複数の民泊サイトに登録するだけで、オープン直後から客が途切れず、利回りは15％以上ありました。エアビーアンドビーとは異なり、民泊新法で定められた180日ルールを超えても予約を取ることができたことも理由のひとつですが……。それが2月以降は一気にゼロになりました。中国人観光客が戻ってくる見通しも立たないし、彼らに対する入国規制が解かれたとしても、コロナ後の彼らの旅行スタイルは変化するでしょう。おそらく日本に来ても密を気にして、これまで一般的だった都市を足掛かりにした滞在から、地方滞在志向になる。そうなると、やはりウチの物件は厳しい現状が続く。そう考えて、6月に売却を決意しました」

しかし、民泊からの無傷での撤退はそうたやすくはないようだ。

「これまでの収益とトントンで収まる1億3000万円で売りに出していますが、まったく買い手はつかない。というのも豊島区や板橋区あたりでは、ウチと同様に民泊物件が大量に売りに出されているからです。今はコロナの特例として元本返済を猶予してもらっていますが、茹でガエル状態ですよ……」

まさに民泊バブル崩壊といったところだろうか……。民泊用物件の売買仲介を主に行っていた都内の不動産会社の代表は、市場の動向についてこう話す。

「昨年の今頃であれば、民泊経営にちょうどいい、ワンルーム10部屋ほどのアパートやマンションは、売り出されたら数日で買い手がついていました。人気エリアとしては渋谷や新宿ですが、その辺りはめったに物件が出ないので、取引の中心となっていたのは浅草周辺や谷根千エリアあたりです。こうした活発な取引の背景には、東京五輪を前に、金融機関が民泊事業に対して積極的に融資を行っていたことがある。民泊用の物件購入目的であれば、住宅ローンと同じくらい簡単に融資が受けられたんです。

しかしコロナで東京五輪も延期となるなか、新規の民泊事業融資はほぼ止まっている。そのせいで、大型の民泊用物件は売ろうにも売れず、ほぼ取引が成立しない状況になっています」

「3密」避ける旅行客が急増し「一棟貸し切り」は好調

しかし、一筋の光明がないわけではない。民泊仲介大手エアビーアンドビー・ジャパンの松尾崇広報部長はこう話す。

「海外からの宿泊者がほぼゼロになってしまい、確かに大きな影響が出ています。しかし、ここにきて国内需要が高まりつつあります。特に注目されているのは、一軒家タイプ(一棟丸ごと貸し切りタイプの物件)。首都圏でいえば一部の人気の都心やクルマで行ける範囲の観光地で、夏いっぱい埋まっているところもあり、3~4週間にわたる長期利用も目立ちます。リモートワークでオフィスが閉鎖され、飲食店に集うことが憚られるなか、社内外の複数のスタッフとのコラボレーションが必要なクリエイティブ系の方々など、仕事場として利用しているケースもあるようです」

同社によると、箱根や千葉など東京から80㎞圏内、移動距離にして90分～2時間で行ける場所など、一軒家タイプの予約は全体の8割を占め、7～9月で前年同期を上回っているという。

「長期滞在・ワーケーション目的の利用者が増加しています。仕事用のデスクを導入したり、Wi-Fi環境を強化したりと、ビジネス利用に対応するホストさんが増えています」（松尾氏）

2019年、国際オリンピック委員会（IOC）とスポンサー契約をしたエアビーアンドビー・ジャパンだったが……

民泊の宿泊者数の推移

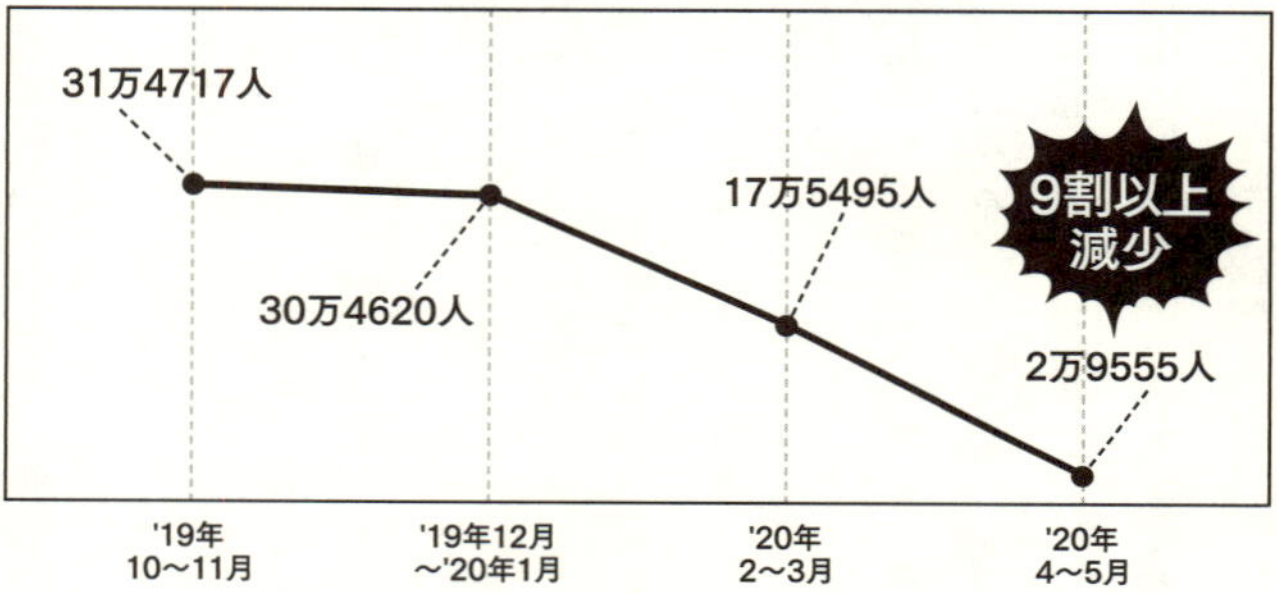

※出典：観光庁「民泊制度ポータルサイト」発表資料

都内を中心に15軒の民泊物件を運営するＴＯＯＫＩＮの代表取締役・唐欣氏も、コロナ後に出てきた新たなニーズをこう明かす。

「旅行者の利用がほぼゼロになってしまいましたが、コロナのせいで帰国が困難になった外国人や、現役世代と同居する老人などの高リスク者が〝逆隔離〟目的で長期滞在してくれている。短期利用としては、不特定多数が集まる飲食店での宴会を避け、ホームパーティを行うためにわが社の物件を利用する人も増えています」

東京五輪は２０２１年に延期したうえでの開催が決定されており、外国人観光客もコロナが終息すれば、じきに戻ってくるだろう。

「今は1年前に買えなかった好条件の物件がゴロゴロしている。民泊向け物件の相場を見ても、

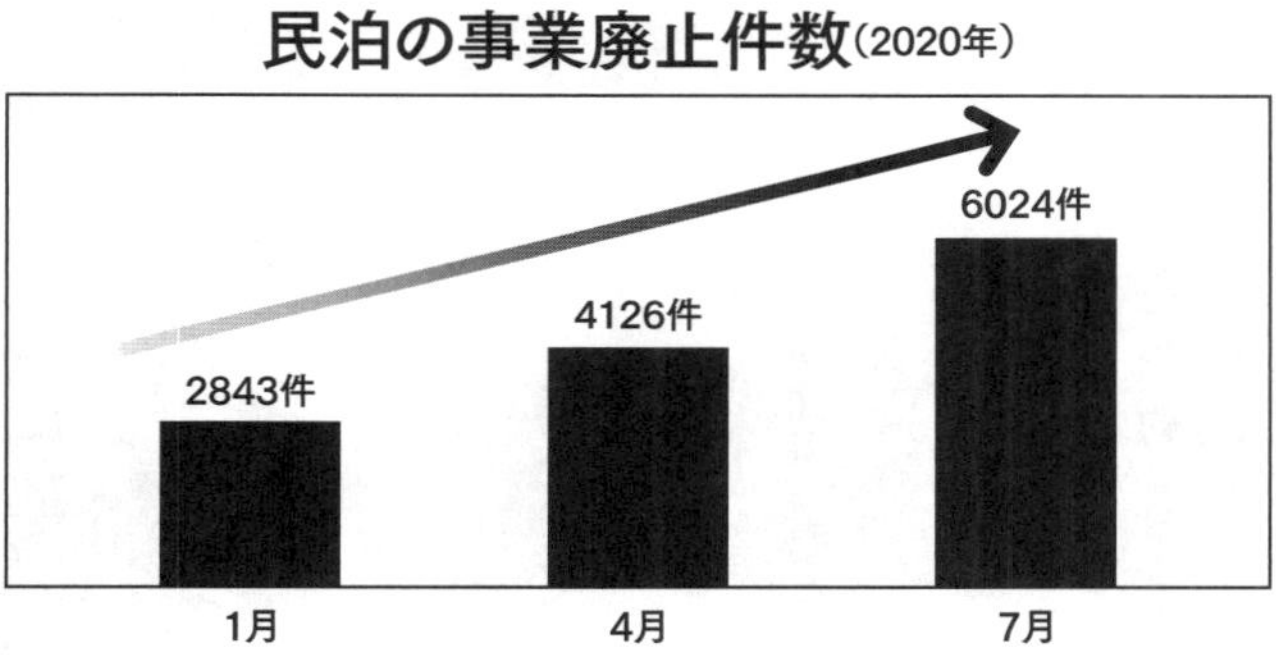

※出典：観光庁「民泊制度ポータルサイト」発表資料

コロナ前後で、平均して10～15％は安くなっている。ルール違反ではありますが、中にはコロナ関連の融資を引っ張って現金を調達し、小型の民泊物件の購入資金に充てる投資家もいるようです」（前出の不動産会社代表）

今が絶好の仕込み時なのかもしれない。

「通学時間4時間」でも実家から通える!?
大学のオンライン授業が賃貸市場に与える影響

新型コロナウイルスは社会にさまざまな変化をもたらしたが、大学でも大きな変化が起きている。2020年3月以降、ほとんどの大学が講義をオンライン授業で行っているからだ。なかには成績評価・試験もオンラインで実施している大学もある。

文部科学省の調査によれば、2020年後期授業のオンライン（遠隔）講義の状況は、「対面・遠隔併用」が全国の大学平均で80・1%となっている。併用の割合については「ほとんど遠隔」が19%とおよそ2割を占めており、遠隔を「半数以上」とした場合は68・6%と7割弱にもなるのだ（「大学等における後期授業の実施方針の調査について（地域別状況）（令和2年10月2日）」）。

日本には現在、約291万人の大学生がいる（文科省「令和元年度学校基本調査」）。キャンパスから消えた大学生の数がいかに膨大な数になるか想像できるだろう。

この状態が２０２１年以降も続けば、多くの大学生はキャンパスでの講義を受けることなくオンライン授業で取得した単位を得て、１学年を修了することになる。

それはそれで悪くない。このままオンライン講義が進化すれば、大学という枠や箱などは当然、不要になる。極端な話、日本にいながらアメリカのハーバードやイギリスのオックスフォードなど名門大学で行われている講義が受講でき、試験をパスすれば単位を取得できる時代が来るかもしれない。

そんな楽しい想像は別にして目先のことを考えてみよう。

オンライン授業がメインとなり、キャンパスから大学生が消えた。東京での賃貸を解約し、実家に戻った学生も少なくない

大学で授業を行うにあたって、教授と学生の双方がキャンパスに集まらなくてもよい、という現実をわれわれは知ってしまった。しかも、オンラインでもかなりうまくやっていけそうだということもわかってきたのだ。

現に、2020年に東京の大学に入学した地方出身の1年生のなかには、高い家賃のかかる都内ワンルームマンションではなく、地方にある実家で生活しているケースも多いだろう。2年生以上の学生も、東京にいてもほとんどアルバイト先がないので帰省してしまった人もいるかもしれない。4年生の就職活動も、面接はオンラインに移行しつつある。

深夜バスで上京して2000円代の宿に泊まる

つまり、リモートワークが普及すると、大学生は大学に毎日通える場所に住まなくてもよくなるかもしれないのだ。

実はこれ、大変なことなのである。

コロナ禍がある程度終息しても、オンライン講義を認める大学も出てくるはずだ。例えば、どうしても出席できなかった講義を、後日オンラインで受講できるシステムなど簡単にできてしまう。すでに導入している大学もあるだろう。

そうなれば、学生は本当に大学のそばに住む必要性がなくなる。

そのことを、不動産的な視点で見てみると、まことに困ったことになる。大学のキャンパスの周辺エリアにあった、根強い賃貸ワンルームマンションの需要が劇的に減ってしまう可能性が高い。

これまで東京の大学に通う場合、およそ2時間以上かかる場合は実家を出て一人暮らしをしていた。しかし、月2~3回しかキャンパスに行かなくてよくなったら、実家暮らしを選ぶ学生は多いだろう。関東・東海エリアに実家のある学生はまず間違いなく一人暮らしをやめるはずだ。

では、関西や九州、東北や北海道に実家がある学生はどうだろう。この場合、上京するのに4時間以上かかってしまうが、それでも一人暮らしをする必要はない。月に数回の登校で済むのなら、コロナ禍で安くなったビジネスホテルや民泊を利用すればよいからだ。深夜バスで上京し、2000円台のビジネスホテルに泊まる——圧倒的にリーズナブルだ。

今後、大学でのリモートワーク講義のシステムが進むにつれ、周辺エリアの賃貸ワンルームマンションの需要は激減し、ワンルームマンションを運用しているオーナーにとっては頭痛の種になるだろう。

すでに客観的なデータも存在する。不動産評価サービス・タスは「賃貸住宅市場レポート（2020年8月）」で、東京・神奈川・埼玉で計1万1100戸の単身者向け賃貸住宅の需要が消失したと発表している。1万室以上の需要が一気になくなったことのインパクトは計り知れない。

ワンルームマンションのオーナーはいわゆるサラリーマン大家が多い。価格が高くないので不動産投資の初心者には入門編になっているのだ。しかし、学生の需要を当てにしていた物件については、今後のオンライン講義によるリスクを考えたほうがいいかもしれない。われわれはもはやコロナ以前の社会には戻れないのだ。

第4章

コロナ禍の「買い方」と生き残る物件

狙い時!? コロナ禍でもマンションを買いたい人のために教える「値引き術」

不動産経済研究所は2020年10月、4~9月までの半年間に首都圏で発売された新築マンションの戸数が昨年同時期よりも26・2%減ったと発表した。首都圏のマンション価格は、1戸当たりの平均が5812万円で、前年9月と比べると約3%下落したという。

こうした状況を挽回しようと、停滞していた新築マンションの販売活動が活発になりつつある。本来、新築マンション販売のひとつのヤマだった5月のゴールデンウィークは、コロナ禍の緊急事態宣言下で売り損じているので、マンションデベロッパーは巻き返しに必死だ。「半年間のロスを取り戻せ」とばかりに、焦っている担当者は筆者の周りにも何人もいる。

焦る理由はもうひとつある。

コロナ前とコロナ後ではマンション市場の風景がガラッと変わる可能性があるからだ。２０１３年の日銀の異次元金融緩和から約６年間続いた不動産の局地バブルは、新型コロナをもって終了となりそうだ。このコロナ不況は新築、中古を問わず、マンション価格を下落させることは間違いない。

今、大手に限らずマンションデベロッパーで事業展開のキーマンとなっている人の年齢は、主に50代の後半だ。かくいう筆者も58歳だが、この年代の業界人には特徴がある。

それは今回を含めて不動産市場には過去３回のバブルが訪れ、そのうち２回の「崩壊」を経験していることだ。

過去２回のバブル崩壊で、在庫を処理しきれずに倒産した多くのデベロッパーを横目で眺めてきた。相場が下がり続ける前に、少しでも早く売り抜けないといけないという危機感は相当なものだろう。

そんな彼らに率いられたマンションデベロッパーが猛然と販売活動を再開した今、これからは間違いなく値引き合戦となる。逆に言えば、これからマンションを買おうとする人々にとっては最高に恵まれた環境を形成してくれるだろう。

そこで、コロナ禍の今だからこそ不動産業者の心理を逆手に取った「値引き交渉術」のノウハウをお伝えしよう。

5つの値引き術を特別に教えよう

①完成在庫を狙え

これはいつの時代でも通用するセオリーだ。ほとんどのマンションデベロッパーは、販売中の物件が完成在庫になることを嫌うので、その前に売り切ろうとする。

例えば、ある金融系デベロッパーは建物が完成する3〜4か月前から値引きを始めることが多いようだ。そして、建物が竣工して数か月も経過すると、値引き幅が大幅に拡大する。時には販売価格の1割を超える場合もあり、リーマン・ショック後には2割超というケースもあった。

他のデベロッパーも、基本は似たようなものだ。

ただ、大手S不動産だけはこれまで、物件が完成してから1年程度経過しないと値引きをしない傾向にあった。

しかし、コロナ後はその方針に変化があるかもしれない。なぜなら、コロナ前ですでに完成在庫になっている物件は、より売り急ごうと焦るからだ。

局地バブルで底上げされていた土地の価格はこれから徐々に下がっていく。コロナ後に土地を仕入れた物件は、コロナ前よりも安く販売できる。そうした「コロナ後物件」が市場に出回れば、コロナ前に完成在庫となった物件は取り残されるだろう。デベロッパーが「値引きしても完成在庫を処分すべし」と判断した物件なら、１割以上の値引きを引き出せる可能性があるだろう。

②「値引き交渉」は具体額を提示せよ

不動産業者は、契約をしない客の相手をいくらしても成績にならない。だから、買うかどうかわからない客が「値引きをしてくれるのなら考えてもいい」と言い出しても、まず相手にしない。だから「このマンションを買いたい」という明快な意思を示してから交渉するべきだ。

そこに細かなテクニックはいらない。「○○○○万円だったら買います」とはっきり数字を示すべきだ。担当者にしてみれば、ハッキリとゴールを示してくれる客のほうがやりやすいし、好感も抱く。ただし、かけ離れた数字を示されると、ウンザリされる場合もあるので、ある程度の相場を頭に入れておく必要がある。

③売り主の「焦り度」を測れ

いくら具体的な数字を提示しても、相手側に本当は1000万円の値引き幅があるにもかかわらず、500万円の値引きをこちらから提示して「ではそのお値段で」と話が進むと、かなりもったいない。相手が下げられるであろう額のちょっと下の値段を提示するのがベストだ。

そのあたりのさじ加減は一般消費者には難しいところだが、わりと見えやすい指標がある。それは、売り主の「焦り度」である。

どうしても売りたければ、値引き幅は自然に大きくなる。その焦りを測るツールとして使えるのは物件のオフィシャルページだ。

例えば「ご来場キャンペーン」などとして、IT製品や家電などのプレゼントが並んでいるのも、焦っている証拠だ。しかし、まだ本気になっていない。

「△△キャンペーンでクオカード１０００円プレゼント」など商品券やポイントがもらえるとトップページに出ていれば、売り主は相当焦っている。値引きのサインだ。「モデルルーム使用住戸により、新価格」なども焦り度合いは高い。旧価格の上にバツや二重線で、新価格が示されていたりする。これも「値引きをやっています」という印だ。

少し焦りが感じられるような場合の値引き幅は、物件価格の５％前後であることが多い。明快に値引きのサインが出ている場合は１割程度。明解な値引きのサインを出し続けて数か月以上経過しているような場合は、２割かそれ以上の値引きがされるケースもある。

④値引きの仕組みを知っておけ

値引きの権限は、現場の販売責任者が「値引き予算」を持っている場合がある。例えば、あと10戸売れれば完売、という状況であれば５０００万円程度の予算が与えられる場合が多い。１戸当たり５００万円相当なのだが、これは一律に適用されるというわけではない。売りにくそうな住戸には８００万円、スムーズに売れそうな住戸には200万円、というように振り分けていく。その権限を持っているのが販売責任者なのだ。

値引き事案をひとつずつ稟議にかけるパターンもある。新築マンションを値引き販売すると、当初の事業計画通りの利益が得られないわけで、これを「経営に関わる」と考えれば、役員会議の議題だとなっても不思議ではない。

前述したように、3度のバブルと2度の崩壊を経験している50代の役員は、心理的に値引きに舵を切りやすい。特にコロナ前の物件の処分は各社とも喫緊の課題になっているはずだ。ちょっと無理めの値引き要求だったとしても、役員会にかけられれば通るかもしれない。

値引き案を役員会に上げてもらうには、販売現場の協力が必要だ。まずは担当者との良好なコミュニケーションが重要になるのだ。

⑤販売担当者を味方につけろ

買い手が直接交渉する相手は販売担当者である。たいていは若手だ。どういうパターンであれ、「この人に買ってほしい」と考えて、値引きの事案を上司に持ち掛けるのは担当者である。大幅な値引き案でも「一応上にあげてみます」と、値引き理由を添えた稟議書を書いてくれるのは、担当者であることを忘れてはならない。

あるいは、「この人にはもう少し値引き枠をください」と、販売責任者に掛け合ってくれるのも担当者だ。もし担当者が「こんなヤツには買ってほしくない」と思ったら、「いや、値引きはできません」の一言で終わるだろう。

信じられないかもしれないが、新築マンションの業界にはいまだに「客にマンションを売ってやっている」という意識がどこかにある。そして、「変な客には売りたくない」という暗黙のコンセンサスもある。こうした考えの裏には、彼らなりの事情がある。

購入契約を結ぶと「内覧」という手続きがある。購入者が実際の住戸を見て不具合がないか確認していくわけだが、些末な欠点を見つけては細かく補修を要求する程度ならまだマシなほうで、なかには「モデルルームとここが違う」などと、写真を見せてクレームを付ける輩もいる。新築マンションといえども細かい施工は完璧ではないことも多い。売り主側にミスがあろうものなら、盛大に抗議して値引きを迫るモンスタークレーマーもいる。

販売現場では、そういうややこしいクレームを付けそうな客には「売りたくない」と考えている。だからこそ、自分が将来クレーマーになるようなことを感じさせる言動や行動は厳に慎むべきだ。もちろん客だからといって担当者に威張るタイプがクレーマーに転じやすいことも、担当者たちは経験則で知っている。

最後に、大切な点を確認したい。それは値引き幅が大きいからといって「お得な物件」とは限らないということだ。

完成在庫として残っているのは、物件の価値より価格が高いから売れ残っているわけだ。もともとの値付けが間違っていたのだから、大幅な値引きを引き出せたからといって、本当に「お得な買い物」になるかはわからないのである。

コロナ禍による新築マンションの値引きバーゲンは、確かに購入の大きなチャンスではある。しかし、物件の見極めを誤ると、単なる「慌て者」になってしまう可能性もある。

その物件の見極めのほうが、値引き交渉よりも難易度が高いことはよく知っておいたほうがいい。

マンションの建設コストも新型コロナの影響で下がっていく

以上を頭に入れたうえで、知っておいてほしいことがある。

新築マンション市場には「値引きの季節」というものがあるということだ。それはマンションデベロッパーが決算の締めとなる3月末を睨んだ時期で、具体的に言うと、年明けから3月の半ばまでの期間となる。

この時期、各社は決算数字を作るために販売中のマンション完成在庫を極力売りさばこうとする。つまり「値引きをしてでも」売ってしまおうと販売活動に勤しむのだ。したがって、すでに建物が完成しているにもかかわらず販売が続いている新築マンションでは、大幅な値引きが行われる可能性が高まる、ということになる。これは新築マンションを購入する側にとってはチャンスと考えてもいい。

２０２１年の「値引きの季節」では、例年以上に値引きを引き出せる可能性がありそうだ。その理由は、どうやら私たちは２０２１年以降も「ウイズコロナ」を続けなければならないからだ。年が明けても、経済活動にはある程度の制限が課された状態が継続されるだろう。そして、新型コロナによる不況感がいっそう深まりそうな気配だ。

２０２０年は政府による大胆な景気対策で、不況感は当初予想されたほどは深まらなかった。株価は一定水準をキープし、不動産市場でも「リモートワーク需要」が発生して、戸建て住宅や一部エリアの中古マンションでは時ならぬ販売好調現象が見られた。

しかし、新型コロナによって業績を伸ばした企業はごく少数で、売り上げを減らした企業が圧倒的に多い。個人の所得も同様だ。２０２０年の冬のボーナスが増えたサラリーマンは圧倒的少数ではないか。むしろ、雇用が継続していることを幸運だと考えるべきかもしれない。

菅政権は今のところ追加の給付金などの〝大盤振る舞い〟を行う予定は示していない。そればかりか、菅政権のブレーンとされている竹中平蔵氏や英国人のデービッド・アトキンソン氏は競争力のない中小企業の淘汰が必要と考えるグローバリズムの提唱者だ。

ということは、２０２１年にわれわれはある程度の痛みを伴った景気後退を味わうのではないか。つまり、マンション市場もこれまでのような強気一辺倒ではいられなくなる。

現在、新築マンション市場の主要なデベロッパーはほとんどが大手企業だ。人事制度が基本的に年功序列である企業群になっており、新築マンション開発事業のトップにいるのは50代後半のサラリーマンたちが中心だ。彼らはあの平成大バブルの隆盛と崩壊、そしてリーマン・ショック後の独立専業デベロッパーの集中的な倒産劇を目の当たりにしてきた。マンションが売れなくなって在庫処理に苦しむ経験を、自らの社会人人生の中で最低2回は経験してきたのだ。

彼らは当然、在庫を圧縮する方向でこの危機を乗り越えようとするはずで、つまりは「多少の値引きをしてでも在庫を売り切ろう」と考える。

２０２１年に新型コロナによる不況感が深まれば、マンション開発のための事業用地も値下がりを始めるはずだ。建築現場の人手不足が緩和されれば、建築コストも多少は下がる可能性も想定できる。そうなれば、コロナ後に事業が計画された新築マンションの価格は、少なくともコロナ前よりも値上がりするということはない。

そうでなくても、中古マンション市場ではコロナ不況によって住宅ローンの返済に窮した人々が売り出す任意売却物件や、強制的に清算される競売物件が増えてくる。

「実際に住む」という実需が主体のマンション市場では価格の変動は緩慢だ。平成の大バブルの崩壊時もマンション価格はダラダラと小幅に下落を続けて、底を打つまでに12年を要した。しかし、その間の下落幅を見ると「暴落」と呼べるレベルだ。

今回のコロナ禍ではもう少しビビッドな形で価格下落が可視化される可能性がある。理由は、各大都市圏で住宅全体に余剰感が深まっていることと、住宅の実需層が細くなっているからだ。すでに団塊ジュニアの住宅購入は終わっており、それよりも若い層は人口が減少している。加えて、非正規雇用の割合が高くなっているのだ。こうした人々は、はっきり申し上げると、住宅ローンを組めない人が多い。

新築マンションデベロッパーの経営陣も、そういうことは百も承知のはず。だからこそ、在庫圧縮を急ぐ。つまり、今のコロナ前価格の在庫は多少の値引きをしてでも処分せねばならない、と考えるわけだ。

2021年の年明けから春にかけての「在庫処分」への熱意は例年よりも強くなるだろう。それは当然「値引き幅の拡大」へとつながるはずだ。新築マンションの購入を検討している方にとって、これは千載一遇のチャンスだ。

コロナ禍でも必ず生き残る東京のヴィンテージマンション10棟

これまで紹介したように、コロナ禍でタワーマンションのデメリットがいくつも指摘されるようになり、また従来から指摘されているように修繕積立金や管理費、駐車場代など月々のコストも年々上昇しており、ひと頃の熱狂的な「タワマン信仰」の呪縛は解けているように思う。

そもそも、筆者はタワーマンションという住形態には疑問を持っている。まず、それが本当に必要なのか、そうでないのか、という出発点から考えてみたい。

限られた敷地に多くの床面積が確保できる、というのがタワマンの最大の利点だ。その次は、上層階からの眺望と開放感だろうか。よく考えてみても、その2つくらいしかタワマンを建てる理由が出てこない。

なかにはプールや大浴場、スポーツジムなどの豪華施設をタワマンの優位点だと主張する向きもあるだろう。しかし、そういうものは限られた利用者にとってのメリットでしかない。利用しない人にとっては、ただ費用負担がかさむだけのシロモノなのだ。

タワマンという住形態が、この国にとっても、東京や大阪という大都市にとっても、各住戸の区分所有者にとっても、中長期の視点で考えればかなり厄介な存在である、ということを筆者は拙著『限界のタワーマンション』（集英社新書）にまとめて世に問うた。タワマンの危険性について詳細をお知りになりたい方は、まず同書を読んでほしい。

しかし、先ほど挙げた欠点を考えてもタワマンにはそれなりの魅力があることも事実だ。建物の寿命が50年程度としても、それまでの時間、人々をそれなりに幸せな気分に浸してくれるであろうことも理解している。さらに言えば、タワマンの資産価値が保て、その寿命が１００年ほどに延びると考えれば、その間の数十年の時間は人々を幸せに導くかもしれない。

筆者とて、タワマンの存在自体を憎悪しているわけではない。しかし、制度的にも建築技術的にもかなり完成度の低い住形態、と考えている。だから決してタワマンに対する憧れや尊ぶ心は持ち合わせていない。筆者の生まれ育った京都の言葉で申し上げれば「しょーもないなあ」と思っているにすぎない。

そんな考えを持つ筆者だが、東京のマンションを隅々まで見て回ることを仕事にしている。タワマンのデメリット面を眺めてきたなかでも「これはちょっとええかいな」と思った物件がいくつかある。こうした物件は、コロナ禍でも物件相場が下がることはなく、高値で安定しているのだ。ここでは、そういう価値の下がらないヴィンテージタワマンを10物件ほど選んで紹介させていただこうと思う。なお、紹介する物件は筆者が「思い浮かんだ」順番に並べただけで、特に深い意味はない。

白金タワー（東京都港区）

分譲会社：住友商事、三井物産ほか　南北線　白金高輪駅　徒歩1分
全581戸　2005年11月築　42階建て　複合開発

筆者が現在のような「住宅ジャーナリスト」の肩書で仕事を始めた頃、このマンションの管理組合で理事長をしている方から「私が管理組合理事長を務めているマンシ

いただだいた。以来、４回ほど訪問をさせていただヨンをぜひご覧ください」と連絡をいただいた。以来、４回ほど訪問をさせていただいているのだが、毎回、驚かされるのだ。ちなみに今やその理事長はマンション管理の世界では知らぬ人のいないほどの有名な存在となっている。

このマンションは複合開発だ。地元で商売を営む方などが再開発組合を結成し、長い間の話し合いの末にこのマンションの開発にこぎつけた。マンションと直結している地下鉄の白金高輪駅が開業したのは２０００年の9月のこと。筆者が東京にやってきたのは１９８７年だったから、その約13年後に駅が開業したことになる。その時には「あのへんに新しい駅ができたんや」という感覚だったと覚えているが、それまでは都心にもかかわらず〝不便な場所〟というイメージだった。

数年後、女優オードリー・ヘップバーンをイメージキャラクターにしたマンションの分譲広告がさまざまなメディアを彩った。当時はインターネットもまだ普及していなかったので、新聞やテレビ、街角ポスター、折り込みチラシなどで宣伝された。まだ目新しい「白金高輪」という駅に直結しているとはいえ、立地自体のマイナー感は否めなかったが、めでたく完売した。

筆者が、後に業界の名物理事長になる方に招かれてこのマンションを訪問したのは、入居が始まって5年ほど経過した時だった。詳しくは書かないが、管理面でちょっとした事件があり、その方が辣腕をふるって新体制を構築。会ったのはちょうどその1年後だったと記憶している。

その事件やその解決の顛末、その後の組合運営を聞いて驚嘆した。

マンションの管理組合というのは、筆者も理事長の経験があるのである程度は理解できるのだが、とにかく面倒くさい。しかし、その面倒くささを嫌がって手を抜くと、たちまち管理会社に相場以上の金額を取られたり、わが物顔で私腹を肥やす理事長が出現して〝利権化〟されてしまう。

このマンションの場合は、そうしたトラブルの種をすべて排除したばかりか、さまざまな改革を施して共用施設を収益化したのだ。今や大規模修繕を何回もできるほど組合の財政を豊かにした。

それでいて、筆者が知る限り大規模な修繕工事をまだ実施していない。なぜなら、それは必要でない限り行わなくてもいいことをその名物理事長は知っているからだ。

既成概念や固定観念にとらわれない、自由で聡明な理事長を擁しているのがこのマンションの管理組合なのだ。筆者は2回目に招かれ、理事会でお話しした時に「管理面におけるヴィンテージを目指してはいかがでしょうか」と提案した。もう8年くらい前のことだ。今や、その目標は達成されたように思う。こういうマンションなら、100年の風雪にも耐えてなお、その資産価値を維持できそうだ。ただし、現在の理事長の意志を継ぐ後継者がきちんと現れなければ、現在の状況は維持できなくなるかもしれない。

勝どきビュータワー（東京都中央区）

分譲会社：ゴールドクレストほか　大江戸線　勝どき駅　徒歩1分
全719戸　2010年11月築　55階建て

このマンションも地下鉄の大江戸線・勝どき駅徒歩1分の直結となっている。直結というのは駅の構内とマンションの建物が直接つながっている場合にそう呼ぶ。「駅徒歩1分」でも、いったん歩道や公道に出なければいけないときは、直結とは言わない。そういった意味で本来、直結と徒歩1分には微妙な違いがある。

しかし、このマンションの優位点は間違いなく駅徒歩1分で、しかも直結であるという点だ。現地に行けばわかるが、勝どきの交差点の角にこのタワマンは立っている。存在感はあるのだが、セットバック部分がオープンスペースになっているので、交差点に対する圧迫感はさほどでもない。

このマンションは、筆者の「資産価値レポート」に、もう10年も前から登場し続けている。なぜなら、いまだにゴールドクレストが売り主のままになっている新築未入居の住戸が完売していないからだ。

なぜ、10年経っても完売しないのか。それは単純に価格が高いからだ。売り始めた頃は坪単価が350万円前後だったが、当時としては間違いなく「バカ高」だった。当然、建物が完成するまでに完売することはなかった。

やがて東日本大震災が襲いかかる。その後、民主党政権が倒れてアベノミクスが始まったが、その頃からこのマンションも続々と売れ始めた。すると、なぜか売れ残り住戸が値上げされていったのだ。売り主は市場に合わせて値下げはせずに、値上げは行うタイプだった。常に市場感覚よりも1割程度高い価格で、この10年間販売が続いてきたような印象がある。

もちろん、その間に一般人が買った中古物件が何住戸か売り出されるようになった。

現在、新築と中古が同時に市場に出ている状況だが、あと何年、こんなことが続くのかはよくわからない。

このマンションの新築時の売り主は、1990年代に創業した、歴史の浅いいわゆる独立専業の〝カタカナデベロッパー〟だ。一部上場企業だが、今回のコロナ禍を乗り越えることができれば、今のような状況があと何年かは続きそうだ。

以上のような背景があるにせよ、このマンションの資産価値は手堅いものがある。銀座が徒歩圏内にありながら、駅直結のタワマンはやはり貴重な存在なのだ。今後、コロナ不況によって価格が下落する場面があるはずだ。そういう時に仕込んでおくには悪くない物件のひとつだろう。

ワテラスタワーレジデンス（東京都千代田区）
分譲会社：安田不動産ほか　千代田線　新御茶ノ水駅　徒歩3分
全333戸　2013年3月築　41階建て

このマンションは、安田財閥系のビルの跡地だったと記憶している。大きな建物のわりには住戸数が少ないのは、19階までがオフィスや商業施設だからだ。横浜市内の中心部に2019年に完成したホテル一体型の「ザ・タワー　横浜北仲」が話題になっているが、ああいう中途半端な立地と比べると、こちらは「本物」だ。

このマンションの立地は、オフィスとしても魅力十分な場所にある。権利関係が複雑になる区分所有のマンションよりも、ワンオーナーのオフィスであったほうが何十年後かの建て替え時には調整がスムーズに進む。ここがなぜ区分所有のマンションになったのか不思議なくらいだが、人口を増やしたい千代田区の意向があったのかもしれない。

ともかく、こういう場所のマンションは10年に1度出るか否かの掘り出し物で、希少性は抜群だ。実際、千代田区エリアでこの10年でこれほどの敷地を有し、資産価値が高い物件はこのマンションだけだ。ただ、新築販売時はちょうどリーマン・ショック後の不況時だった。それでも、建物が完成するまでには完売していたと記憶している。このマンションの資産価値がわかる人にはわかるのだ。

こういう物件であれば、老朽化しても処分に困ることはない。相続で子孫に残しても、大喜びされるはずだ。常に富裕層が所有し、居住しているのがこのタワマンだ。

資産価値は折り紙付きと言っていいだろう。

筆者が理解している範囲では、直近1年に取引されるのはほんの数住戸にすぎない。価格も坪単価600万〜800万円台だから、新築時の2倍近くまで値上がりしていることになる。今後、コロナ不況によって多少は値下がりするかもしれないが、日本経済がそれなりに回っている限り、日本ではトップクラスの資産価値評価を受ける物件だ。

代官山アドレス　ザ・タワー（東京都渋谷区）

分譲会社：鹿島建設ほか　東急東横線　代官山駅　徒歩1分
全501戸　2000年8月築　36階建て

代官山というのは、山手線の外側では第一等の評価を受けるロケーションだ。

もともとは、東京のはずれの準郊外の丘で、何にもないところだった。

転機が訪れたのは1970年代。大地主だった朝倉家が建築家の槇文彦氏に「代官山ヒルサイドテラス」の設計を依頼したのだ。今ではすっかりおしゃれな街に変貌した代官山は、このヒルサイドテラスの誕生が起爆剤となった。

筆者は5年ほど前、代官山ヒルサイドテラスのオーナーである朝倉家の当主にお会いしたことがある。同所は、日本の誇るべき集合住宅（マンション）で、取材する価値があると考えたからだ。当時、朝倉家の当主は80歳を過ぎたご高齢の方だったが、若輩の筆者にいろいろなことを教えてくれた。

印象的だったのは、アメリカの大学の建築系の大学生が見るべき「世界の住宅建築」の何番目かに代官山ヒルサイドテラスが入っている、というエピソードだった。

さて、ここで取り上げる代官山アドレス　ザ・タワーは駅から徒歩1分。残念ながら直結ではない。

マンションが立つエリアは、昭和初期に関東大震災の復興事業として建てられた同潤会アパートの跡地だ。ゼネコンの鹿島建設が権利を調整し、タワマンとして建て替えられた。

このマンションは竣工してすでに20年。筆者のように、新築物件として分譲広告を打っていた頃を知っている人間からすると、何とも時代を感じる。

このマンション、代官山という立地の希少さが今でも高い資産価値評価となっており、ヴィンテージと呼んでいいだろう。周辺にタワマンが建たないことも、このマンションを引き立てている。上層階の西向き住戸からは、富士山がキレイに見えるそうだ。

中古マンションとしての取引事例を見ると、坪単価６００万～７００万円台が中心だ。20年前の新築時と比べると、若干ではあるが値上がりしている。このコロナ不況で今後は弱含みになっているが、底値はある程度堅いだろう。このマンションに住みたがる富裕層は絶えないからだ。

今後、注目されるのは管理面だ。筆者はこのマンションの管理組合の内情については情報を持っていない。良きリーダーを得れば、この物件は長らくヴィンテージタワマンの評価を維持できるだろう。

青山パークタワー（東京都渋谷区）

分譲会社：三井不動産ほか　山手線　渋谷駅　徒歩5分
全314戸　2003年5月築　34階建て

このマンションが新築で出てきた時、「よくこんな場所に土地があったなあ」と驚いたのを思い出す。渋谷と青山の間、渋谷駅から宮益坂を上ったエリアにある。聞けば、旧梨本宮邸跡地だそうだ。新築として売り出されたのは、ちょうどマンション価格が底値だった頃。当時で「坪単価600万円」と噂されていた。

筆者はその頃、マンションの分譲広告を制作するプロダクションの経営者だった。この物件は担当していなかったが、電通が変わった広告を仕掛けているのを横目で見ていた。

「坪600万円であんなタワマンが売れるのか？」

そういう思いで見ていたら、意外と短期間で完売したのだった。私たち庶民には知るよしもなかったが、東京という街には当時でもかなりの数の富裕層が存在していたのだ。それから17年が経った。

このマンションは「青山」という名を冠しているが、場所はほぼ渋谷だ。ただ、このエリアのイメージは青山に近い。また渋谷とするよりも青山としたほうが、あか抜けた高級感が醸し出される、とデベロッパーは考えたのだろう。実際、その目論見は成功したようなので、このマンションについては「名前に偽りなし」である。

本稿を書くにあたって、レインズで売り出し中のこのマンションの物件を見てみた。すると、何と12戸も売りに出ているではないか（2020年5月時点）。価格は4300万～8600万円まで。坪単価にすると、安くて600万円台、高いのは1000万円超。築17年にして、価格は上がっているようで、まさにヴィンテージだろう。

しかし、今後もこの流れが続くとは限らない。コロナ不況はマンション価格にも影響しているが、マンション価格の下限のひとつの目安が新築時の価格水準だ。青山パークタワーなら坪単価600万円近辺ということになる。そこを突き抜けて下がると、それはもう本格的な不況に入ったということ。しかし、購入を考えている方にとっては千載一遇のチャンスかもしれない。

パークコート青山ザ・タワー（東京都港区）

分譲会社：三井不動産レジデンシャル　銀座線　青山一丁目駅　徒歩3分
全163戸　2018年3月築　地上26階・地下1階

このマンションは、まさに「青山物件」だ。最寄り駅は「青山一丁目」。「表参道」に比べると若干ステイタスが下がるらしいが（そう思っているのは表参道に住む一部の人だけかもしれない）、それでも青山には変わりはない。アウトサイダーの筆者からすると、どちらも「オシャレな青山」に見えるが、このあたりのジモティーにとっては差があるようだ。

外観は流線型の優美なフォルムを形成している。向かいの公園では、近所に住むセレブが子供たちを遊ばせる光景が見られる。あれだけいい場所で窓の外には公園が広がっているマンションは、やはり希少性がある。それも資産価値に繋がっているのだ。

建物が竣工したのは2018年の春。販売されていたのは2015〜2017年あたり。いわゆるアベノミクスによる都心の局地バブルが真っ盛りの頃で、新築での販売価格もかなりお高めだった。安いタイプの部屋で坪単価700万円台。坪単価10

00万円を超える部屋も少なくなかった。一般公開せずに販売された特別限定住戸は坪単価2000万円だったともいわれている。

2020年5月時点で、レインズに登録されていた売り出し中の物件は8戸あった。坪単価は800万円台からで、1600万円台というのもあった。新築時と変わらない印象だ。このマンションは、とにかく新築時の販売価格がいかにも高すぎた。だから「10年後も新築時の価値を維持」というわけにはいかないだろう。

ただ、このマンションの周辺エリアには、新たに開発される可能性のある同規模の土地が出てきそうな気配だ。そうした場合、販売価格は坪単価1000万円を超える可能性がある。そうなれば、このマンションの資産価値もつられて上がるという好ましい影響があるかもしれない。

富久クロスコンフォートタワー（東京都新宿区）

分譲会社：野村不動産ほか　丸ノ内線　新宿御苑前駅　徒歩5分
全1231戸　2015年5月築　地上55階・地下2階

このマンションが2013年ごろに新築販売されていた時、タレントの小泉今日子さんがイメージキャラクターだった。今から思えばかなり割安の平均坪単価330万円という価格設定だったが、当時としては売り主側に「1231戸を売り切れるか」という危機感があったのだろう。実は、このマンションの周辺にはいくつかここよりも古いタワマンがある。2013年当時の流通価格は坪単価200万円台の半ばだったので、そこから考えるとチャレンジだったのだろう。

2020年5月時点のレインズでの流通は坪単価400万円台が中心。平均すると3割程度は値上がりしていることになる。しかし、コロナ後もこの水準を維持できるかどうかはわからない。

実のところ新宿御苑前駅という地下鉄丸ノ内線の駅の近くで、新築マンションが販売されるのは少し珍しいことだ。今でも年間に物件が3つ出るかどうかだ。周辺の街並みはかなり庶民的で、高級感を感じるようなところはない。しかし、山手線の内側であり新宿駅も徒歩圏内。交通利便性はかなり高いと言える。また、複合開発なので敷地内に大きなスーパーがあるのも資産価値には好影響だ。

ただ、このマンションにはまだ顕在化していないリスクがある。それは管理面だ。一体開発なので、全体の管理組合があるはずだが、そこにはもともと住んでいた地権者もたくさん入っている。彼らとタワー棟区分所有者は生き方も考え方も価値観も違う。何も問題がないときは平和だが、共に意見を出し合って大きな問題を解決しなければならないことが起こったとき、うまくコミュニケーションが進むのかが心配だ。

ただし、そういう大きな問題が起こるのは20年くらい先だ。それまでは平和に暮らせるだろう。

このマンションは管理面の問題さえうまく解決していけば、資産価値をあまり落とさずヴィンテージ化できる可能性は高いだろう。新築時に購入された方は、当面「勝ち組」である。

THE ROPPONGI TOKYO（東京都港区）

分譲会社：三井不動産レジデンシャルほか　日比谷線　六本木駅　徒歩3分
全611戸　2011年11月築　地上39階・地下1階

このマンションは、普通の物件と同列に考えないほうがいいだろう。外国にあるようなサービスアパートメントの高級タイプと言うべきだろうか。マンションなのに、住民は一流ホテル並みのサービスが享受できるのだ。そういうところに住みたがる人にとっては、価値の高いマンションだ。しかし、サービスアパートメントなので、当然維持費がバカ高い。

場所は、今や六本木の象徴となったヒルズのあたりからは少し離れる。といっても徒歩5分あるかないか。六本木駅からは「徒歩3分」の表示だ。六本木通りを溜池方面に歩き、繁華街のごちゃごちゃした雰囲気が薄れ始めるあたり。六本木2丁目の交差点の少し手前にある。

このマンションは、建物が完成した後も1年以上販売が続いていた。当時はまだ日本全体が東日本大震災のショックから抜けきれておらず、こうしたバブリーなマンシヨンで、豪奢な暮らしを謳歌する風潮にはなっていなかったのかもしれない。その後アベノミクスでずいぶんと景気も回復し、ちょっとしたバブルのような空気も広がっていったが、コロナ禍で再びこういうマンションは敬遠される時代になるやもしれない。

ただし、こういうタイプのマンションに住みたがる人はどんな時代にも必ず一定数は存在する。価格は多少変動するだろうが、この立地で、今のようなサービスアパートメントのスタイルを続ける限り、資産価値の底は堅いと思う。

現在の流通価格は、新築販売時よりも3割程度は上がっている印象だが、今後のコロナ不況による下落率は高そうだ。新築時まで戻すには2～3年かかるかもしれない。

ブリリアタワー池袋（東京都豊島区）

分譲会社：東京建物ほか　有楽町線　東池袋駅　徒歩1分
全432戸　2015年3月築　49階建て

有楽町線の東池袋駅といっても、この路線をよく使う人でないとなじみがないはずだ。筆者も今まで数回しか降りたことがない。有楽町側から行く場合に、池袋駅のひとつ手前で、不動産業界関係者だったらすぐにわかるエリアだ。

このマンションが新築として販売されていたのはアベノミクスが始まったばかりの頃。世の中がちょっとだけ明るくなった感じがした時だ。このマンションの新築時の平均坪単価は360万円前後ではなかったかと記憶している。マイナーとはいえ地下鉄の駅から徒歩1分。悪くはないスペックだろう。

何よりも、このマンションの下層階には豊島区役所の本庁舎が入っている。これがこのマンションの資産価値を決定的にバックアップしている。区役所が入っているような建物は、いざというときでもインフラなどの設備が優先的に保護される。つまり地震や台風などの災害で電気が止まっても、豊島区内で真っ先に復旧されるのはこの建物なのだ。

あるいは、30年か40年後に建物が老朽化しても、ただ「取り壊す」なんてことにはなりにくい。ただし、区役所が移転しなければという条件付きではある。

筆者がわざわざ説明しなくても、そういうことを感じ取った方は多かったようだ。東日本大震災の記憶が人々の心に刻まれていたことも幸いしたのだろう。このマンシヨンもあっという間に完売してしまった。今では新築時の１・５倍くらいの価格で取引されているが、そもそも手放す人が少ないので取引数もほとんどない状態だ。

　こういうマンションは、市場が下降局面に入った時に買っておくとよい。資産価値の面でも、管理の面でも安心感が抱ける物件だ。

パークコート千代田富士見 ザ タワー（東京都千代田区）

分譲会社：三井不動産レジデンシャル　総武線　飯田橋駅　徒歩３分
全５０５戸　２０１４年３月築　40階建て

　ＪＲ総武線の飯田橋駅の南側というのは、基本的に昔の江戸城の「城内」にあたる。正確に言えば、内堀と外堀の間。江戸時代は大名屋敷などがあったのではないか。そういう場合、土地の権利が細分化されていないことが多く、大きな公共施設が立っていたりする。このマンションの近くにも東京逓信病院や東京警察病院があり、法政大学や靖国神社も同じエリアにある。

　また、このマンションの通りを隔てた向かいに外濠公園がある。山手線の内側ではもっとも美しい散策の小径だろう。村上春樹の代表作『ノルウェイの森』でも、主人公がこの公園で長い散歩をする場面がある。このマンションの立地は、そういうバックグラウンドを持っているのだ。

新築販売時の平均坪単価は450万～480万円くらいだっただろうか。当時としては高いというイメージだったが、中古マンションとしての今の実勢価格は坪単価700万円超。かなり値上がりしている。ただ、今後は新型コロナの影響で少し下落すると思われる。

このマンションは立地は抜群なのだが、筆者は建築精度にやや不安を持っている。何年か前にこの物件に賃貸で居住していた方から直接聞いた話では「隣の住戸のくしゃみの音が聞こえる」らしい。家賃は月額60万円。元住人は不満を漏らしていた。

施工は前田建設工業。はっきり言うと二流のゼネコンだ。なぜ同社が一流の立地にある、超一流マンションの施工を受注したのか。それは、同地がもともと前田建設工業の本社社屋だったからだ。

ただ、この立地でこの規模のマンションの供給は本当に限られている。近くにある朝鮮総連も多くのデベロッパーが狙っていると思うのだが、やはりしがみつきたくなるほどの一等地なのだ。

建築精度の不安を除けば、資産価値はかなり底堅いものがあるように思う。

以上、10棟のマンションを解説したが、取り上げたのは東京でも超一流と評価されるタワマンばかりだ。これからマンション購入を考えている方は、筆者が「ヴィンテージ」に認定した評価ポイントを参考にしてほしい。

おわりに

２０２０年とその翌年は、不動産市場にとっては特筆すべき年となるだろう。

２０２０年はもちろん「コロナ発生」の年。そして２０２１年は、あるいは「暴落開始の年」となるかもしれない。

コロナ禍は日本経済をマイナス成長に陥らせた。不動産市場にとっては、これだけでも多大なる悪影響である。景気が悪化すると不動産市場での取引が細り、価格も下落する。これは不動産業界の人間なら誰もが知っているセオリーである。

しかし、今回のコロナ禍で不動産業界が恐れなければならないのは、経済的な不況だけではない。

コロナ禍は日本の不動産業界にとって、企業や消費者の不動産に対する需要の目的地が変わった。具体的には「東京都心やその周辺でなくてもよい」というとてつもない変化をもたらしているのだ。

企業の多くは東京の都心に本社機能を集中させる必要はない。

また、そんな企業で働く人もコロナ以前のように毎日、満員電車に乗ってオフィスに通勤する必要はない。

現在のように情報機器が発達した社会では、リモートワークでほとんどの業務をこなせてしまう。会議や打ち合わせもテレビ会議で充分なのだ。

現代社会がすでにそういう環境にあることは、もう何年も前からわかっていた。しかし、それを実践している企業は少なかった。ところがコロナ禍がその実践を強要したのだ。そして、多くの企業や働き手が、そのほうが低コストで済むばかりか、快適に仕事ができることに気づいた。

ただ、変化はまだ始まったばかりである。

2020年は、これから起こるであろう大きな変化の先駆け的な現象が見られた。それらについて、本書では可能な限り調査をし、解説と分析を行ったつもりである。

2021年は、これから始まるであろう大きな変化の本筋が見えてくる年ではなかろうか。

何よりも需要の中身が大きく変わっていることが重要である。

オフィスはコンパクト化と分散。住宅需要は郊外や地方に向かって流出。こういった動きは数年で本格化して、誰の目にもはっきりわかるだろう。2021年はまだ大きな変化の一部しか見えてこないかもしれない。

一方、コロナ禍は日本だけではなく世界の経済も悪化させている。世界経済へ及ぼしているダメージはリーマン・ショックの比ではないはずだ。

２０２０年の日本は、かつてない規模と内容の景気対策が行われた。それが効いて、景気悪化が見えにくかった。しかし２０２１年に同じような規模で景気対策が行われるとは期待できない。

さらに言えば、有効なワクチンが世界中に行き渡るまで、世界の景気は悪化し続けるはずだ。それまでには控えめに見ても2、３年はかかるだろう。そのことが不動産市場にとって好材料になろうはずはない。

実のところ、２０１３年から２０１９年までの7年間は一部の不動産市場にとってバブルの季節であった。

東京都心や城南、湾岸エリアや川崎市の一部では「これ以上は無理だろう」というレベルまでマンション価格が上がっていた。都心のオフィスビルも同様。ＲＥＩＴ（不動産投資信託）が利回り3％台のオフィスビルを購入していたのだ。

共に、普通の感覚では理解できない価格の高さだ。マンションなら「借りたほうが合理的」といえる水準。オフィスビルは「空室リスク」などを許容できない低利回り。現在のようにテナントの退去が続くと利回りが低下するので、ビルの資産価値自体が大幅に下落してしまう。

そもそも筆者は日本の不動産市場自体が「五輪閉幕後に緩やかな下落を始める」と予測していた。東京五輪の宴が終われば、多くの人が現実的に「今の価格は高すぎないか」と考え始めるのではないかと期待したのだ。

ところが、コロナ禍が始まって五輪は延期された。かつてない規模で実施された景気対策は、不動産市場をマネーで溢れさせている。

コロナ禍によって不動産市場は正常化されるキッカケを失った。

しかし、いつかは正常化する時がやってくる。都心のマンションなら購入か賃貸かを迷う価格水準。同エリアのオフィスなら9割入居で5％程度の利回りが見込める価格だ。ただし、これはコロナ前の筆者が抱いていた市場感覚である。

コロナ禍は東京都心の不動産需要自体を大幅に減退させている。それを素直に価格に反映させれば、大幅下落となる。ただ、不動産市場では目に見える暴落は起こりにくい。特に一般消費者が取引の主体になっているマンション市場においては、価格変化がゆっくりと起こる。

２０２１年は、そういったゆったりとしたマンション価格の下落が始まる年になりそうだ。いつもながら、変化はゆったりと起こる。しかし下落の流れは力強いものになるだろう。

それを数年単位で眺めると3～5割程度の下落になっている物件も出てくるだろう。それは見方によっては〝暴落〟と言えるほどの下落かもしれない。

数年後、「コロナ禍の価格下落は２０２１年に始まっていたんだね」と、多くの人が振り返ることになりそうだ。

２０２０年11月24日

榊　淳司

取材・文（ルポ編特別取材班）＝奥窪優木　アズマカン　吉井透
撮影＝『週刊ＳＰＡ！』編集部
写真提供＝共同通信社　時事通信社　ＰＩＸＴＡ

本書は以下の初出記事を加筆・修正のうえ再構成したものを含みます。

■『週刊SPA!』2020年6月9日号～9月1日号
短期集中連載「コロナと五輪［激変する首都圏不動産］」第1～10回
■『週刊SPA!』2020年9月8・15日合併号
「ドロ沼化する［羽田新ルート］の騒音」

榊 淳司（さかき あつし）

不動産ジャーナリスト。榊マンション市場研究所主宰。

1962年、京都市生まれ。同志社大学法学部、慶應義塾大学文学部卒業。主に首都圏のマンション市場に関するさまざまな分析や情報を発信。東京23区内、川崎市、大阪市等の新築マンション建築現場を年間500か所以上現地調査し、各物件別の資産価値評価を有料レポートとしてエンドユーザー向けに提供。経済誌や週刊誌、新聞等にマンション市場に関するコメント掲載多数。主な著書に『2025年東京不動産大暴落』（イースト新書）、『マンション格差』（講談社現代新書）、『マンションは日本人を幸せにするか』『限界のタワーマンション』（ともに集英社新書）など多数。公式ウェブサイト：https://sakakiatsushi.com/

扶桑社新書 363

激震！「コロナと不動産」
価値が出るエリア、半額になる物件

発行日 2021年1月10日　初版第1刷発行

著　　者………榊 淳司
発 行 者………久保田 榮一
発 行 所………株式会社 扶桑社
〒105-8070
東京都港区芝浦1-1-1　浜松町ビルディング
電話　03-6368-8875（編集）
　　　03-6368-8891（郵便室）
www.fusosha.co.jp

印刷・製本………株式会社 廣済堂

Printed in Japan　978-4-594-08694-7

新潮新書

千正康裕
SENSHO Yasuhiro

官邸は今日も間違える

はじめに

２０２０年から、社会は新型コロナウイルス感染症（以下「コロナ」）で激変しました。様々な立場の人たちが困難を抱えましたが、この間、政府も過去に例のないほど大規模で多種多様な政策を打ってきました。

水際対策、医療提供体制の整備、検査体制の拡充はもとより、２０２０年3月の一斉休校、10万円の一律現金給付、売り上げが落ち込んだ中小企業等への持続化給付金、アベノマスクと揶揄された全世帯への布マスクの配布、解雇を防止するための雇用調整助成金、企業がテレワークを導入するための助成金、ＧｏＴｏトラベルなどなど、矢継ぎ早に様々な対策が打ち出されました。

いずれも一定の効果はあったかもしれませんが、課題も多かったと感じます。急な方針変更によって混乱が生じたり、せっかく決定した支援策が人々に届かなかったり、支援策自体も「これじゃない」感が満載だったりしました。さらには医療現場や保健所などの疲弊、内閣官房新型コロナウイルス感染症対策推進室の月378時間、厚生労働省（以下「厚労省」）の月226時間といった、政策の現場の異常な残業も露呈しました。

２０２０年後半のＧｏＴｏトラベル停止・緊急事態宣言再発動や解除の判断など、政治の意思決定も右往左往しているように見えます。また、国民が不安にかられている時に、ハッキリとしたメッセージを出せない首相の発信力のなさも批判の的となりました。

そうした政府の動きに不満を持つ人も増え、２０２０年9月発足した菅義偉《すがよしひで》内閣は第5波の感染拡大の中でさらに支持率が下がり、翌年9月、菅首相は自民党の総裁選への不出馬、つまり退陣を決めました。

この間の様々な政策の決まり方を見ていると、そこには近年の日本の政治・行政が抱えている問題が色濃く出ているように思います。

コロナ禍で、国の政策の意思決定と皆さんの生活の関係が劇的に深くなり、過去にないほど政策に注目が集まったように思います。本書では皆さんがよく知る政策を取り上げて、なぜ、そのようなことが起こったのかを紐解いていきたいと思います。僕は20年近く霞が関で政策をつくってきて、現在も政府の有識者会議の委員を務めたり、政治・

政策についてメディアなどでも発信したりしていますが、これまでの経験や思考を総動員するつもりです。よい政策をつくるプロセスについて、多くの方が理解する一助となれば幸いです。

コロナが収束しても、人口減少・少子高齢化、社会保障、働き方改革、グローバル化への対応、気候変動・環境問題、原発の問題、産業構造の転換、孤立・孤独の問題、デジタル化など新しい技術への対応、財政危機など、今後数十年日本は大きな課題を抱え続けます。

課題自体も解決が難しいものばかりですが、右肩上がりの人口拡大・経済成長の時代はとっくに終わっていますから、解決策の意思決定自体がとても難しくなっているのです。右肩上がりの時代は基本的には利益を分配するのが政治の役割でしたが、今は誰かに負担や我慢をお願いする形での意思決定が必要です。

コロナ禍の政策は、まさにそういう意思決定が求められます。医療関係者、事業者、生活者、若者、高齢者、女性・男性、都市と地方など様々な立場の人がいますが、全員に不都合のない結論を出すことは難しい。あっちを立てれば、こっちが立たずです。でも、意思決定しないといけない。これは政治家にとっても、とても難しい仕事だと思います。何かを意思決定したら、必ず誰かに批判されるからです。

こうした不都合を最小化しつつも、負担を分かち合うための意思決定を先送りせずに、どうやって合理的で納得感のあるものにしていくかが問われています。

社会保障をはじめ多くの課題は、短期的には先送りが可能です。特に、選挙前には負担を求めたりサービスを縮小したりする意思決定がなかなか難しくなります。しかし、コロナ禍は「今、そこにある危機」なので、意思決定を先送りできません。緊急事態宣言を出すのか解除するのか、今決定しないといけないのです。これだけ広範囲に影響のある難しい意思決定を先送りできなくなったということは、政治にとっても初めて直面したことではないかと思います。だから、コロナ禍の政策決定には、日本の政治が抱えている「不都合なことを意思決定できない」問題が色濃く出たと感じます。

日本の政策の意思決定システム、つまり政治は様々な課題を抱えてはいますが、それでも僕が霞が関に身を投じた20年前と比較すると、良い方向に動いているとは思います。ただ、まだ過渡期であり、新しい時代に合った政治に進化していく過程です。その進化を加速していく必要があります。

ここまで言うと、それは政治家の仕事だろうと思う方もいるかもしれません。確かにそうですが、政治家は自分の個人の判断で意思決定しているわけではなくて、世の中の人がどう思うかということを、ものすごく気にしています。この20年、本当に政治家は一般の人の意見を気にするように変わってきました。一律10万円の定額給付金は、元々は一部の困窮した世帯への30万円の給付金として閣議決定していましたが、世論の反対を背景に急に方針を転換しました。こんなことは、20年前には起こりませんでした。政治家や官僚、業界や経済界など一部の人たちが意思決定をしていた時代から大きく変わっています。裏を返せば、政治家がよい意思決定をするためには、どうしても一人ひとりの後押しが必要なのです。

人々の生活や現場の課題がちゃんと取り上げられ、その課題を解決するための政策についてよい意思決定がされて、そして国民に本当に政策の効果が届くようにしたい。そのために、僕たちはどのようなプロセスを作っていけばよいのか、一緒に考えていけたらと思います。

官邸は今日も間違える●目次

はじめに

第1章　コロナ禍で見えた日本政治の問題点①

1　突然発表された全国一斉休校

首相の決断

２０２０年２月27日、安倍晋三《あべしんぞう》首相は全国の小中高と特別支援学校に一斉休校を要請することを発表した。この頃は、初期のダイヤモンドプリンセス号への対応に特化していた時期から、徐々に市中感染が増えてきて、他国と同じように日本中に感染が拡大していくのではないかという強い不安を多くの人が持ち始めていた時期だ。２月13日には、国内で初めてコロナで亡くなった方が出て、２月24日には、政府専門家会議が「１、２週間が瀬戸際」との見解を示していた。その直後のことだった。

コロナでなくても、インフルエンザが流行している時に学校が休校になることはあるが、実は休校するかどうかを決める権限は学校にある。しかしコロナでは個々の学校の判断にゆだねるのではなく、一斉休校を要請した。既に国に先んじて北海道などで知事が域内の学校の休校要請をしており、実際に休校が実施されていた。そのリーダーシップを賞賛する声も多かった。多くの人が強い不安にかられている時に、トップが強いリーダーシップを発揮してくれると安心できるという心理もあったのだろう。また、新しいウイルスで分からないことが多い中で、現場（学校）に判断をゆだねられても困るという構図もあったと思う。

一方で、子どもの感染者が多かったわけではなく、専門家の間では、一斉休校の必要性を疑問視する声もあった。つまり、一斉休校について科学的な根拠はなかったわけであり、そもそも意思決定に当たって専門家会議の意見を聞くこともしていない。とにかく政治の決断で一斉休校を要請したのである。

この一斉休校の評価については、科学的な根拠がないという否定的な意見もある一方で、危機感を広く国民が共有することになり、三密の回避やマスク着用などの行動変容が起こったので、その意味では効果があったという声もある。確かに、「普通の感染症ではない」という危機感が多くの人に伝わった象徴的な出来事だったようには思う。

事前調整もなく2営業日前に発表

僕が、この一斉休校について、とても気になったのは、意思決定プロセスだ。一斉休校を要請したのは2月27日の木曜日で、翌週の3月2日の月曜日からの休校を求めるものだったが、土日を除くと1営業日しか準備期間のない唐突なものだった。しかも2月25日に政府対策本部が「学校の臨時休業は都道府県などが要請する」と基本方針を決めたわずか2日後だった。文部科学省との事前の調整もなく、発表当日の2月27日に文科省の藤原誠《ふじわらまこと》事務次官が呼び出されて、首相の一斉休校の方針を聞かされた。その後、萩生田光一《はぎうだこういち》文部科学大臣と藤原事務次官が官邸に出向き、共働きの家庭の子どもは日中どうするのか、仕事を休まないといけない保護者はどうするのか、昼食はどうするのか、放課後児童クラブ（学童保育）は受入れ可能なのかなどの疑問をぶつけ、教育現場の準備も必要だなどと影響の大きさを伝えて、異論を唱えたという。

最後は、首相の政治的決断で一斉休校の要請をすることになったわけだが、事前の調整がなかったことで、急ピッチで準備を進めることになった。文科省は当然のこと、保育園や放課後児童クラブを所管する厚労省でも対応が検討され、保育園は開くことを決め、放課後児童クラブの時間の延長の対応などに追われた。全国の教育現場でも慌てて対応することとなった。何より、突然木曜日の夜に来週の月曜から休校と聞かされた保護者たちは、困惑したのではないだろうか。特に、双方の保護者が日中仕事をしている世帯やひとり親世帯では大きな負担となった。

リーダーシップの演出

しかし、多くの人に混乱をもたらした一方で、事前調整のない急な意思決定によって、事前に情報が漏れず、首相の強いリーダーシップを演出することには成功したと思われる。各種世論調査では概ね好意的に受け止められており、毎日新聞が3月14日、15日に行った世論調査によると、安倍首相の一斉休校要請について、63%が支持したとの結果が出ている。ただし、男性の69%が支持した一方で、女性の支持は57%と10ポイント以上低かった。子育て世代の女性への負担が大きかったことがうかがえる。

とにかく支持率を高く保つという政権の目的からすると、この政策は成功したと言えるが、やはり事前にもう少し政府内での調整や準備をした方がよかったのではないだろうか。

実は、この手法は安倍政権で確立された「官邸主導」の典型的なものといえる。事前に実務を担当する各省と調整せずに、方針を決定するということは、以前から度々起こっていた。

例えば2017年9月25日、衆議院選挙を前に安倍首相が記者会見で、2019年10月に予定されていた消費税率10％への引き上げを予定通り行うことと、引き上げによって増える5兆円余りの財源の使いみちを変更して、3歳から5歳の幼稚園と保育園の無償化のために使うことなどを発表した。政府内だけでなく与党との事前調整もほとんどなかったことから、与党内からも様々な不満が出た。しかし政治家としては選挙で勝てるなら不満は飲み込むしかない。

事前に調整すれば、情報が漏れて様々な異論も出るだろうし、何より記者会見で発表する際のニュース性が落ちてしまう。記者会見で首相が初めて発表することで、リーダーシップの演出は最大化できるわけだ。

僕は官邸主導による意思決定そのものについては決して反対ではない。選挙で選ばれた政治的正当性を持つ人たちが、特定の団体だけでなく、一般の人の民意をおもんぱかって、責任を持って決定するようになった。これにより、政策は大きく早く動くようになった。そのこと自体は望ましいが、このやり方だと、専門家の意見よりも政治的な思惑が優先されることもある。世の中の空気の読みが当たればよいが、読みが外れた時には、思いつきのように感じる政策が出来上がることもある。また支持率を上げるためのPRを重視するあまり、世の中の関心のあるうちに政策を打ち出そうと無理なスケジュールを設定することも増えた。リーダーシップ演出のためには、事前の調整もショートカットすることが増えた。こうした意思決定のあり方は、「これじゃない」感のある政策、場当たり的な方針変更や急な決定による混乱、霞が関や自治体、さらには委託先の民間のブラック労働の温床にもなっている。

今の官邸主導のすべてを否定するつもりはないが、様々な副作用をもたらしていることも確かだ。だからといって、かつての官僚主導に戻せばうまくいくわけではない。官邸主導はまだ過渡期であり、さらなる進化が必要だ。官邸主導が強くなった構造については、第3章で詳述するが、ここでは、国民の注目度の高い政策は、「①権力の集中した官邸が、②国民の人気を気にして、③少数の人間で急いで決めるようになった」ということを覚えておいていただきたい。

2　閣議決定をやり直した10万円の一律給付金

困窮世帯への30万円給付のはずが

２０２０年、全国民を対象に一律10万円の「特別定額給付金」が支給された。この「特別定額給付金」は、一度決定したものを慌てて方針転換したものだったことを覚えているだろうか。

政府は、２０２０年４月７日、緊急事態宣言の発出と併せて第１次補正予算案を閣議決定していた。感染が拡大する中で、事業者への休業要請や、国民への外出自粛要請をしなければならず、経済、雇用、生活など様々な影響が見込まれるので、そうした影響の出る人たちへの様々な支援策も盛り込まれた。

この支援策の中で国民の関心を集めていたのは個人への現金給付だ。当初の第１次補正予算案の中では、収入が大きく減少して低所得の状態になった世帯を対象とした30万円の「生活支援臨時給付金」（仮称）として閣議決定されていた。

限られた財源の中で効果的に支援を届けようとすれば、当然のことながら必要性の高い人を重点的に支援することになる。だから、困難な状態の人に限って手厚く支援することは間違っていないと思う。いったん、４月３日の安倍首相と自民党の岸田文雄政調会長の会合で困難を抱える世帯への30万円の給付金という方針がまとまり、第１次補正予算案に盛り込まれて４月７日に閣議決定した。

生活支援策から「国民の一体感醸成」へ

しかし、この頃になると、実際には収入が減っていない人たちの間にも、感染や生活への不安、外出自粛や休校などに伴う負担感やストレスが広がり、何より先行きが見通せない不安感が蔓延していた。NHKが4月10日から3日間に行った世論調査では、新型コロナウイルスに自分や家族が感染する不安をどの程度感じるか聞いたところ、「大いに不安を感じる」が49％、「ある程度不安を感じる」が40％となっており、合わせて89％であった。また、緊急経済対策のうち、世帯主の月収が一定の水準まで落ち込んだ世帯などに限って、1世帯当たり現金30万円を給付すること（生活支援臨時給付金）については、「大いに評価する」が8％、「ある程度評価する」が35％だった一方、「あまり評価しない」が34％、「まったく評価しない」が16％となっており、50％が評価しないと回答している。SNS上でも一律の給付金を求める声が広がっていた。

こうした世論の動向も受けて、4月14日に突如、自民党の二階俊博幹事長は記者会見で、一律10万円の現金給付を政府に要請する考えを表明した。また、元々、一律10万円の給付金を主張していた公明党や、国民民主党も15日に同様の要請を行った。

こうした流れの中で、4月16日夜に急遽開催された政府の対策本部で、安倍首相は緊急事態宣言の対象区域を全国に拡大することとセットで、一部世帯への30万円の生活支援臨時給付金を、全国一律10万円の給付金へと方針転換することを表明した。

この時点では、緊急事態宣言の対象は東京や大阪など感染者の多い7都府県のみであり、岩手県では感染者が出ていないなど、まだ全国的に感染が広がっている状況には至っていなかった。このため、急な緊急事態宣言の全国拡大は、一律10万円の現金給付を支給するための理屈づけとの批判が寄せられた。

4月17日の記者会見で、安倍首相は以下のように述べている。

「長期戦も予想される中で、ウイルスとの闘いを乗り切るためには、何よりも、国民の皆様との一体感が大切です。国民の皆様と共に乗り越えていく。その思いで、全国全ての国民の皆様を対象に、一律に1人当たり10万円の給付を行うことを決断いたしました。収入が著しく減少し厳しい状況にある御家庭に限って、1世帯当たり30万円を給付する措置を予定しておりましたが、国民の皆様から寄せられた様々な声、与野党の皆様の声も踏まえまして、更に給付対象を拡大することといたしました」

緊急事態宣言が全国に広がるので、「国民の一体感」を作るために10万円の給付を行

う と表明している。元々、生活支援臨時給付金は苦しい状況の家庭への経済支援として設計されたわけであるが、一律10万円の給付金に変わったとき、その目的も変わってしまったのである。

こういう「政策の理屈づけ」を後から無理やりひねり出すことも官僚の仕事だ。霞が関でそのような経験を積んできた僕は「なるほど」と思って聞いていた。苦しい状況の家庭を支援するのが目的の現金給付であれば、給料が減ったり解雇されたりするおそれのない公務員や議員、そもそもすごく裕福な人たちも含めて全員に配る理由がないのである。

あの段階での一律の現金給付の理屈づけとしては、「みんな大変だけど一緒にがんばろうね、1人10万円あげるから一緒に乗り越えようね、協力してね」という以外にないということだ。また、安倍首相の発言の最後の部分の、国民の声、与野党の声というのは、要するに「最初は困った人にだけ配ろうと思っていたけど、みんながほしいというから、みんなに配る」と方針転換に至った理由を説明している。

政治家と官僚の行動原理の違い

この一連の動きに強くにじみ出ているのは、首相や官邸など重要政策の意思決定をする人たちは、何よりも一般の人の意見や人気を気にしているということだ。政治主導か官僚主導かとよく言われるが、政治は常に世の中のニーズを気にしている。

これに対して、官僚は制度上の理屈、公平性、財源などを重視する（官僚と言っても、支持率ばかり気にしている総理側近の官邸官僚は、ほとんど総理と一体化した政治家みたいなものなので、正確に言うと各省の官僚と言った方がよいかもしれない）。各省の官僚にとってみれば、政権は数年で変わるけど、政権を越えて続く制度の運営に責任を持つので、筋の通らないことはしたくないという行動原理がある。

政策の意思決定には、この世の中のニーズや人気、「ウケ」みたいなものと、制度上の理屈のせめぎ合いが常にある。官僚主導の時代は理屈が優先されてきたが、官邸主導と言われる今は世の中のニーズを常に気にして意思決定するようになってきた。先ほどの安倍首相の発言のように、政策の目的さえ変更して、どうにかして理屈を後づけすることは、珍しくなくなっている。

一度、閣議決定した政策の内容が、国会での審議もされずに、世の中の空気を読んで覆るということは、数年前までほとんどなかったことだ。近年は時々そういうことが起こるようになってきた。

例えば2020年5月、通常国会に提出されていた検察官の定年を延長する検察庁法改正案がある。黒川弘務検事長を検事総長にするために、政府が検察庁法の解釈を恣意的に変更して、黒川氏の定年延長を決めたとすでに批判されていた。法案は、その政府の解釈変更に合わせて、後付けで法律を変えるものだとして批判がさらに大きくなっていたところに、とどめを刺すように黒川氏の賭けマージャンのニュースが大きな話題になり、法案は廃案となった。当初の方針を維持して法案の成立にこだわれば、国民の批判がより大きくなるからだ。

もう一つ例を挙げよう。健康保険の仕組みの中で、妊婦加算というものが2018年4月にスタートした。妊婦さんが医者にかかるときは、例えば風邪の場合でも、胎児に影響が出る可能性があるから特定の薬を避けようとか色々な配慮が必要になり、医療機関の立場からすると、手間や時間がかかる。

経営という観点からは、同じ治療をするのに余計時間がかかるのであれば、その分売上げが増えないと困る。だから、例えば内科では妊婦の診察はためらって、産婦人科に回したりすることもある。そうなると、妊婦が医者にかかるのが大変になるし、ただでさえ医師不足で忙しい産婦人科はより大変になる。健康保険を使って医者にかかった場合に、どの治療にいくらかかるかというのは実は国が決めているのだけど、そういう状況を改善するために、厚労省は妊婦が医者にかかるときの値段を上げたのだ。

これを妊婦加算という。初診で約２３０円（診療時間内の場合）の加算だから大きな金額ではないかもしれないが、妊婦の立場に立てば、妊娠した途端に急に値段が上がるのは納得がいかないことだ。「国は少子化対策とか言っているのに、妊娠した途端に値段が上がるって、何の罰ゲームなの⁉」。こうした声が２０１８年の秋以降に、ＳＮＳで盛り上がり、報道でも取り上げられる中で、当時自民党の厚生労働部会長だった小泉進次郎さんが「待った」をかけた形で、この制度は凍結（一時取りやめ）され、議論し直すことになった。

かつて、官僚主導と言われた時代は、政・官・財の鉄のトライアングルとも言われたが、サービスを提供する側（妊婦加算で言えば医者とか医療機関）の意見が政策決定には強く反映されてきた。業界と官僚と、与党でその分野の政策に専門的に取り組んできた「族議員」が結託して既得権益を守っている、と言われるような構図だ。

今でも、声高にそういう構図を指摘して批判する人たちもいるが、実際に政策をつくってきて、決まり方がどんどん変わってきた過程を見てきた僕としては、なくなったとは言わないけど、かなり古い政策決定のモデルだと思う。この点については、第3章で詳しくお話したいと思うが、一般の人の声、特にサービスを受ける側の声を、意思決定権者はすごく気にするようになってきたということを覚えておいていただきたい。

3　特別定額給付金をもらえない人

DV被害者に届かない⁉

かくして、世論の盛り上がりの中で支給が決まった一律10万円の特別定額給付金であるが、一つ難しい問題が持ち上がった。ＤＶ被害者が特別定額給付金をどうやって受け取ったらよいかという問題である。

特別定額給付金は、全国民に一人当たり10万円を一律に配るものであるが、世帯単位での給付という設計で、世帯主が全員分をまとめて申請して受け取る仕組みなので、ＤＶ被害者（主に女性）が離婚に至る前に子どもを連れて避難しているようなケースでは、特殊な手続をしない限り、住民票上はＤＶ加害者である夫（世帯主）の世帯に入っている。だから、ＤＶ加害者の夫が世帯全員分を申請して給付を受けてしまう。子どもを連れて避難しているDV被害者は給付を受け取ることができない。

これでは、せっかく全国民に10万円の現金を支給するのに、一番困っている人たちに届かない。DV被害者の中には生活に困窮している人もいるし、そもそもコロナ禍で雇用に大きな影響が出たのも女性だ。何より、本来受け取れるはずの給付金をDV加害者が受け取ってしまうのは不公平極まりない。当然のことながら、女性支援団体はDV被害者も特別定額給付金を受け取れるようにと強く求めた。女性支援に力を入れている国会議員たちも活発に動き、総務省、内閣府、厚労省など関係省庁も、なんとか解決策をひねり出した。

世帯主がDV加害者の場合

そもそも、なぜ特別定額給付金が世帯単位で申請や支給をすることになったのだろうか。特別定額給付金を支給する役所（今回は市区町村）としては、誰にいくら支給するかを決めないといけないのだけど、同じ人に2回支給してしまう、本来受け取るべき人に支給しない、といったミスは避けなければならない。そのためには、市区町村として特別定額給付金を受け取る権利のある住民を把握している必要がある。市区町村はどうやって住民を把握しているかというと、住民票だ。この住民票が世帯主単位で管理されているから、特別定額給付金の申請や支給も世帯主が代表して行うこととされた。

緊急的な支援だから、急いで配る必要があり、一から新しい個人単位の仕組みを作っている時間的な余裕はない。実は日本ではすでに個人単位に固有のIDが振られているので、それを証明できるマイナンバーカードが普及していて、銀行口座情報も紐づいていれば、個人単位での支給も可能だし、そもそも申請行為も不要になる。

しかし、2021年1月の発表時点でもマイナンバーカードの普及率は24・6％にすぎない。前の年の4倍に増えたと総務省が発表していることから、特別定額給付金の時点では、ほとんどの国民はマイナンバーカードを持っていなかったことになる。要するに、その時点での社会インフラを前提にすると、住民票の情報を活用した世帯単位での申請と給付という仕組みにすることが、最も迅速に特別定額給付金を支給する方法だったということだ。

コロナ禍の特別定額給付金のように、臨時で支給する現金給付としてはリーマンショック後の2009年に定額給付金というのがあったが、あれも世帯単位での支給だった。その時も、DV加害者である世帯主に対して、避難しているDV被害者の分まで給付金が振り込まれ、各地で裁判所への差し止め請求も起こった。

例外的手続が決まる

世帯単位での申請と給付ということを前提とせざるを得ないとすると、ＤＶ被害者が給付金を受け取る場合の例外的な手続を定めないといけないことになる。この例外的手続の設計はなかなか難しい。まずその人がＤＶ被害者なのかどうかというのを、特別定額給付金の窓口の役所の職員がどうやって判別するのかという問題がある。また、避難しているＤＶ被害者が、どうやってＤＶ加害者に見つからないように申請をするのかというのも重要なポイントだ。給付金の手続によって、避難している被害者の住所が加害者に知られるようなことになれば、新たな暴力被害が発生しかねない。

元々、避難しているＤＶ被害者がＤＶ加害者の世帯主に秘匿する形で、離婚前に住民票を移す仕組みがあるのだが、そうした手続を既にとっている人たちや、裁判所の保護命令が出ているケース、行政が一時保護しているＤＶ被害者については、既に行政が把握しているので比較的容易に給付金を支給できる。しかし、そのような人は一部なので、それだけでは多くのＤＶ被害者は救われない。そういった課題を一つひとつクリアしなければならない。特別定額給付金を担当する総務省は、DV被害者支援を担当する内閣府や厚労省と相談しながら突貫工事で制度設計を進めていった。

安倍首相が、一律10万円の特別定額給付金を発表した4月17日から、わずか5日後の4月22日、総務省自治行政局地域政策課は、特別定額給付金室事務連絡という文書を自治体向けに発出した。これにより、避難しているDV被害者が特別定額給付金を受け取るための手続が示された。避難しているDV被害者も特別定額給付金が受け取れるようになったと報道され、働きかけていた国会議員たちも安堵していた様子だった。

仕組みはできても情報が届かない

この時、「受け取れるようになった」と報道はされているものの、具体的にどのような手続を踏めばいいのかという情報は、報道には僕が知る限り出ていなかった。特別定額給付金の申請受付は5月中旬頃に開始されることになっていて、タイミングが迫っていたこともあり、実際にどういう手続で申請して受け取れるのか、僕はそれが気になった。

先に加害者の世帯主が申請してしまってからでは、避難しているDV被害者は特別定額給付金を受け取れなくなるかもしれない。また、行政が既に支援しているDV被害者については、何らかの形で本人に案内することも可能かもしれないが、行政につながっていない被害者はどうやって手続を知るのだろうか。きっと手続は何段階かあって一か所の役所では完結しない面倒くさいものに違いない。そもそも困っている人ほど、必要な支援策の情報を得るのが難しいし、手続をするのも大変だ。長く福祉に携わっている人間からすると常識だ。

僕は、総務省が出している事務連絡や、総務省や内閣府のHPでの公表資料を見て愕然とした。確かに、様々な制約条件がある中で知恵を出そうとするとこういう仕組みになるのだろうとは思った。ただ、4月22日（水）に発表された手続の内容を一般の人向けに説明した広報資料（図1参照）は、とてもじゃないけど、特別定額給付金を受けようとする人が理解できるようなものではなかった。

しかも、煩雑な手続を経てわずか1週間後の4月30日（木）までに市区町村に申出書を提出する必要があるとのことだった。チラシには、4月30日（木）を過ぎても申出書は提出することができると書いてあるが、いつまでに出せば認められるのかが書いていないので、やはり極力早く出してもらった方がよいはずだ。そもそも手続の情報が当事者に届かないと申請ができないのに、それが届かない状況になっていることに、僕は強い危機感を覚えた。

このチラシ（図1、2）は、総務省が一般の方向けに作ったチラシなのだが、まず、字が多すぎて読み解くのが大変だ。さらに、2枚目が手続を説明したものであるが、いかにも役所側が「ちゃんと申請してきたら特別定額給付金を出しますよ」という雰囲気が透けて見える。当事者がいつまでに何をしたらよいのかがとても分かりにくい。

まず、避難しているDV被害者が総務省や内閣府のHPなどを訪れて、このチラシを見ること自体が期待できないし、チラシを見たとしても手続を理解するのが難しい。期限があまりに短すぎて、すぐに動かないと間に合わないにもかかわらずである。

当事者に必要な情報を届けるには

このまま放置していると、アナウンスはしたものの実際には受け取れない人が多数発生して、困ったことになるのが容易に想像がついた。そこで僕は、内閣府、総務省、厚労省の担当者と話をしてみた。

5月中旬の特別定額給付金全体の申請開始の前に、できうる対応をしたということだ

図１

特別定額給付金に関するお知らせです

特別定額給付金とは？

◎　緊急事態宣言の下、人々が連帯して、一致団結し、見えざる敵との闘いという国難を克服しなければならないという状況の下、医療現場をはじめとして全国各地のあらゆる現場で取り組んでおられる方々への敬意と感謝の気持ちを持ち、簡素な仕組みで迅速かつ的確に家計への支援を行うものです。

◎　支給対象者

・基準日（令和２年４月27日）に、市区町村の住民基本台帳に記録されている方
（基準日以前に、住民票を消除されていた者で、基準日において、日本国内で生活していたが、いずれの市区町村の住民基本台帳にも記録されておらず、かつ、基準日の翌日以後初めて市区町村の住民基本台帳に記録されることとなった方を含む。）
※ 外国人のうち、短期滞在者及び不法滞在者は、住民基本台帳に記録されていないため対象外です。

◎　給付金額

・世帯構成員１人につき10万円

配偶者からの暴力を理由に避難している方への支援

◎配偶者からの暴力を理由に避難している方で、事情により令和２年４月27日以前に今お住まいの市区町村に住民票を移すことができない方は、裏面に記載の手続きをしていただくと、以下の措置が受けられます。

①　世帯主でなくとも、同伴者の分を含めて、特別定額給付金の申請を行い、給付金を受け取ることができます。
今お住いの市区町村に申請を行っていただきます。

②　手続きを行った方とその同伴者分の特別定額給付金は、世帯主（配偶者など）からの申請があっても支給しません。

【対象となる配偶者からの暴力を理由に避難している方の要件】
次の①～③のいずれかに該当する方

①配偶者暴力防止法に基づく保護命令を受けていること
②婦人相談所から「配偶者からの暴力の被害者の保護に関する証明書」や、配偶者暴力対応機関（配偶者暴力相談支援センター、市町村等）の確認書が発行されていること
③令和２年４月28日以降に住民票が今お住まいの市区町村に移され、住民基本台帳の閲覧制限等の「支援措置」の対象となっていること

内閣府HPより

った。「周知がこれだけでは結局当事者が申請できず受け取れないことになって、後々当事者も困るし、政治的にも問題になるのではないか」と、水を向けたところ、確かにそういう心配はあるが、なかなか行政としてはこれ以上難しいということだったので、じゃあ民間人の僕が情報を整理して広めるのはよいのかと尋ねたところ、それはありがたいのでやってほしいとのことだった。

この際、役所がやろうが、民間人の僕がやろうが、当事者たちに情報が届いて、ちゃんと特別定額給付金を受け取れることが大事だ。自分で情報をまとめて多くの人に届くようにしようと僕は思った。当然のことではあるけど、行政情報を読み解くのは慣れているし、困難を抱える女性の支援は厚労省時代にも取り組んできた分野だし、厚労省を辞めた後も内閣府の有識者会議の委員として携わっている。

誤った情報を届けてしまっては、かえって混乱するので、公表資料を見ながら、内閣府、総務省、厚労省に細かいことを確認した。そして当事者の状況ごとに、いつ、何をしないといけないのかを整理して、問合せ先の電話番号なども記載したものをｎｏｔｅ（ブログ）に以下のようにまとめた。

図２

配偶者からの暴力を理由に避難している方の申出の手続き

◎　申出期間中（令和２年４月２４日から４月３０日まで）に、
今お住まいの市区町村の特別定額給付金担当窓口へ「申出書」を提出してください。
※「申出書」は、配偶者からの暴力を理由に避難していることを申し出るものです。
※「申出書」は、お住まいの市区町村窓口のほか、婦人相談所や総務省ホームページなどで入手できます。
※令和２年４月３０日を過ぎても、「申出書」を提出することはできます。

◎　「申出書」には、配偶者からの暴力を理由に避難していることが確認できる書類として、次の書類のいずれかの添付が必要です。

・　婦人相談所、配偶者暴力相談支援センター等が発行する証明書や市町村が発行するＤＶ被害申出確認書
・　保護命令決定書の謄本又は正本

※　同伴者がいる場合は、同伴者についても記載されていることなどが必要です。

※　令和２年４月27日以降に今お住まいの市区町村に住民票を移し、住民基本台帳の閲覧制限等の支援措置を受けている方は、その旨を申し出れば市区町村において確認がとれるため、上の書類は必要ありません。

◎　「申出書」に基づき、住民票がある市区町村へ連絡しますが、「申出書」に記入された、今お住まいの住所等の情報は知らせません。

◎　特別定額給付金の申請手続きは、申出手続きとは別に行う必要があります。

◎　詳細につきましては、今お住まいの市区町村にお問い合わせください。

内閣府HPより

【緊急】ＤＶ被害者が10万円給付金を受け取る方法　２０２０／04／23　14：58

10万円の給付金は世帯主（多くの場合は夫ですね）に支給されます。

でも、ＤＶ被害の方が早めに申請すれば、夫が受け取ることなくご自分で受け取ることができます。報道などで知った方もおられるかもしれません。

でも、

単にＤＶ被害で逃げて別居しているというだけではもらえません。

急いで必要書類をそろえて４／30までに市区町村の役所に出す必要があります。

給付金の申請は５月中旬頃の予定ですが、夫が申請する前に動く必要があります。

具体的に何をしたらよいか書きますので、まずは下の相談窓口に連絡をお願いします。

1．ＤＶ被害者で住民票を移さず逃げている（別居中）の方

【やること①】

４／24（金）か４／27（月）にも、行政のＤＶ相談窓口に相談してください。**最初に、ここでＤＶの確認書等をもらう必要があります。**

まずはこちらに電話してください。
「DV相談ナビ」　0570-0-55210（ここにでんわ）
最寄りの配偶者暴力相談支援センターにつながります。
【やること②】
①の確認書などを入手したら、
4／30（木）までに、
住民票のある市区町村又は今住んでいる市区町村に
「申出書」を提出してください。
上に書いたDVの確認書等が必要です。
申出書の様式はこちらでダウンロードできます。
〈総務省の特別定額給付金のページのリンク〉
（→）このページのどこに「申出書」の様式があるか、死ぬほど分かりにくいです
が、下のスクショを見て下さい（図3）。
難しい方はこちら（←）の総務省の相談窓口に電話してみてください。
特別定額給付金コールセンター

連絡先03-5638-5855
応対時間　9時00分~18時30分（土、日、祝日を除く）
※4／30を過ぎても「申出書」を提出することはできることになっていますが、いつまでOKか分からないので、極力4／30までに出すことをオススメします。

2．既に婦人相談所などに相談をしていて「保護命令」を受けている方
保護命令決定書の謄本または正本を入手した上で、4／30までに市区町村に申出書を提出する必要があります（右記②）

3．既に住民票を新住所に移していて、住民基本台帳の閲覧制限等の「支援措置」の対象の方
確認書などは不要ですが、4／30までに市区町村に申出書を提出する必要があります（右記②）
（以下、一次情報である行政のHPのリンクを記載したが略）

図3

※ 配偶者等から申出者分の給付金につき同一世帯に属する者としての申請があった場合でも、配偶者等に対する支給を行わないこととする。

※ 申出者の居住地が住民票所在市区町村内にある場合は、支給市区町村の変更は行わないが、配偶者等から申出者分の給付金につき申請があった場合の取扱いは同様である。

2.申出者の満たすべき「一定の要件」

1.のとおり、申出者に対する給付金の支給市区町村を住民票所在市区町村から居住市区町村に変更するための要件は、次の(1)から(3)までに掲げる要件のいずれかを満たすこととする。

(1) 申出者の配偶者に対し、配偶者からの暴力の防止及び被害者の保護等に関する法律(平成13年法律第31号。以下「配偶者暴力防止法」という。)第10条に基づく保護命令(同条第1項第1号に基づく接近禁止命令又は同項第2号に基づく退去命令)が出されていること。

(2) 婦人相談所による「配偶者からの暴力の被害者の保護に関する証明書」(地方公共団体の判断により、婦人相談所以外の配偶者暴力対応機関が発行した確認書を含む。)が発行されていること(確認書を発行する際は別紙様式1を参考とすること)。

(3) 基準日の翌日以降に住民票が居住市区町村へ移され、住民基本台帳事務処理要領(昭和42年自治振第150号自治省行政局長等通知)に基づく支援措置の対象となっていること。

※その他詳細については以下の資料をご確認ください。

これ

【事務連絡】配偶者からの暴力を理由とした避難事例における特別定額給付金関係事務処理について

(別紙様式1)特別定額給付金用配偶者暴力被害申出受理確認書

(別紙様式2)特別定額給付金受給に係る配偶者からの暴力を理由に避難している旨の申出書

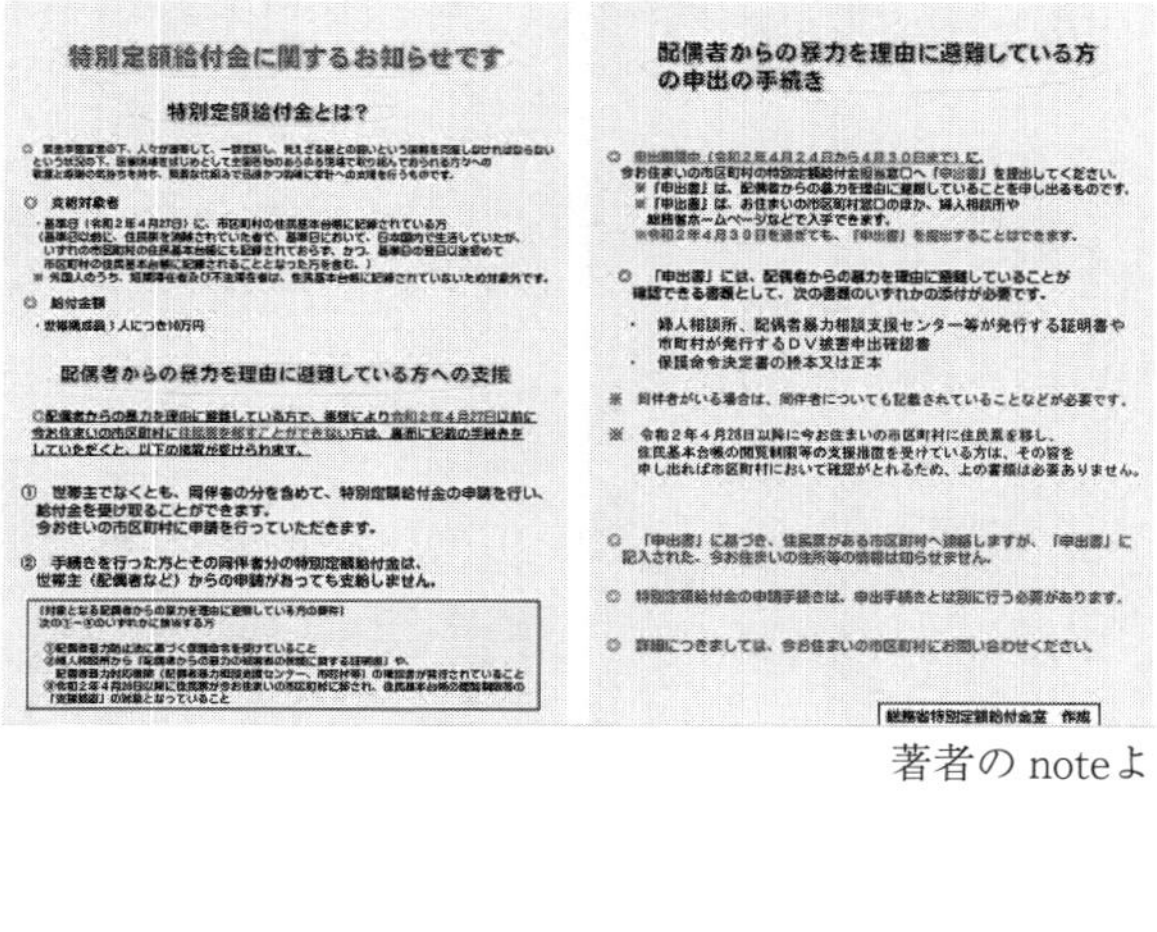
特別定額給付金に関するお知らせです

特別定額給付金とは?

◎ 支給対象者

・基準日(令和2年4月27日)に、市区町村の住民基本台帳に記録されている方

◎ 給付金額

・世帯構成員1人につき10万円

配偶者からの暴力を理由に避難している方への支援

① 世帯主でなくとも、同伴者の分を含めて、特別定額給付金の申請を行い、給付金を受け取ることができます。
今お住いの市区町村に申請を行っていただきます。

② 手続きを行った方とその同伴者分の特別定額給付金は、世帯主(配偶者など)からの申請があっても支給しません。

配偶者からの暴力を理由に避難している方の申出の手続き

今お住まいの市区町村の特別定額給付金担当窓口へ「申出書」を提出してください。
※「申出書」は、配偶者からの暴力を理由に避難していることを申し出るものです。
※「申出書」は、お住まいの市区町村窓口のほか、婦人相談所や総務省ホームページなどで入手できます。

◎ 「申出書」には、配偶者からの暴力を理由に避難していることが確認できる書類として、次の書類のいずれかの添付が必要です。

・ 婦人相談所、配偶者暴力相談支援センター等が発行する証明書や市町村が発行するDV被害申出確認書
・ 保護命令決定書の謄本又は正本

※ 同伴者がいる場合は、同伴者についても記載されていることなどが必要です。

※ 令和2年4月28日以降に今お住まいの市区町村に住民票を移し、住民基本台帳の閲覧制限等の支援措置を受けている方は、その旨を申し出れば市区町村において確認がとれるため、上の書類は必要ありません。

◎ 「申出書」に基づき、住民票がある市区町村へ連絡しますが、「申出書」に記入された、今お住まいの住所等の情報は知らせません。

◎ 特別定額給付金の申請手続きは、申出手続きとは別に行う必要があります。

◎ 詳細につきましては、今お住まいの市区町村にお問い合わせください。

総務省特別定額給付金室 作成

著者のnoteより

このｎｏｔｅは、女性支援の活動をしている方や、与野党の国会議員や、インフルエンサーの方々が拡散してくれたこともあり、４万数千件の閲覧があった。その後、この措置は延長されるとともに、確認書を出す機関が行政だけでなく民間支援団体に拡大された。また、虐待を受けている子どもや、配偶者からの暴力だけでなく、親族からの暴力を受けて避難している人などにも拡充された。

なぜ国の説明は分かりにくいのか

前掲の国のチラシ（図１、２）を見て、分かりやすいと思った読者の方はいるだろうか。また、他の制度についても、国の説明資料は分かりにくいと思った経験はないだろうか。実は、僕も20年前に官僚になった頃から、ずっとそう思っている。

国がつくる制度の説明資料は、なぜ分かりづらいのだろうか。官僚にセンスがないだけだろうと言えば、そのとおりなのだが、そうした「伝える」センスが育たない状況にはちゃんと理由がある。

一つは、伝統的な政策の意思決定プロセスの中で仕事をしていたかつての官僚たちには、一般の人に伝えるという仕事が存在しなかったということだ。もう一つは、官僚の性質と組織内部の意思決定プロセスの問題を指摘したい。詳しくは、第4章で構造を解き明かし、第5章で改革のために必要なことを示していく。

4　アベノマスクとはなんだったのか？

2枚の布マスクの全世帯配布

読者の皆さんは「アベノマスク」という言葉を覚えているだろうか。全国民に一律10万円を配る特別定額給付金を安倍首相が発表した2020年4月17日より、2週間余り前の4月1日、安倍首相は政府対策本部で1世帯当たり2枚の布マスクを全世帯に配布するということを、突然発表した。

この頃、確かに国内の使い捨てマスクの需給がひっ迫していた。日本で流通している使い捨てマスクは中国からの輸入に依存していたことから、コロナの影響で中国での生産がストップして、供給が止まってしまった。政府は、国内メーカーに増産を要請していたが、生産の拡大には時間がかかる。当然、市場の需要に供給が追いつかない状態が続いていた。

政府対策本部で、他の閣僚が使い捨てマスクを着用する中で、安倍首相は小さな布マスクを着用して、以下のように述べた。

「マスクについては、政府として生産設備への投資を支援するなど取組を進めてきた結果、電機メーカーのシャープがマスク生産を開始するなど、先月は通常の需要を上回る月6億枚を超える供給を行ったところです。更なる増産を支援し、月7億枚を超える供給を確保する見込みです。

他方、新型コロナウイルス感染症に伴う急激な需要の増加によって、依然として店頭では品薄の状態が続いており、国民の皆様には大変御不便をお掛けしております。全国の医療機関に対しては、先月中に1500万枚のサージカルマスクを配布いたしました。さらに、来週には追加で1500万枚を配布する予定です。加えて、高齢者施設、障害者施設、全国の小学校・中学校向けには布マスクを確保し、順次必要な枚数を配布してまいります。

本日は私も着けておりますが、この布マスクは使い捨てではなく、洗剤を使って洗うことで再利用可能であることから、急激に拡大しているマスク需要に対応する上で極めて有効であると考えております。

そして来月にかけて、更に1億枚を確保するめどが立ったことから、来週決定する緊急経済対策に、この布マスクの買上げを盛り込むこととし、全国で５０００万余りの世帯全てを対象に、日本郵政の全住所配布のシステムを活用し、一住所あたり２枚ずつ配布することといたします。

補正予算成立前にあっても、予備費の活用などにより、再来週以降、感染者数が多い都道府県から、順次、配布を開始する予定です。

世帯においては必ずしも十分な量ではなく、また、洗濯などの御不便をお掛けしますが、店頭でのマスク品薄が続く現状を踏まえ、国民の皆様の不安解消に少しでも資するよう、速やかに取り組んでまいりたいと考えております」

布マスクで不安はパッと消える？

マスクの需給がひっ迫して、国民が不安に思っていたことは間違いのないところである。この布マスクの全戸配布は安倍首相の側近の首相秘書官の発案と言われており、報道によれば「全国民に布マスクを配れば、不安はパッと消えますから」とささやいたそうだ。そして、首相に布マスクを着用させて大々的に発表させた。

新しい政策の発表の仕方には様々なやり方があるが、首相に最初に発表させるという手法を取る時は、目玉中の目玉政策の時であり、その政策によって内閣支持率を上げようとするような時である。まして、発表する際やその後しばらく、布マスクを首相に着用までさせたわけだから、その狙いは明らかである。

しかし、この発表に対する世論の反応は極めて厳しかった。この発表は、どういうわけか、現金給付などのコロナ禍の支援策全体をまとめた緊急経済対策の発表に先立って行われたので、いの一番にやる国民への支援策はこれだというメッセージとして伝わってしまった。ＳＮＳ上では、安倍首相が売りにしていた経済政策「アベノミクス」を文字って「アベノマスク」と揶揄され、「私たちがほしいのはこれじゃない」「現金給付が先だろう」「400億円以上の税金を使ってこんなことをやるのか」「エイプリルフールか（4月1日の発表だったことから）」と炎上騒ぎになった。もちろん、メディアでも国会でも大きな批判の的になり、さらには海外メディアでも批判されてしまった。

三つの読み間違え

僕は、この政策の失敗には三つの読み間違えがあったと考えている。一つは、政策の発表の仕方とタイミングの誤りの問題だ。支援策全体ではなく、これだけを先に出してしまったことから、「これじゃない」という国民の失望や怒りを買ってしまったことだ。

二つ目は国民感情の読み間違えと伝え方の問題だ。マスクがなかなか手に入らない状態で首相が布マスクを全国民に配ると発表すれば、国民は喜ぶだろう、首相の人気は上がるだろうという思いがメッセージの発し方を誤らせたと考えている。

三つ目は、布マスクを全世帯に配布するという実務を全く考えていなかった点だ。4月1日に安倍首相が配布を発表し、4月17日に配布を開始、全て配布が完了したのは、全国で緊急事態宣言が解除された5月25日から1か月近く後の6月20日だった。

政策担当者の本音

二つ目の国民感情の読み間違えと伝え方について、詳しく見てみたい。喜んでもらえると思って発表したものの、炎上騒ぎになり大きな批判を受けた「アベノマスク」について、当時「政府マスクチーム」でこの政策を担当していた官僚のA氏は、メディアの伝え方によって政策の意図がちゃんと伝わっていないことが炎上の要因と考えた。そして、首相の発表の数日後、自身のフェイスブックに政策の意図を「シェアしてほしい話」として、以下のように公開し、瞬く間に拡散された（注：誤字などがあるが原文ママ。後日この投稿は削除されている)。以下、A氏のフェイスブックの投稿。

マスク2枚の真相【シェアしてほしい話】

エラく馬鹿にされてるこの話。政府マスクチームで関与した身としては、企画の真意が伝わらなさすぎて残念なので、ちょっと解説します(広報がマズすぎて凹む)。

なぜこんなことを企画したか?

・飛沫感染防止のため、マスクはしてもらいたい
・しかし、「不織布の使い捨てマスク」(医療用サージカルマスクも一般用マスクも、実は中身同じ)には生産能力限界がある
・だから、使い捨てマスクは医療機関に優先的に回したい。そのため、僕ら国民一般は、繰り返し洗濯できる「布マスク」か「自作マスク」あたりでしのぎたい
・ただ、この昔懐かしの「布マスク」など今時作ってない。政府が買い上げる約束でもしなけりゃ、メーカーは怖くて何億枚も作らない。だから政府買い上げの形で発注する必要があった(200億払う理由はここ)
・また、配布のときに行列ができて感染クラスターをつくる恐れがあるから、日本

郵便の全戸無差別配達サービスでやるしかない（輸送費かける理由はここ）
・なお、平均世帯人数は約2人。個々の世帯人数に合わせて丁寧になど配れないし、まずは2枚配るのが精一杯だから、まず2枚。

もちろん、

「オレ要らない」って人もいるでしょう。
そういう方も、ひとしきり文句垂れていただいた後は、「2枚では足りない、もう1枚欲しい世帯」に隣近所で融通するとか、そういう地域市民社会の機能回復にぜひつとめていただけましたら、、日本の社会ってそういうの苦手じゃないはずだとおもってますんで。

僕自身も、当時この政策の意図や、誰がどうしてこんなことを決めたのか理解に苦しんでいたのだが、このA氏の投稿を見てよく理解できた。誰かがシェアした投稿がすぐに僕のフェイスブックのウォールにも表示された。

国民に政策の意図がちゃんと伝わることは、国民が政策についてちゃんと判断するためにとても大切なことだ。かつてないほど、政治家は国民がどう思っているかを気にして意思決定をしている。国民がちゃんと理解した上で意見を持つことは、よい政策が決定されるために必要不可欠なことだからだ。

だから、Ａ氏が私的なＳＮＳ投稿とは言え、その政策意図を公開したことについては、僕はエールを送りたい気持ちだ。本当に必要だと思った政策が受け入れられない状況を変えたいと勇気を持って投稿したのではないかとも思う。一部に、やや乱暴な表現も見られるが、率直に書いているので、政府の公式見解よりも分かりやすいのではないだろうか。

政策担当者と国民感情のずれ

Ａ氏の投稿を見て政策の意図を読み解いてみたいと思う。Ａ氏は、布マスク配布の意図について、「使い捨てマスクは医療機関に優先的に回したい」「そのため、国民一般は「布マスク」か「自作マスク」あたりでしのぎたい」と書いている。つまり、供給が限られている不織布の使い捨てマスクを医療機関の方に回したいという目的があり、代替的に一般の人には布マスクでしのいでほしいということだ。

不織布マスクを、より必要性の高い医療機関に優先的に回したいと政策担当者が判断することは合理的なことだと僕も思う。医療従事者が感染したら医療崩壊が起こり、それこそ国民が必要な医療を受けられなくなり大ダメージを負うからだ。問題は、そのことを政策担当者と同じように一般の国民が感じるためには、丁寧な説明が必要だということだ。

当時は、医療機関にマスクなどの必要な物資が行き渡らないということが大きな課題だったから、政府マスクチームは医療機関にマスクを配布する方法を毎日不眠不休で考えていたはずだ。それればかり考えている政策担当者たちが、「医療機関に優先的に不織布の使い捨てマスクを回すのは疑いのない大事な目的だろう」と思うことについては、僕も理解はできる。

ただ、「ひとしきり文句垂れていただいた後は」とか「日本の社会ってそういうの苦手じゃないはずだとおもってますんで」と書いてしまう根っこには、政府はめいっぱいの努力をしているのだから、多少不便があっても国民一人ひとりが協力するのは当たり前だろう、という気持ちがどうしても透けて見えてしまう。

僕自身も、現役の官僚の頃から10年間、ブログやツイッターなどで政策や官僚の仕事について発信してきたので、よかれと思って書いたことで炎上した経験もある。どういう時に炎上するかというと、魂が震えるほど一生懸命国民のために働いている気持ちの時だ。そういう時に、勢いあまって書いたことが炎上する。政策担当者が死ぬほど大事に思っていることでも、一般の人はそこまで強く思っていないのが常なのだ。

国民のリテラシーが低いという意味ではなくて、これは当たり前なのだ。政策担当者はマスクの供給をほとんど24時間休みなく考えているが、国民は自分の仕事や家庭のことや日々の生活のことなど色んなことを考えている中で、たまにマスクのことを考えるわけだから、全く違う状況だ。国民が政策担当者と同じように24時間マスクのことを考えていたら、人の生活も日本経済も破綻してしまう。

もし、伝えるとしたら

本来、布マスク配布を発表する際に必要だったのは、「ほら、嬉しいでしょう」という態度ではなく、「本当は国民全員に不織布マスクを行き渡らせたいのだけど、それがどうしてもできないので、医療機関に回したいです。国民全員が不織布マスクを入手できるまでは少し時間がかかりますが、なんとか布マスクで我慢してしのいでください、協力してください」というお願いする姿勢だったと思う。そして、全国民が望む形の結果を出すことができない政府の苦しい胸のうちも率直に伝えた方がよい。

僕なりに考えてみると、本当に政府が国民に伝えた方がよかったのは、以下のようなメッセージではないかと考えている。これは、僕が、安倍首相が布マスク配布を発表した４月１日から４日後に書いたブログの内容だ。ネット上でかなり拡散されて、転載メディアも含めて閲覧数が50万ＰＶくらいに届いたものだ。原文に読点を加えたりしているが、基本的にそのままの文章にしている。

・医療従事者が感染すると、病院の外来を閉めたりして国民が医療を受けられなくなってしまいます。
・マスクは頑張って増産しているけど、今日本中がマスクを必要としているので、生産が追い付かないのです。
・だから、みんなの命を救う医療を守るために、どうか今は医療機関への配布を優先させてください。
・もちろん国民の皆さんもマスクが手に入らないと困るし、不安なのはよく分かります。ベストじゃないけど、次善の策として布マスクを配ります。しばらく使い捨てマスクが入手できなくなるかもしれませんが、不便をおかけしますが洗って布マスクを繰り返し使ってください。協力をお願いします。

・ちなみに、日本の平均が1世帯2人くらいなので、取り急ぎ2枚配ることにしました。もちろん家族の多い世帯もあると思います。本当は十分な数を配りたいのですが、1世帯4枚〜5枚配ったり、世帯の人数をきめ細かく把握して配ると、今度はすごく時間がかかってしまいます。医療機関へのマスク配布が間に合わなくなってしまいます。

・まずは、上手に2枚を使ってください。本当にお手間ですが、自作のマスクづくりもできる方はやってみてください。独身の方は、余った1枚を家族の多い人にあげるとか工夫をしてもらえると、とても助かります。

皆さんは、どう感じただろうか。先ほどの投稿とはだいぶ印象が変わったのではないだろうか。

第２章　コロナ禍で見えた日本政治の問題点②

1　アビガンをめぐる科学vs願望の政治

国民の不安と治療薬への期待

少し時間を巻き戻すが、２０２０年2月、横浜に停泊しているダイヤモンドプリンセス号への対応が続く中、市中の感染も広がってきて、世の中のコロナに対する不安は、日に日に高まっていった。こうした中で、治療薬の開発に向けた動きも加速してきた。

この頃、一部の医療機関で、アビガン、カレトラ、レムデシビルという3つの医薬品の使用が始まっていた。いずれも、違う病気の治療薬であるが、コロナにも効くかもしれないと考えられていたものだ。まだ、その効果などがハッキリしていないので、観察研究といって、医療機関内の倫理委員会の手続を経て、患者の同意を得た上で投与していた。これらの治療薬候補については、２０２０年2月23日の政府の「新型コロナウイルス感染症対策本部」でも、国立国際医療研究センターの研究班の報告として、厚労省から説明された。

未知の感染症への不安が広がっていく中、当然のことながら新しい治療薬候補への世の中の期待は高まっていった。２０２０年2月29日の安倍首相の記者会見では、スポーツイベントの中止、延期、規模縮小、全国の小学校、中学校、高校、特別支援学校への一斉休校の要請などについて発表したが、治療薬についても以下のように言及して、アビガンなど3つの治療薬候補について、早期開発を進める方針を示した。

「現在、我が国では、いわゆるアビガンを含む3つの薬について、新型コロナウイルスに有効性があるかどうかを見極めるため、観察研究としての患者への投与を既にスタートしています。いずれも新型コロナウイルスを用いた基礎研究では既に一定の有効性が認められていることから、実際の患者の皆さんにその同意を得て使用することで治療薬の早期開発につなげてまいります」

治療薬の承認プロセス

ここで、この問題を理解するための前提情報として、医薬品が治療に使えるようになるためのプロセスを説明しておきたい。

医薬品というのは、他の製品と異なり、消費者（患者）自身では、どれを選べばよいか分からないという特徴がある。効くのかどうかは専門家以外には判断が難しい。また、薬には副反応があるので、リスクを抑えたものが使われる必要がある。

このため、安全性・有効性を専門機関が確認して承認し、そこではじめて治療薬として確立し広く使われるようになる仕組みになっている。これは、日本だけでなく、どの国でもそういう規制がある。この安全性・有効性の確認は、当然のことながら科学的に根拠を持って行われなければならず、長いプロセスがある。

①試験管の中での実験によりある疾患に効く可能性のある物質を見つける基礎研究
②動物に使ってみて薬効や毒性などを試験する動物実験
③人間に使ってみて安全性・有効性を確認する臨床試験（治験）

という流れだ。製薬メーカーが、安全性・有効性を確認した後、厚労省に製造販売の申請を行い、専門家による審査が行われ、合格すれば承認が得られる。

通常は、こうしたプロセス全体に10年あまりかかるが、今回のコロナのように緊急を要する場合のために、一定のプロセスを市販後に行うこととして、迅速に治療薬として活用できるようにするための特例承認という制度がある。

①国民の生命・健康に重大な影響を与える恐れがある疾病の蔓延等を防止するため緊急に使用することが必要で、その医薬品の使用以外に適当な方法がない
②日本と同等の水準にある承認制度を持つ国で販売が認められている

といった条件を満たした医薬品について、薬事・食品衛生審議会の意見を聞いた上で承認する。いわば有事の医薬品承認制度と言ってよい。

アビガンへの期待と前のめりの安倍首相

2020年2月29日の安倍首相の記者会見においては、アビガンなどの3つの医薬品は、あくまで治療薬の候補という段階だったので、観察研究を進めて、治療薬の早期開発につなげると言っている。その後、3月28日の政府の「新型コロナウイルス感染症対策本部」で、基本的対処方針がまとめられ、安倍首相は「治療薬・ワクチン等の研究開発も、最優先の課題として位置付け、その開発を一気に加速します」と表明した。

こうした方針を受け、政府は予備費や補正予算を活用して、コロナの治療薬やワクチンの開発に向けた研究費を次々と増額していった。

各メーカーも臨床試験を加速した。レムデシビル（米国のギリアド・サイエンシズ

社）については、米国で臨床試験が加速され、2020年5月1日に米国で緊急使用許可が与えられた。同社は日本国内でも承認申請を行い、申請を受けた厚労省は、5月7日に薬事・食品衛生審議会医薬品第二部会を開催し、レムデシビルに特例承認を認めた。これを受けて厚労省は同日、異例の速さで特例承認を行った。

一方で、日本製のアビガンについては、日本国内でコロナに感染した有名人が投与されて回復したという報道が出たこともあり、世の中の期待は高まっていった。

しかし、コロナに感染しても、多くの患者は回復する。ある薬を投与され回復した患者がいたとしても、その薬の効果なのか、その薬がなくても回復したのかは分からない。それだけでは、医薬品の有効性の証明にはならないのである。

だからこそ、安全性・有効性の確認のためには、科学的な根拠が必要であり、それを得るための治験が行われる。アビガンのメーカーである富士フイルム富山化学は、2020年3月31日に、国内臨床第Ⅲ相試験の実施を発表した。

第Ⅲ相試験というのは、治験の最終段階となる試験で、多数の患者を対象に、安全性・有効性について、既存の治療薬と比較する。コロナのように、既存の治療薬がない場合は、プラセボ（偽薬）と比較する。また、この時の発表の中で、「今後、富士フイルムグループは、日本政府および各方面からお寄せいただいているニーズにお応えするため、国内外のパートナーとの連携体制を構築し、増産を加速させていきます」と表明しており、政府からも増産の要請があったことが分かる。

まだ、安全性・有効性が確認されていない治験の段階で、増産の要請は、いささかフライング気味な気もするが、それだけ政府も強く期待していたと思われる。

以下、当時の安倍首相の記者会見での発言を振り返る。

「アビガンには海外の多くの国から関心が寄せられており、今後、希望する国々と協力しながら臨床研究を拡大するとともに、薬の増産をスタートします。新型コロナウイルス感染症の治療薬として正式に承認するに当たって必要となる治験プロセスも開始する考えです」（3月28日）

「新型インフルエンザの治療薬として承認を受け、副作用なども判明しているアビガンは、既に120例を超える投与が行われ、症状改善に効果が出ているとの報告も受けています。観察研究の仕組みの下、希望する患者の皆さんへの使用をできる限り拡大していく考えです。そのために、アビガンの備蓄量を現在の3倍、200万人分まで拡大します」（4月7日）

「これは観察研究の中で行っていくということに、言わば治験のルートではありませんが、観察研究という形で、先ほど申し上げました、そういう皆さんに使っていただきたい。ですから、患者の皆さんも、先生に、自分はアビガンを使いたいと思えば使いたいと言っていただければ、あと、病院の倫理委員会で通っていれば、それは使えるということになるのだろうと」（同前）

首相の発言は、治験の段階なので「承認を受けた治療薬として」とは言わずに、「観察研究の仕組みの下」と言っているが、大幅な増産にまで踏み込んでいる。また、記者の質問への回答を聞くと、承認が得られなくても、観察研究という形でどんどん使ってもらえばよいという意図が透けて見える。さらに、レムデシビルが申請された2020年5月4日の記者会見では次のように述べている。

「有効な治療薬、有効な治療法の確立に向かって、この1か月、一気に加速していきます。日米で共同治験を進めていたレムデシビルについて、米国で使用が承認されました。そして本日、我が国においても特例承認を求める申請がありました。速やかに承認手続を進めます。我が国で開発されたアビガンについても、既に3000例近い投与が行われ、臨床試験が着実に進んでいます。こうしたデータも踏まえながら、有効性が確認されれば、医師の処方の下、使えるよう薬事承認をしていきたい。今月中の承認を目指したいと考えています」

治験の段階で、「今月中の承認を目指したい」と言うのは、かなり前のめりの発言だったのではないかと感じる。

科学的な有効性は確認できず

アビガンは、日本国内でインフルエンザの治療薬として承認されているが、催奇形性（奇形を生じさせる性質）があるので妊婦への処方は許されておらず、新型インフルエンザなどが大流行した場合に、他の治療薬が枯渇した時のための備蓄用として承認を受けている医薬品だ。厚労省も、観察研究について示した文書の中で、「基礎研究において、コロナウイルス感染症に対する効果が示唆されており」としている。

また、日本感染症学会の新型コロナウイルス感染症の抗ウイルス薬に関する指針（COVID－19に対する抗ウイルス薬による治療の考え方第1版。2020年2月26日時点。この指針は暫定的なものとされており、累次の改訂がなされている）によると、「インフルエンザウイルス以外のRNAウイルスへも効果を示す可能性がある」とされている。

あくまで、「可能性がある」ということである。つまり、医薬品の物質の性質からコロナに有効な可能性があるため、その有効性を科学的に立証する目的で、3月31日から必要な治験を進めたということだ。

前述のとおり、安倍首相は5月中の承認を目指すと表明したが、治験は時間がかかった。治験に参加している大病院には4月は重症患者が多く、アビガンの対象者である軽症・中等症の患者が集まりにくかったことと、その後感染者自体が減少したことが指摘されている。このため、治験を完了するスケジュールは後ろ倒しになった。

2020年7月10日、アビガンの臨床研究を実施する47の医療機関の代表機関である藤田医科大学は、アビガンのコロナに対する有効性について、統計的な有意差はなかったとしてその時点での暫定的な研究結果を発表した。有効性がなかったということではなく、この時点では結論を下すことはできないということであり、有効である可能性はあるとした。

並行して、富士フイルム富山化学は治験を進め、当初の6月末の予定から遅れたが、2020年9月23日に治験が完了し、アビガンの投与で症状の改善を早めることを、統計学的有意差をもって確認したとして、10月16日に承認申請を厚労省に行った。

それを受けて、12月21日に厚労省の薬事・食品衛生審議会医薬品第二部会で審議されたが、承認を認めるには至らず、継続審査となった。富士フイルム富山化学は、2021年4月21日に、継続審査となっている承認申請とは別の対象者・方法での新たな第Ⅲ相試験を開始したと発表した。

科学vs願望の政治

一連のアビガンの承認に関する動きを見てみると、国民の期待を背景とした政治の願望と科学の綱引きが見て取れる。アビガンが国産であるため、外国産の医薬品に比べて国内に供給しやすいという期待もあっただろう。また、日本初の治療薬として、国内産業振興や外交的な活用という効果も視野に入っていたのかもしれない。

政治家としては、国民の期待を背負い、希望を見出し、そこに向かっていくことは大切なことだ。しかし、こと治療薬については、先に述べたように、科学的に安全性・有効性が確認されたものが使われるようにならなければ意味がない。治療薬が手に入ることは、一時的に喜ばれるだろうが、効くかどうか分からない、さらに副反応もある薬を投与されるのでは、患者の利益にならないからだ。

結果的に、承認が得られず継続審査となったが、2020年5月の治験を開始して1か月余りの段階で、つまり安全性・有効性をまだ確認している段階で、5月中の承認を目指す、と首相が大見得を切ったのは、やはり少々先走り過ぎたのではないかと感じる。5月4日の安倍首相の記者会見での発言を振り返ると、「有効性が確認されれば」とか「(今月中の承認を)目指す」といったフレーズがある。こうした首相の発言の原稿は、政府内で相当精査されるものだ。おそらく、先走る首相サイドと、現時点で承認を確約できない厚労省サイドで、ギリギリの調整をした結果、このような表現になったのではないかと思う。様々な留保をつけておかないと、後で「嘘つき」とか「失敗した責任を取れ」と批判されるからだ。「目指す」は、確約したものではなくて、首相としての目標や願望を表す表現だ。

ただし、こういうレトリックは、「霞が関文学」とも呼ばれるマニアックなもので、記者会見やニュースを見る一般の国民には、なかなか分からないと思う。表現の工夫をして、あとで批判されないような逃げ道を作っておいたとしても、国民のアビガン承認に対する期待はいやが上にも高まったことは、想像に難くない。

国民にしても、なかなか治験が進まず、さらに結果的に承認されるに至らなかったことには、やはり失望感が漂ってしまう。政府としては最大限の努力をする一方で、冷静な判断と説明をする姿勢が望ましいと思う。

今回は、科学と政治の願望の綱引きだったが、同じような構図は他の場面でも、よく見られた。オリンピック開催に当たって2020年3月に、大会の1年延期を決めた時に「人類が新型コロナウイルス感染症に打ち勝った証しとして開催する」と、安倍首相は発言した。菅首相になってからも、先行きは分からないのに、緊急事態宣言を発出する際に「最後の緊急事態宣言に」と言ったり、オリンピック開催を判断する2021年春の段階でも、安倍首相と全く同じ発言を繰り返した。結果的に、感染が広がり、緊急事態宣言下での無観客開催となったので、コロナに打ち勝った証しも何もないものだ。

政治家の判断と発言に、科学的な裏付けや根拠よりも、願望が優先する状況というのは、政治家にとってもリスクだと思うし、何より政府の政策や発信に対する国民の信頼を損なうという意味でも社会的にもマイナスが大きいと思う。

なぜこうした構図が続くのかについては第3章で詳述するが、少子高齢化・人口減少社会、社会保障改革、気候変動、原発の問題など、「すべての人が満足できない結論を出さなければならない政策課題」が山積しているのが、これからの日本だ。政治家が不都合な事実を丁寧に語り、冷静に解決策を示す状況を作るために、どうしたらよいか一緒に考えていきたい。

2　アベノマスクも特別定額給付金もなかなか届かない

宣言解除後に配り終えたアベノマスク

さて、前章で布マスク配布の問題点として三つ目に挙げたのが、国民に必要だった時に届かなかった点だ。安倍首相が布マスク配布を発表したのは4月1日だ。配布が開始されたのは4月17日で、全て配布が終わったのは6月20日。5月25日に全国で緊急事態宣言が解除されてから、約1か月経ってようやくすべて配布が終わったということだ。国民の感染の不安が最も大きかった時期には届かなかったのだ。

布マスク配布について、国民が実際にどう評価したかについては、当時、各新聞社が世論調査を実施している。読売新聞は「評価しない」が73％、毎日新聞は「評価しない」が68％、朝日新聞は「評価しない」が63％、ちょうど配布が終わったタイミングの6月20日、21日の世論調査では、布マスクが「役に立った」が15％、「役に立たなかった」が81％だった。また、流通向けシステム開発のプラネットが7月中旬に実施したマスクに関する意識調査によると、政府が配布した布マスクを使用している人の割合はわずか3・5％だった。

布マスクの配布が、官邸主導で決まった後、配布の実務は厚労省が担当することになった。厚労省は、感染症対策を担当している。布マスクの配布も、その目的が感染症の拡大防止だから、厚労省の担当ということなのだろう。

霞が関の通常の役割分担であれば、確かにそういうことになる。ただ、布マスクという物資を全国民に配布するというタスクは、これまでの厚労省の仕事にないもので、厚労省にノウハウがあるわけではない。

担当している者からすると、おそらく「やったことのない仕事が、急に、とてつもなく短い期限で降ってきた」という感覚だろう。もちろん、必要なことだから必死に頑張っただろうが、首相が発表するほど大事なタスクを、極めて短期間で確実にやるためには、やはりノウハウを持った職員が必要だ。

実施部隊は、ノウハウの問題に加えて、人員も完全に不足していて、当初はわずか数人でやっていたという。省内は、それ以前から、感染症対策そのもので人員の余裕が全くない状況だ。そんな中で、あちこちから、細かい指示や要請が届くものだから、タスクは進まない。なかなかうまく行かない上に、この政策は国民の強い不興を買っているので、連日国会でも取り上げられ、さらに野党合同ヒアリングでも追及される。意思決定に関与していないのに、各方面への「ご説明」に追われる事態となった。結局、後追いで他省庁から臨時の応援が多数集められたそうだ。

やるという意思決定は官邸で行うが、実施するために、質・量ともに必要な体制が確保されているかは各省任せという、今の官邸主導の負の側面が表れていると思う。

申請後もなかなか届かない特別定額給付金

先に述べた全国民に一律10万円を支給する特別定額給付金を盛り込んだ第1次補正予算案は異例のスピードで成立したが、ここでも体制の不備が露呈する。

特別定額給付金を担当する総務省は、給付対象者を「基準日（2020年4月27日）時点で、住民基本台帳に記録されている者」とし、受給権者を「給付対象者の属する世帯の世帯主（世帯構成員分をまとめて受給）」とした。申請の受付や支給の実務は市区町村が総務省から委託を受けて実施することとした。

申請方式は、郵送申請方式とオンライン申請方式の2つを採用し、後日世帯主の銀行口座に振り込むこととされた。一部、銀行口座のない人などのために、申請書を市区町村の窓口で提出し、後日直接給付を受け取ることも例外的に可能とした。

国は、5月中旬頃から申請を受け付けるとしており、申請受付期限は市区町村が定めた受付開始日から3か月以内とされた。しかし、実際の特別定額給付金の申請開始のタイミングは、市区町村のマンパワーや人口などによって、かなりばらつきがあった。住民への申請書の送付は、早い自治体が5月中旬にようやく開始され、人口の多い首都圏の自治体などでは5月の終わりか6月にずれ込むところもあった。

申請開始自体もかなり自治体によってばらつきがあったが、実際に国民に給付金が届くまでには、さらに時間がかかった。総務省が発表した特別定額給付金の給付率（総世帯数に対する給付済み世帯数の割合）を時系列でみていくと、予算が成立した4月30日から約2か月後の7月1日時点の数字は、全国で76％となっていた。

その後、高市早苗《たかいちさなえ》総務大臣が7月17日に発表したところによると、7月15日までに給付済みの金額の合計は約11・58兆円、給付済みの世帯数は約5272万世帯であり、それぞれ、国の予算額の90・9％、総世帯数の90・1％に当たる。高市大臣は、2008

年度のリーマンショック時にも定額給付金が支給されたが、関係する国の補正予算成立から5か月後の時点で、給付額ベースの給付率が90・6%だったと説明し、前回のリーマンショック時の定額給付金よりも迅速に支給したことを強調した。

しかし、その時点においても、一部の大都市では大量の給付事務の処理をしている最中だった。千葉市の給付率は69%（2020年7月16日時点）、大阪市は75%（7月21日に予定する振込分を含めた給付率）、川崎市は66%（7月20日時点）、世田谷区は70%弱（7月14日時点）だった。人口の多い大都市では、申請書の送付にも時間がかかるし、受け付ける申請書が大量であるため、申請受付後の処理が追いつかないためだ。

9月4日、高市総務大臣は、8月28日までに約5858万世帯で給付済みとなり、給付率は99・2%となったと発表した。9月3日までに、全国の市区町村の96・8%で申請期限を迎えた。7月の豪雨災害による被災地域で、特例により申請期限を延長している市区町村を除くと、9月15日にはすべての市区町村で申請期限を迎える。総務省は、後に2021年3月末時点の給付率、つまり最終的な給付率を発表しているが、99・4%だった。特別定額給付金の補正予算が成立してからの推移をざっくり見てみると、概ね2か月後に4分の3、2か月半後に9割、4か月後に99・2%となっており、4か月で支給事務は概ね終えたと言ってよいだろう。

リーマンショック時の定額給付金よりは確かに早かったが、国会での審議において、安倍首相は当初「5月中」の支給を目指す考えを示していたことを考えると、やはり意思決定をした人と実務の間には、相当の乖離があったと言ってよいだろう。

人海戦術はもう無理だ

申請を受ける市区町村としては、申請が殺到する中で迅速な給付を迫られたが、申請書の入力ミスの補正や、重複申請の確認という煩雑な作業に追われた。また、申請を受ける前のシステムの調達や、事務センターの立ち上げなどの段階で、様々な想定外の事態に見舞われる自治体もあった。

混乱を避けるために、オンラインの申請をストップして郵送申請に一元化する自治体もあったし、独自のシステムを開発した自治体もあった。自治体のマンパワーやリソース、人口（申請数）などは様々だ。それぞれの市区町村の置かれた状況の中で、最短距離を目指す戦略をとるべく試行錯誤がなされた。

このような状況の中で、国が示したスケジュールより遅れる市区町村も出て来たし、そもそも市区町村の人口規模によって必要な業務量は大きく異なるので、申請受付開始や給付のタイミングは、どうしても差が生じる。市区町村は他の業務を担当している職員を動員したり、臨時職員を雇用したりしながら、なんとか特別定額給付金の申請受付や支給事務を進めるが、その間にも「いつ申請書が郵送されるのか」「いつ振り込まれるのか」といった問合せや、様々な苦情の処理にも追われるようになった。

給付の実務については、結局、現場の公務員などの人海戦術に頼らざるを得ない状況になってしまったが、役所が、仕事量に比べて人員に余裕があったのは、随分昔の話だ。総務省によれば、日本全体の地方公共団体の総職員数は、ピーク時の３２８万人（１９９４年）から、52万人減少し、２７６万人（２０２０年）となっている。市区町村の現場はフル稼働で対応していたが、どうしても時間がかかる構図になった。

今回の定額給付金と同じような給付金は、今後も経済対策として実施される可能性もあるだろう。また、平時でも役所の窓口に行かずに様々な手続ができるようになれば、国民の利便性も高まるし、行政事務の効率化にもつながる。マイナンバーカードの普及率の向上も必要だし、世帯主と世帯員の基本的な情報や銀行口座の情報との紐づけ、支給システムの統一化といったことを、平時からできるようにしておくことも課題だ。中請に必要な情報がマイナンバーカードのＩＣチップと紐づいていれば、申請者の手入力による記載ミスは防げるからだ。

究極的には、現金給付について効率性を追求し、世帯人員の状況や銀行口座に加えて、所得などの情報を行政に預けてしまう手もある。そうすれば申請そのものが不要になり、自動的に条件に合う人の口座に給付金を振り込むことも可能だ。また、給付金制度の設計についても、例えば富裕層には給付しない、中間所得層には一定の給付、低所得者層には手厚い給付を出すなどの、きめ細かな制度設計も可能となる。しかし、そうしたことを実現するためには、個人情報の取扱いの議論を避けて通れない。この点については、第5章に詳述したい。

実務と意思決定の乖離

アベノマスクにしても、特別定額給付金にしても、国民のためを思って「配る」ことを意思決定しているわけだが、実際にはなかなか届かなかった。政策というのは、国民にその効果が実際に届いたタイミングではなく、意思決定をして発表したタイミングが最も注目され、メディアなどでも報じられる。

常に、支持率を高く保っておきたい官邸としては、国民の注目度の高いうちに人気が上がるような政策を打ち出すことが何より重要だ。どんなによい政策であっても、国民の関心が下がった後に打ち出したのでは、支持率の上昇につながらないからだ。

結果的に、布マスク配布という政策は国民の不興を買ってしまったが、仮に国民に歓迎されるような形で発表したとしても、結局国民が必要とするタイミングでは届かなかった。やはり意思決定に際しては実務を十分に考慮することが重要だ。

政策というのは、意思決定してから国民にその効果が届くまで、霞が関の官僚による設計、地方自治体などの公務員の執行の実務、その仕事にかかわる民間の人たちの仕事など、様々な人の仕事がスムーズにつながることが必要不可欠だ。

そうした実務を考慮せずに意思決定すれば、かえって政治に対する失望感を引き起こすことになってしまう。また、実務に関わる全ての公務員や委託先民間企業の人たちも翻弄されて、ブラック労働も引き起こす。

3　接触確認アプリＣＯＣＯＡの不具合はなぜ起こったか

不具合の放置問題

接触確認アプリＣＯＣＯＡの不具合の問題を覚えているだろうか。２０２０年６月19日に、政府が配信を始めたスマートフォンのアプリで、陽性者と接触した可能性を知らせる機能を持つものだ。スマートフォンの無線通信機能ブルートゥースを活用して、ある陽性者が、陽性になったことをアプリに登録すれば、その人と１メートル以内で15分以上接触した人に通知が届く。アプリから通知を受けた人は、症状があったり、家族などに感染者がいたりすれば、アプリに表示される保健所の連絡先に相談し、検査などを受けるという仕組みになっている。

このＣＯＣＯＡにはiPhone版とAndroid版があるが、Android版は２０２０年９月末から、陽性者と接触しても通知が届かないという致命的な不具合が続いていた。そのことが田村憲久《たむらのりひさ》厚生労働大臣から発表されたのは２０２１年２月３日だった。不具合そのものも批判されたが、４か月にわたって機能していない状況に対応しなかった厚労省の責任は重いとして、後日、事務次官と担当局長は文書による厳重注意処分を受けた。

政府のコロナ対応の評価は、人により様々ではあるが、接触確認アプリが機能していなかったというのは、誰が見ても明確な失敗と言ってよいだろう。

こうした接触確認アプリは、２０２０年3月20日にシンガポールで初めて導入され、その後他の国でも導入が進められた。国民の６割（後に誤りと指摘された）が利用すれば、感染拡大を抑え、ロックダウン（都市封鎖）を回避できるとされている。

２０２０年5月25日、緊急事態宣言の解除を発表する際の記者会見で安倍首相は以下のように述べた。

「先月、オックスフォード大学が発表したシミュレーションによれば、このアプリが人口の６割近くに普及し、濃厚接触者の早期の隔離につなげることができれば、ロックダウンを避けることが可能となる大きな効果が期待できるという研究があります。我が国では、個人情報は全く取得しない、安心して使えるアプリを、来月中旬をめどに導入する予定です。どうか多くの皆さんに御活用いただきたいと思います」

この時点の安倍首相の発言を聞いても、ＣＯＣＯＡが市中感染のリスクを大きく下げて、外出自粛などの制限をしなくてもよい状況を作れると、大きな期待を寄せていたことが分かる。そして、例のごとく「来月中旬をめどに導入する予定」と、極めて迅速に導入する意向を示した。

急ごしらえのアプリ開発

２０２１年2月3日に、ＣＯＣＯＡの不具合について発表した田村厚生労働大臣は、記者会見の中で、「確かに、急ごしらえで作ったアプリではあるが、厚労省が推奨してきたアプリの信頼を損ねたことは、大変責任の重いことだ」と述べた。大臣自ら「急ごしらえで作ったアプリ」と発言しているが、開発の経緯を振り返ってみたい。

２０２０年4月6日、政府の「新型コロナウイルス感染症対策テックチーム Anti-Covid-19 Tech Team キックオフ会議」が開催された。ＩＴやデータの活用による感染防止策を進めるために、西村康稔《にしむらやすとし》新型コロナウイルス感染症対策担当大臣をチーム長として、関係省庁が集まった会議だ。会議では、ＩＴ関連の民間企業などが参加し、様々なアイディアが提示された。この中で、民間における接触確認アプリの開発状況についての説明があった。

その後、5月8日に第3回のテックチームの会議が開催された。公表されている会議資料によると、接触確認アプリについては、各国の保健省（公衆衛生を担当する省）が運営主体となっており、３月20日に導入したシンガポールに続き、イスラエル、インド、オーストラリアで導入されていった。さらに、英国、フランス、ドイツ、スイス、エストニアなどでも導入に向けた準備が進められていることが報告された。

会議では、日本における接触確認アプリの実装に向けた役割分担とスケジュールが示された。関係省庁が集まったテックチームで、ＩＴ関連企業等の協力を得て仕様書を作成し、厚労省がテックチームから提供された仕様書案を用いて、アプリ開発・実装・運用を行うという役割分担が確認された。また、５月９日からアプリ開発のための第１回検討会を開催し、５月中旬以降の第２回の会議で仕様書を最終版にして、アプリ開発・運用に進むというスケジュールが示された。そして、２０２０年５月25日の安倍首相の記者会見での、６月中旬をめどにアプリを導入する予定との方針発表へとつながっていった。

この間の経緯について、厚労省のＣＯＣＯＡ不具合の検証報告書（２０２１年４月公表。正式名称は「接触確認アプリ「ＣＯＣＯＡ」の不具合の発生経緯の調査と再発防止の検討について」という。長い名前なので、以下「厚労省の検証報告書」と呼ぶことにする）を見てみると、以下のような記載がある。田村厚生労働大臣の発言通り、極めて急ごしらえだったことが分かるが、無理なスケジュールというだけでなく、全く体制が整っていなかったことが分かる。

○　昨年4月時点では、テックチーム主導でアプリの検討が行われており、厚生労働省にも関係省庁として声がかけられていたが、基本的には必要に応じて連絡を受け、関与する程度であった。

○　昨年5月8日のテックチーム第3回会合において、厚生労働省が「テックチームから提供された仕様書案を用いてアプリ開発・実装・運用」することが確認された。

○　COCOAについては国民の健康に関わるものであり、より完全性の高いものを求めるならば、開発期間を十分取ってリリースを遅らせる判断もあり得たが、一方で、接触確認アプリのリリースが急がれていた状況であったのも事実である。この点、厚生労働省は、COCOAを昨年6月にリリースした際、公開日から1か月程度は試行版、プレビュー版である旨を発表しており、（以下略）

○　（前略）昨年6月にCOCOAをリリースした時点でテスト環境が整備されておらず、また不具合の原因を調べるためのログ送信機能も実装されていない状況で、頻発する不具合への対応や公衆衛生上の観点から必要な改修に追われていたということがあった。

５月上旬に、急遽厚労省が、テックチームから提供された仕様書を用いて、アプリ開発・実装・運用をやるという役割分担が決まり、６月中旬をめどにアプリをリリースすることが求められたことが分かる。

体制が整わない厚労省

かくして厚労省が担当省庁となり、大急ぎでアプリ開発を進めることになったわけだが、感染症対策全般に追われている厚労省には人員の余裕は全くなく、また、そもそもアプリ開発に精通している職員などいなかった。

そうした状況は、厚労省の検証報告書の記述からも読み取れる。

○（前略）６月19日のバージョン「1.1.0」版のリリースに至るまで、コロナ本部の担当参事官が主となってアプリ開発に関する業務を行っていた。また、民間企業から厚労省への出向者（以後1、2か月単位で交代）が当該業務を補助していた。
○（昨年）7月13日にCOCOA担当のCIO補佐官（筆者注：CIO補佐官は民間から政府に登用されたシステムに精通している人であるが非常勤）が着任。
○（昨年）11月1日に担当のCIO補佐官が交代（同月は引継ぎ期間）。
○CIO補佐官Aは、厚生労働省がちょっと気の毒だと思った旨、そもそも結核感染症課はITを所掌する部局でもないので、capability としてどうなのだろうという疑問を持っていた旨を述べている。
○担当者Cは、体制強化を申し出ていたが、聞いてもらえなかった旨を述べている。
○担当者Eは、体制的にはかなり厳しいと感じていた旨、人員の量的にもシステム面への知見的にも厳しいというのがあり、人員増をずっと要求していたが、削られがちだったので、そもそも維持するのが大変だった旨を述べている。
○指定職級Jは、（中略）当時の担当は、「自分を支えてくれる人がいないとうまくいかない」等と陳情していたが、人を張り付けるにも張り付ける人自体がいない、全体の仕事量に対するリソースが少な過ぎるという問題から、望むとおりには人はつかなかったと思う旨を述べている。

○　指定職級Ｌは、（中略）忙しいので人手を増やしてほしいという話はどこかのタイミングであったかもしれないが、コロナ対策関係はあらゆるところからそういった話があるので、特にＣＯＣＯＡだけ特別にという印象はあまりない旨を述べている。

○　また、ＣＩＯ補佐官Ｂは、人がどんどん入れ替わるので（筆者注：コロナ対応に従事する厚労省職員は同じ人がずっと対応すると、過重労働で倒れてしまうので、頻繁に職員の異動・入替えが行われている）、ノウハウをインプットしてもすぐリセットされてしまう旨、アプリの改善を進めていく上ではいかに全体で同じように情報を持ってノウハウを蓄積するかが重要なので、きちんと継続的に人を置いてやっていくことが重要であると思う旨を述べている。

○　ＣＩＯ補佐官Ｃは、ＣＩＯ補佐官の関与が週１、２回では、対応が難しい旨、ベンダー調整とアプリ開発に精通した職員が常駐で数名いないと難しいと思う旨を述べている。

○　また、CIO補佐官Dは、アプリ開発の現場で品質が犠牲になるのは、いついつまでに必ずこれをやれという強力なプレッシャーがある時であると思う旨を述べている。

想像以上に、ひどい状況だと感じる。重要な急ぎのタスクを、質量ともに全く適さない体制の組織が担っていたということだ。

急げとしか言わない政治家、言われるままの官僚

国民のコロナに対する不安が背景にあるので、最大限に急いでやるのは正しい。正しいとしか言いようがない。しかし、官民を問わずプロジェクトを着実に進めるためには、質量ともに必要十分な体制が整っており、その上で実務的に責任を持てるスケジュールの設定が必要不可欠だ。今の霞が関は、そのことを誰も考えていないように見える。

そうした霞が関の不完全な意思決定システムのしわ寄せは、現場で実務に当たる職員にかかってくるし、ミスが起きれば、不利益を被るのは国民だ。

COCOAアプリの開発は、社会課題を官民の知恵を結集して解決しようとするよい取組だと思うし、政治のリーダーシップでスピード感を持って進めるというところもよかったとは思う。しかし、どんなプロジェクトも実務を大事にしなければ、意思決定権者が思い描いたようなアウトプットは出ないし、ミスによって、かえって客（国民）の信頼を失うことになってしまう。

もちろん、担当省庁である厚労省自身の責任は免れないし、実際に事務次官と担当局長も処分を受けているが、そもそも、このタスクを慣れていない厚労省が担うことが適切な判断だったのか。厚労省が担うのであれば、必要な体制の検討と増強がなぜなされなかったのか。大急ぎで難しいアプリ開発を行うのであれば、ＣＩＯ補佐官が言うように十分な人員と即戦力の常駐職員が必要なはずだ。もちろん、厚労省においてシステムに精通している職員を採用したり育成したりしていくことは大いに必要だが、有事にそれは間に合わない。厚労省の検証報告書は踏み込んでいないが、根本的な問題だろう。

つまり、意思決定と実務の距離の問題だ。よりハッキリ言うと、実務的に業務がちゃんと回るかということを考えずに意思決定する構図だ。霞が関のこの構図が変わらない限り、「ウケ」のいい政策を迅速に打ち出しても、ミスは繰り返されるし、霞が関の実務担当者や、委託先の民間企業、自治体などの働く人たちが、過重労働で疲弊する。そしてそれにもかかわらず、国民には政策の効果が届かない構図は続いていく。

その構図の背景にあるのは、今の政治の短期的な支持率至上主義であり、官邸主導が進んで政治が強くなりすぎた政官関係であり、労働基準法の労働時間規制が適用されず青天井の残業が許容される霞が関の特殊な環境などだ。第1章と第2章では、数々の問題の多い政策を取り上げて、今の政策の意思決定プロセスが機能していないことについて述べてきた。第3章では、なぜおかしな意思決定ばかりされてしまうのか、その構造的な背景を解き明かしていきたい。

第３章　官邸主導の限界

意思決定の変化

第1章と第2章では、コロナ禍で打ち出された様々な政策の問題点を紹介したが、共通しているのは意思決定がうまく行っていないということと、国民に政策の効果や情報が届かないということだ。

国民が納得するよい政策が出来上がり、その効果がちゃんと届くためには、国民と政策を決める人たち（政治家や官僚）との間のコミュニケーションがうまく行くことが必要不可欠だ。第3章以下では、なぜ、今はこのコミュニケーションがうまく行かないのかということを解き明かして、解決策を考えてみたい。

まず、今の政策の意思決定に共通している構図である「支持率至上主義」についてとりあげたい。もちろん、政策を決める立場にある首相、首相を支える官邸、そして政府が、国民の支持を得られるような政策を決定するのは正しい。しかし、それが短期的な人気やウケを狙ったものでは意味がない。世間ウケを読み間違えれば、アベノマスクのように国民が望まないことに税金が使われることになってしまう。実務を軽視して、意気込みだけで「給付金の支給を急ぎます」と言っても、国民に届くのが遅れれば、かえって失望を買うことにもなる。ＣＯＣＯＡのようにミスが起これば、不利益をこうむる。また、過度に国民の「ウケ」を狙えば、科学や論理を軽視して合理的な意思決定がなされなくなるおそれもある。

なぜ政府は、ここまで短期的な人気取りに走るようになってしまったのだろうか。短期的な人気取りに走りがちな姿勢は、実はコロナ禍の政策だけの問題ではない。コロナが「今ここにある危機」だったから、政策の意思決定を先送りできず、そうした姿勢が色濃く顕在化したのだと思う。そして、コロナ禍の政策の難しさは、「すべての人に不都合のない意思決定」ができないということだ。医療にしわ寄せが行くか、国民生活に不都合や不便が出るか、経済が停滞するか、あっちを立てればこっちが立たずということに、どうしてもなりがちだ。

この構図は、社会保障の改革によく似ている。日本は、少子高齢化・人口減少社会に既に入っているが、高齢者数のピークは２０４０年頃と推計されており、この傾向はまだまだ続く。例えば、医療や介護といった国民生活に必須のサービスは、どう考えても今のままの負担とサービスの水準を維持できるわけがない。

医療福祉サービスの効率化や、多くの人がなるべく長く元気に活躍できるようにするための健康づくりの取組などは最大限進めるべきだが、それでも、負担を増やすか、サービスの水準を下げるか、という痛みや不都合を分かち合う意思決定は避けては通れない。社会保障だけではない。老朽化するインフラをどう更新していくか、環境負荷をどう減らしていくかなど、多くの政策課題に共通する問題だ。これからの政策課題は、「すべての人に不都合のない意思決定」ができないという問題が山積している。

だから、コロナ禍の政策から、現在の支持率至上主義の問題点を学び、真に国民に政策の効果を届けるためのシステムに変えていくことを考えていきたい。

1　支持率至上主義の秘密

伝統的な官僚主導の政策決定

官邸主導という言葉の対義語は、官僚主導だ。1990年代後半の橋本龍太郎《はしもとりゅうたろう》首相の時代に、内閣機能を強化し、トップダウンの政策形成を目指した頃は、官僚主導の弊害が声高に叫ばれていた。この頃の改革が今の官邸主導につながっている。その流れを見てみよう。

僕が官僚になったのは、２００１年だが、その頃はまだまだ官僚主導の時代だったと思う。その分野の政策に詳しい担当省庁の官僚が政策をつくっていたし、それを最終的に決めるのも、「族議員」と呼ばれる国会議員が中心だ。決めると言っても、意思決定プロセスにおけるこの時代の国会議員の実際の役割は、最終的なＧＯサインを出す「承認」に近い。

色々な立場や意見の人たちがいる中で、一つの法律案や予算案などをつくるに当たって実質的な意見調整をする場所は、各省の審議会と省庁の区分ごとに設置されている与党の政務調査会部会だ。審議会には、学者などの有識者に加えて、その制度に利害関係を持つ当事者たちの団体の代表者が集められる。さらには、地方自治体が実務を担う分野では地方自治体の代表者が入ることもある。

制度に利害関係を持つ当事者たちの団体というのは、業界団体や労働組合などのいわゆる「中間組織」だ。中間組織というのは、政治学的な言葉だが、国民と政策決定者の中間に存在して両者のコミュニケーションを円滑にする役割を果たしている。例えば、「労働者」という同じような立場の人たちが労働組合に入っていて、労働組合の全国組織が「労働者」の意見をまとめて、国に届けるといった具合だ。大企業の利益であれば「経団連」などの経済団体がそれに当たるし、中小企業なら「日本商工会議所」などの団体が有名だ。

つまり、ある制度を作る時に、同じような立場の人たちの代表が意見をまとめた上で、各省庁の審議会で委員として意見を言うという形だ。例えば、労働に関する法律であれば、使用者側の意見を代表する経済団体の代表は、当然使用者側の利益を代弁するし、労働組合の代表は労働者側の利益を代弁する。こうした意見の異なる人たちの代表者が集まって、過去の経緯やファクトを押さえながら、有識者や事務局の官僚たちと議論を進めて一つの結論（制度）を出していく。

この審議会という場が、ある種のミニジャパンのような構成になっていて、ここでの意見調整を経たものは、色々な立場の人たちの納得が概ね得られるというのが、伝統的な政策の意思決定プロセスだ。

意見調整をつかさどっている各省の官僚たちからすると、審議会の委員などの中間組織の代表者たちは、継続的に対話をする相手であり、一堂に会して議論できる人数の顔の見える人たちだ。この人たちと議論して、制度がまとめられるから、官僚主導は成り立っていた。

もちろん、審議会で議論をして合意した政策が、与党でひっくり返ることが全くないわけではない。法律案にせよ、予算案にせよ、その省の重要政策は、政府として閣議決定する前に慣行で与党の了承を得ることになっている。この了承を得る場所が、自民党であれば政務調査会部会だ（公明党や旧民主党にも同様の議論の場があった）。

部会は省庁の区分ごとに設けられており、厚労省の重要政策であれば、厚生労働部会で議論されて、了承を得ることになる。その後、政調審議会、総務会という全体会議での了承が必要となるが、主戦場は部会だ。部会や部会に出席する国会議員に対して事前に官僚が行う根回しの段階で修正を求められることもあるが、審議会など政府内の検討のプロセスで中間組織と言われる関係団体の了解を得ていれば、あまり荒れることはない。関係団体は与党とも強いパイプを持っているからだ。国会議員に根回しに行っても、「〇〇団体は、何と言っているんだ？」と聞かれて、「了承いただいています」と官僚が説明すれば、「わかった」となることも多かった。

組織率低下と経済環境の激変

官僚主導の政策決定プロセスで、なぜあまり大きな問題が起こらなかったかというと、中間組織の組織力が大きかったからだ。中間組織の組織率が高かった時代は、審議会が概ねミニジャパンを構成できていたのだ。だから、そこで決まったことに、国民から大きな異論は出ないという構図だ。

しかし、１９９０年くらいから、徐々に中間組織の組織率が下がってきた。分かりやすい例を挙げると、労働組合の推定組織率を厚労省が公表しているが、最も組織率が高かったのは、戦後の１９４９年で55・８％もあった。その後、徐々に低下していったが、高度経済成長期までは、概ね３人に１人程度の組織率を維持していた。しかしそれが終わると、徐々に組織率は低下し、今は６人に１人だ。

中間組織の組織率が低下するということは、審議会を主戦場とした官僚主導の意思決定プロセスで決まったとしても、それに対して世の中から異論が出ることにつながる。そもそも中間組織がカバーしていない国民が増えているのだから、当然と言えば当然だ。

また、社会経済状況も大きく変わった。経済が低成長になり、「利益の分配」から「負の利益の分配」へと課題が変化した。また新しいビジネスや技術革新、グローバル化などにより政策を大きく転換する必要性が高まってきた。こうした大きな変化には官僚主導では対応しにくい。例えば、従来の規制が技術革新や新しいビジネスの障壁になることがあるが、審議会のメンバーが変わっていなければ、いくら議論をしても大きく規制を変更するような結論にはならない。こうした状況は、政官財の鉄のトライアングルで既得権益を守っていると批判されてきた。さらには、各省庁をまたがる課題に対応できないという、縦割り行政の課題も出てきた。

こうした状況を変えるために、橋本内閣が、１９９６年に六大改革（行政改革、財政改革、社会保障改革、金融システム改革、経済構造改革、教育改革）を打ち出したわけだが、その後、大きく改革を進めたのが、「聖域なき構造改革」のスローガンを掲げた小泉純一郎首相だろう。経済財政諮問会議や総合規制改革会議といった改革派の有識者や民間企業の経営者の委員を首相に近い内閣府に設置し、トップダウンで郵政民営化、規制改革、社会保障の改革などを仕掛けていった。

こうした改革は、一定の成果を上げたと言われる一方で、格差の拡大や社会保障のカットなどの副作用ももたらした、といった批判もあった。政策的には、その後の揺り戻しが起こったが、官邸主導の流れを大きく作ったのはこの時代だと思っている。

無党派層が増加

有権者側の変化も官邸主導の流れを後押しした。それは無党派層の増加だ。ＮＨＫが１９７３年から5年ごとに行っている「日本人の意識」調査によると、支持政党なしのいわゆる「無党派層」の増加が見て取れる。73年から88年までは、30％台だったが、93年に41％、98年には52％と半数を超え、小泉政権下の２００３年には57％に達している。その後、民主党が政権を取る直前の08年には自民党以外の政党の支持率が増加し、一方、自民党が政権に復帰した直後の13年には自民党の支持が増加したため、この2回は一時的に無党派層が減り46～47％へと少し下がっている。しかし、直近の18年には60％と過去最高になっている。

このことは、政治的に何を意味するのだろうか。特定の支持政党を持つ人は、選挙においても、支持する政党の候補者（または政党）に投票することが多いわけだが、無党派層の人たちは選挙のたびに、どの政党の候補者（または政党）に投票するかを決めることが多い。政党としては、かつてのように安定的に支持してくれる層（例えば与党を支持する業界団体や野党を支持する労働組合）を大事にしていれば選挙で勝てる時代ではなくなったということだ。無党派層を取りこむことを常に考えなくてはならない。

このことを投票する国民の側から見てみると、自分は製造業の会社の労働組合に所属しているから野党を支持するとか、農家だから自民党を支持しておけばよいといった人たちが減ってきたということだ。かつて、政策の意思決定プロセスにおいて重要な役割を果たしてきた中間組織は、組織率の低下と相まって、特定の政党や候補者を支持する集票マシーンとしての機能も弱くなってきた。中間組織の政治的影響力が低下するのも自然なことと言える。

政治のワイドショー化

国民的な支持を集めることに長《た》けていた小泉首相の政治手法は、「劇場型政治」と呼ばれた。「自民党をぶっ壊す」「聖域なき構造改革」「改革なくして成長なし」「米百俵」「官から民へ」などの分かりやすいキャッチフレーズを打ち出した。そうした、キャッチフレーズを叫ぶ小泉首相の姿をテレビも繰り返し放送し、既得権益と戦う改革者のイメージが定着した。政治の話ではないが、大相撲2001年5月場所で、貴乃花は前日の取組で膝に大怪我を負いながらも、武蔵丸を優勝決定戦で下して優勝した。その貴乃花に対し、表彰式で土俵に上った小泉首相が「痛みに耐えてよく頑張った！　感動した！」と絶叫した姿を一定年齢以上の読者は覚えているだろう。ワンフレーズで人の心をつかむのがとにかくうまかった。

第4章に詳述するが、この頃はテレビが今よりもっと大きな影響力を持っていた時代だ。小泉首相が進めようとしていた郵政民営化には自民党内からも強い異論があり、内閣提出法案にもかかわらず、党議拘束に反して反対票を投じた自民党議員が多数いたことから参議院本会議では否決された。これを受けて、小泉首相は衆議院を解散し、2005年の郵政選挙と呼ばれた選挙を戦った。自民党を離党した郵政民営化反対派の候補者の選挙区に刺客候補を立てて、結果自民党は圧勝した。既存のシステムの維持を重視する与党の国会議員たちの反対を押し切って郵政民営化を成し遂げたり、規制改革を進めたりといった改革ができたのも、無党派層を含めた国民的な人気を得たからだ。

こうした手法は功を奏し、「小泉劇場」という言葉が、2005年のユーキャン新語・流行語大賞にも選ばれた。この頃は、ニュース番組だけでなく、ワイドショーと呼ばれるような情報番組でも、政治の話題を取り扱うようになっており、ワイドショー政治とも呼ばれた。

ワイドショー政治を制したのは小泉首相だけではない。2009年に衆議院選挙で大勝し、政権交代を果たした民主党もそうだった。実は、民主党が支持を拡大する過程でも、税金の無駄遣いや不祥事を追及する姿が、よくテレビで取り上げられていた。それまでは、政党の会議に官僚が説明に行く際に、テレビカメラが入っているという光景はほとんどなかったが、2000年代半ば頃から、当時の民主党の会議に説明に行くと、テレビカメラが入っているということが珍しくなくなった。民主党の国会議員たちが官僚たちを糾弾する姿が、翌日のテレビの情報番組で放映されるという手法が確立していった。これが、今の野党合同ヒアリングの源流だと感じている。

高い支持率を誇り、自らの進めたい改革を進めた小泉首相にしても、政権交代を果たした民主党にしても、マスコミを上手に活用して無党派層の支持を取り込むことが鍵となったのである。

小選挙区制の導入と政権交代

中間組織の機能低下、社会経済状況の変化により大きく政策を転換させる必要が出てきたこと、無党派層の増加に加えて、官邸主導が進んだ背景には、衆議院における小選挙区制の導入がある。衆議院の選挙制度は、1996年の衆議院選挙から今の小選挙区比例代表並立制へと変わった。それまでは、大きなくくりの選挙区で、概ね３人から５人が当選する中選挙区制だった。この頃は、同じ選挙区から複数の自民党の衆議院議員が当選していた。

小選挙区制になってからは、惜敗率による比例での復活当選はあるが、選挙区からは１人しか当選しない仕組みになった。当然、与党からは１人の候補者しか出ないし、野党側も各党がバラバラに候補者を出すと当選できないので、候補者を統一する必要が出てくる。自公連立政権であれば、自民党の候補者が出る選挙区には公明党は候補者を出さずに、自民党の候補者を応援することになる。野党側も候補者の一本化を目指して候補者を政党間で調整する。

投票する側からすると、どうしても与党か野党かを選ぶ選挙になる。つまり、選挙に突入する時の政権の支持率が低いと、選挙で与党が大敗するおそれがあるということだ。実際に、民主党への政権交代が起こった２００９年と自民党が政権に復帰した12年の衆議院選挙の獲得議席数と直前の内閣支持率を見てみるとよく分かる。

ＮＨＫの世論調査によると、09年の衆議院選挙直前の麻生太郎内閣の支持率は15％であり、衆議院選挙では４８０議席のうち自民党が１１９議席、民主党が３０８議席となっている。同様に、12年の衆議院選挙直前の野田佳彦内閣の支持率は20％であり、衆議院選挙では４８０議席のうち、民主党が57議席、自民党が２９４議席となっている。小選挙区制の導入の際には、政権交代可能な二大政党制を促すと言われていたが、導入から10年あまり経過して、無党派層や政治のワイドショー化と相まって、それは現実のものとなった。ちなみに、このように、ある党が大勝する選挙においては、新人候補者を多数立候補させる必要がある。大量に当選した新人議員たちが、小沢チルドレン、安倍チルドレンなどと呼ばれる背景はここにある。

中選挙区制の時代は、同じ与党の中でもA議員かB議員か、どちらに投票しようかと考えることになるし、そもそも無党派層が今ほど多くなかった時代だから、その時の内閣支持率が低くても、与党の候補者が全滅するようなことはなかった。

選挙がこのように変わったことは、政権運営にも大きく影響を与えた。立候補して当選するためには党の公認を得ることが必要不可欠になるので、政党の執行部の権限が大きくなる。そして何よりも、政権の支持率を常に高く保っていないと、与党は次の選挙で負けるおそれがあるということだ。内閣支持率が20％を割り込むようなことがあれば、「この首相の下では、選挙は戦えない」と、与党内から倒閣運動が起こりかねない。

こうした政治状況の下では、常に内閣支持率を高く保っておくことが、政権の座に就く首相や首相を支える官邸スタッフの最重要課題となる。これが、内閣支持率至上主義の背景である。これは、どの政党が政権をとっても、誰が首相になっても戦略上の目標となるのである。だから、政権が常に支持率を高く保とうとして、政策を打ち出していくことは、政治的には全く正しい行動ということになる。

ワイドショー政治からＳＮＳ時代へ

かくして、政権の支持率を高く保っておくことが、政権の座に就く者にとって、必要不可欠な状況になってきたわけだが、この支持率至上主義がどんどん短期的な人気取りに偏ってきていると僕は感じている。このことについて、12年12月に発足した第２次安倍政権からの特徴と指摘する人もいる。確かに、安倍首相は支持率を常に高く保つことに成功して異例の長期にわたって政権の座を維持していたが、僕は、安倍首相の政治姿勢の問題というよりも、日本の民主主義を取り巻く構造的な問題ではないかと思っている。

ちょうど、第２次安倍政権が発足した頃から、スマートフォンの普及率、ＳＮＳの利用率が大きく上昇し、国民がニュースを見るメディアも変わってきた。総務省の「令和2年情報通信白書」によると、世帯におけるスマートフォンの保有割合は、10年は9・7％、11年は29・3％、12年は49・5％、15年には72・0％、19年には83・4％と大きく上昇している。

総務省の「令和元年度情報通信メディアの利用時間と情報行動に関する調査報告書」によると、ツイッターの利用率は、12年（平成24年）15・7％、14年（平成26年）21・9％、17年（平成29年）31・1％、19年（令和元年）38・7％と大きく伸びている。同報告書は、最も利用しているテキスト系ニュースサービスについても調査結果を掲載している。13年は、紙の新聞を最も利用している者が59・3％だったが、19年には28・5％と大きく減少している。逆に、ポータルサイトによるニュース配信とソーシャルメディアによるニュース配信を最も利用している者の割合は、13年の20・1％から、19年には58・0％と大きく上昇している。同報告書に掲載されている総務省の19年の調査によると、「いち早く世の中のできごとや動きを知る」ために一番利用するメディアとしては、全年代では「インターネット」が49・9％で最も高く、次に「テレビ」が46・2％で続く。「インターネット」が「テレビ」を上回ったのは、18年の調査が初めてだ。

このことは、小泉首相の時代や、民主党のワイドショー政治の時代と異なり、今は、インターネットでニュースに触れる機会が圧倒的に増えていることを表している。テレビとインターネットやSNSの大きな違いは、情報を受けるだけでなく、個人が発信できるという点だ。そして、ポジティブなものでもネガティブなものでも、人の心を動かすようなツイートは大量にリツイートされて、多くの人の目に触れ、さらに拡散される。近年は、そうしたSNS上の意見をテレビや新聞などの伝統的なメディアが取り上げることもある。

SNSの発達によって、その時々の政策課題や政治的な問題について、リアルタイムで一般の人の意見が見えるようになった。これは、日本の（というより世界の）民主主義が過去に経験したことのない大きな政治状況の変化だ。インターネットやSNSで炎上する政策は急な方針転換を迫られることも珍しくなくなってきた。

僕が鮮明に覚えている、インターネット上の世論が政策を大きく動かした最初の出来事は、２０１６年の「保育園落ちた日本死ね!!!」という匿名のブログによって待機児童問題が大きな社会的関心事となり、政権の重要課題になったことだ。コロナ禍では特別定額給付金を求める多くの人の声も可視化されたし、黒川検事長の定年延長問題に端を発した検察庁法改正法案（正確には国家公務員法等の一部を改正する法律案）は炎上して、「＃検察庁法改正案に抗議します」というハッシュタグを含むツイートが５００万件以上投稿されたという。

インターネット、ＳＮＳの発達によって、迅速にニュースやインフルエンサーの意見などが拡散され、それに対する一般の人の声もリアルタイムで可視化されるようになった。そして、その状況は大手メディアも取り上げる。だから、政権の座に就く者は、そういうリアルタイムな一般の人の意見を常に気にしながら、判断をしていかなくてはならなくなっている。ビジネスやサービスの供給者側を中心とする中間組織の声が重視されて政策が決められていた時代よりも、消費者側でもある一般の人の声が可視化されて、それを政治家が気にして支持率を高く保てるように意思決定するようになったということだから、そのことはよいこととも思う。

ただ、そうしたリアルタイムの個々の政策への世論の声を気にするあまり、今の支持率至上主義は、「何がウケるか」ということを気にしすぎているように思う。この状況は、誰が政権を取っても、政治文化（政治家にとってのビジネス環境と言ってもいい）が変わらない限り、続くと思っている。

2 事前調整の欠如の秘密

事前に情報が洩れると支持率は上がらない

第1章では、全国一斉休校の例で、事前調整なく官邸が意思決定することの問題点を指摘した。これには、事前に調整すると、意思決定が難しくなるという面もあると思う。全国一斉休校については、文部科学省が慎重だったように、政府内部でも異なる意見があるので、様々な論点を丁寧に検討しようとすると、関係者が多くなり、意思決定にも時間がかかる。もちろん、政府内だけでなく、与党からも異論が出ることが想定される。

一般の人も知るところになると、例えば共働き家庭や教育現場など様々な立場の人から懸念の声があがる可能性が高い。僕自身は、そのような一般の人の声も聞きながら、意思決定した方がよいと思うけども、意思決定する立場の人からすると、反対が多くなれば決定が難しくなるという事情はある。

事前調整することのもう一つの大きな影響は、発表した時のインパクトがなくなるということだ。事前の調整をしている過程で、報道が出てしまえば、政府が全国一斉休校について検討していることを、多くの国民が知ることになるので、意思決定して発表した時にはインパクトがほとんどないニュースとなってしまう。そうなると、首相が強いリーダーシップを発揮しているという演出はできなくなる。国民が不安になっている時に、強いリーダーシップを発揮している姿を印象づけて、支持率の向上に結びつけるためには、突然発表するのが一番ということになる。

スクープの裏側

関係者が多くなり、事前調整が長引くことが、なぜ発表前に報道が出てしまうことにつながるのかと疑問に思う読者もいるかもしれない。正式に発表する前に、いわゆるスクープ記事が出ることはよくあるが、その構造についてお話したい。

スクープ記事が出るのには、いくつかのパターンがある。まず、情報漏洩的なことは少ない。たまたま役所が廃棄する資料を記者が入手するようなことがないわけではないが、記者が内部資料をたまたま入手したとしても、その資料がどのような位置づけのものか、どの段階のものかなどの情報がないと、ある程度の確信を持って記事にすることが難しいからだ。

大手のメディアであれば、さすがに憶測で記事を書くわけにはいかないし、記者が書きたいと思っても、デスクなどのチェックを受けて「裏を取れ」などと指示を受ける。特に、最近はメディアの中でも、こうしたチェックは厳しくなっている印象がある。

スクープ記事の一つのパターンは、意思決定の前に役所が各方面に事前根回しをする段階でメディアがキャッチするパターンだ。例えば、ある政策の案を初めて記者会見や会議資料として公表するような場合、メディアの人たちは、基本的には発表の時点で、会見や会議を取材してニュースにする。しかし、他社に先んじて報道できればスクープとなるので、記者たちは極力事前に情報を得ようと動く。以前ほど、スクープ至上主義でなくなっているという声も聞くが、それでも他社が報道した時に自社が報道していない状況は、「特オチ」といってメディアは嫌う。国民の注目度の高い政策については、特にこの傾向が強くなり、記者たちは何とか事前に情報を集めようと走り回る。

審議会などの会議資料であれば、役所は委員の有識者たちに事前に資料を持って説明に行くのが通例だから、記者たちは審議会の数日前から委員に取材攻勢をかけたりする。また、公表前に与党の重要な議員にも事前説明に行くことがあるので、与党の議員に取材に行って情報を得る記者もいる。もちろん、根回しを受ける側も漫然と記者に情報を渡すわけではないが、批判的な記事を書いてほしいケースや、記者との良好な関係を築きたいケースなど、様々な理由でメディアに情報が渡ることはある。

各省庁が立案した政策を官邸の幹部に説明に行く時も、意思決定の直前だから、スクープをねらう記者たちが情報を取るタイミングだ。説明に行く幹部が官邸に入っていくと、ロビーに待機している記者たちは近寄って「どこに行くのですか？　何の案件ですか？」と聞く。こういうケースでは、説明に行く幹部も情報が漏れないように気にしているので、あまりしゃべることはないが、誰が官邸に来ているかという情報からだけでも、記者は色々なことを推測する。

スクープをコントロールすることも

このように、記者たちがスクープ記事をねらうことはよくあるが、別のパターンもある。情報を持っている役所側が、記事を書いてほしくて意図的に情報を渡すケースだ。

例えば、霞が関には「観測気球」という言葉がある。ある政策について、世論がどう反応するか読み切れないような時には、あえて検討中の方向性を報じてもらって、それに対するメディアの反応や、報道を見た各方面の反応などを見て、世論の動向を見極める行為のことだ。あまり反対が多くなければ、「行ける」と判断できるし、異論が寄せられれば、その異論に対してどう説明していくか、あるいはどう案を修正するかといったことを検討することができるからだ。

観測気球以外にも、意図的に情報を記者に渡すケースはある。例えば、前向きな政策を発表する前に、懇意にしている記者に渡して恩を売っておくというケースだ。発表前にそのような前向きな政策の記事に関するスクープが出るのは、政権に批判的なメディアではなく、比較的政権のスタンスに近い社の場合が多い。政権としては、ポジティブな記事を書いてもらえれば支持率向上につながるし、記者に恩を売ることもできるので一石二鳥だ。

政権の支持率を上げるためには、どのタイミングで誰から情報が出るかというのは、とても大切だ。政策の内容をポジティブに書いてもらうだけなら、事前に前向きに書いてくれそうな記者に情報を渡せばよいが、やはり国民が最も注目する政策については、首相のリーダーシップ演出のために、事前に漏らさない方がよいのだ。アベノマスクの配布もしかり、特別定額給付金しかりだ。

3　なぜ政治家は実務を軽視するのか

社長と首相や大臣の違い

僕は、20年近く霞が関で官僚として働いた後、独立して今は小さいながら自分の会社を経営している。自分の会社の経営のことも、もちろん常に考えるし、コンサルティングの仕事で大企業、中小企業、民間団体など色々な組織の方と一緒に仕事をしていて、民間の経営者の感覚がだんだんわかってきた。そうやって、霞が関を飛び出して、民間のことを学ぶにつれて、より霞が関の構造を理解しやすくなった面がある。それは、民間企業のトップである社長と霞が関のトップである首相や大臣の違いだ。

どちらも、組織のトップとして、何をやるか、やらないか、何を優先するかといったことを顧客（国の場合は国民）のニーズを見越して判断するということは共通だ。大きな違いは、顧客のニーズがあって社会的に意義のあるプロジェクトだとしても、GOサインを出さない民間企業の経営者も結構いるということだ。なぜなら事業決定のもう一つ重要な判断要素として、「うちの会社で、このプロジェクトができるか」という基準があるからだ。

民間企業の場合は、社会的にニーズがあるプロジェクトの計画があっても、必ずしも自社がやらないといけない理由はない。社会的なニーズがあって収益が上がることと、自社のリソースと外部リソースの活用を掛け合わせてちゃんと計画通り実施できるかどうかの両方を考えて、判断することになる。しかし国の場合は、ある種の独占企業みたいなものだから、ニーズがあれば対応しなければいけないという側面はある。そうだとしても、これはうちの省でできるか、マンパワーが足りるか、といったことを真剣に考えてくれる政治家はかなり少ない。

政治家が気にするのは、この政策を実行したら、誰の生活がよくなるか、どの産業が活性化されるか、どの地域にとってプラスかといった、顧客（国民）のニーズであり、その結果としての支持率だ。だから、特別定額給付金にしても、ワクチンにしても、早く配りますと言うし、どんどん前倒しでやろうとする。実施時期の計画に根拠がなくても決意を表明してしまうこともある。

なぜ、民間企業のトップである社長たちと違って、霞が関のトップである首相や大臣たちは、実務的にちゃんとできるかということを、あまり考えないのだろうか。それはそもそも成り立ちが違うからだ。

社長は、収益を上げるということだけでなく、雇用の維持や労働法制の遵守など従業員のことを考えるのも自己の責任の大きな一つだし、その組織について熟知している場合が多い。生え抜きの社長はもちろん組織を熟知しているし、社長が外部から来るケースでもマネジメントの中には組織を熟知している者がいて、社としての意思決定をしている。しかし大臣など中央官庁のトップは、いつも国民の代表である国会から送り込まれてくる。正確に言うと、国会議員の中から国会の議決で内閣総理大臣が指名され、内閣総理大臣が閣僚を任命して、内閣が組織される。だから、霞が関のトップである大臣は、その政策分野のプロであったとしても、自分が率いる組織を熟知しているわけではないケースが多い。

なぜ、霞が関に国会からトップが送り込まれてくるかと言うと、それはまさに国民のニーズを行政に反映させるためだ。今でこそ、三権分立は当たり前だが、歴史的には、法律などルールを作るのも（＝立法権）、違反を取り締まったり、国民に強制させたりするのも（＝行政権）、紛争を解決して国民の権利義務を確定する裁判も（＝司法権）、為政者（君主や政府）が握っていた。権力が集中すると、国民が迫害されたり、今でいう人権を侵害したりといったことが繰り返されるので、人類の知恵として三権分立の考え方が確立し、国民の代表である国会が政府を統治する民主主義ができあがった。日本も欧米にならってそうした仕組みをとっている。

だから、霞が関のトップである首相や大臣たちが、組織の実情よりも、顧客である国民のニーズを常に優先するのは、その成り立ちからしても当然と言える。霞が関や自治体の体制に余裕のあった時代は、それでも何とか回っていたと思うが、今や、霞が関も長時間労働が常態化していて、若手の離職者も増え、国家公務員採用試験受験者も過去にないほど減少している。地方公務員も「9時から5時まで」と言われたのは、昔の話だ。人員も減る中で、どんどん忙しくなり、コロナ対応では限界まで働いている。

政高官低

政治家が、その成り立ちから、どうしても国民のニーズ一辺倒になりがちな中で、霞が関で組織を熟知していて実務をつかさどっているのは官僚たちだ。そして、官僚のトップは事務次官などの幹部だ。彼らは、40年近くその省で様々な経験を積んで、組織のことは隅から隅まで知っているといっても過言ではない。

官僚主導の時代は、そもそも政策のスケジュールについても官僚が主導していたので、自分の組織がうまく回せないような意思決定が行われることはまずなかったし、組織全体に余裕があったので、少々の無理は飲み込めていた。

しかし1990年代になると官僚の不祥事が次々と明るみに出た。メディアや世間の公務員バッシングが強まり、行政改革も進み、霞が関の組織にはどんどん余裕がなくなってきた。そういう中で、政策の意思決定も官僚主導から政治主導・官邸主導に移行していった。官邸主導というのは、言い換えれば支持率を常に高く保つためのトップダウンの意思決定ということだ。

かつては、首相や大臣が顧客のニーズを重視して意思決定しようとしても、事務次官などの官僚の幹部が、自組織でどこまでできるかということを進言していて、意思決定されていたはずだが、今は政治が強くなりすぎているので、実務的にできませんという官僚の幹部がいれば、「俺の言うことが聞けないのか」と叱責されるかもしれないし、強く抵抗すれば左遷されるおそれもある。

このような、政と官の力関係の大きな変化も、政策の意思決定において、実務があまり考慮されなくなり、無理なスケジュールでも突き進むようになった大きな原因の一つだ。その結果、一人当たりの仕事量を増やすことで、何とか追いつこうとするので、霞が関はブラック化し、自治体も過度な負担を強いられる。そして、特別定額給付金にしても、アベノマスクにしても、なかなか国民に届かず、失望するということが起こる。

4 官邸主導は不完全

官邸主導で官僚の人員配置見直しを

では、実務を重視して、国が意思決定した政策がちゃんと国民に届くようにするためには、どうしたらよいのだろうか。強くなりすぎた政治を抑制して官僚の力を復権すべきなのだろうか。僕の答えはノーだ。この章の前半で述べたように、官僚主導で多様化した国民のニーズにしっかり対応し、政策の決定をしていくのはもはや難しいと思う。

僕は今の官邸主導はむしろ中途半端だと思っている。民間企業の社長と同様に、官邸は自社が社運をかけて取り組む事業を意思決定する力を持ったと思うが、それだけではうまくいかない。その社運をかけた事業をちゃんと実行できる体制のことも官邸主導で決めるべきだと思っている。

今の霞が関で起こっていることを企業に例えれば、新規事業を立ち上げるに当たって、一番守備範囲の近い事業部に「これをやれ。全速力でだ」と指示を出し、事業費はつけるが、管理費やマンパワーは補充しないという状況だ。

企業でそのようなことをすれば、事業部門の部長や担当役員は必死に抵抗するだろうし、社長としても、リスクがある中で突き進むという判断はしないだろう。当然、新しい事業をちゃんと実施できる体制の構築もセットで意思決定するはずだ。それと同じことを霞が関でもやるべきだ。

そのためには、各省ごとに定員が決まっている硬直的な定員管理を改める必要がある。各省で仕事が増える場合、現在の人員をベースとして、内閣人事局に次年度の増員の要求をしていくという仕組みを取っているのだが、国家公務員全体の人数を減らす計画の中で、実際には少ししか増員は認められない。この仕組みの下では、各省が保有している定員が、ある種の既得権益になってしまう。これでは、年度途中で急に対応しなければならない業務が大きく増えた時に、柔軟に対応できないし、恒常的に仕事が増える役所は常に人員不足に悩まされることになる。

全体の業務効率化は、当然必要だが、現在の業務量に合ったゼロベースの人員配置を検討すべきだし、官邸主導で新しい政策を打ち出すのであれば、そのためのマンパワー確保も官邸主導で行うべきだ。それを、行わない限り、重要な政策を担当している役所ほど疲弊していくという矛盾は解決できない。これは、コロナで劇的に忙しくなった厚労省だけの問題ではない。政権の重要課題となった気候変動を担当する環境省も、急に激務に追われるようになっている。

本当にできるのかという視点を

我々は、コロナ禍の政策を通して、政治家が「早く配ります」「いついつまでにやります」と意気込みを発表しても、実務の体制が整わなければ、その政策の効果がなかなか届かないことを学んだ。だから、政治家が耳触りのよさそうなことを言った時に「本当にできるのか。体制は整っているのか」という視点を持つことが大事だ。これは、メディアもそうだし、僕たち国民もそういう感覚を持っていることが必要だ。

もちろん、政治家の側も、意思決定に当たっては、実務的にできるのか、マンパワーや管理費は足りているか、ということを徹底的に考える必要がある。

また、実務的にベストの布陣を用意した上でも、どうしても時間がかかるということであれば、誠実にそのプロセスとスケジュールを国民に説明して、理解を求める姿勢も必要だ。

5　なぜ菅首相は「伝える力」がなかったのか

恐怖の官房長官

２０２０年9月16日に国会で指名され、第99代内閣総理大臣となった菅首相は、第２次安倍政権が発足してから、７年８か月あまり官房長官として安倍首相を支え続けた。安倍首相の突然の辞任に伴い、政策の継続性などの観点もあり、首相になった形だ。

官房長官として、内政の重要事項を仕切り続けてきた手腕に期待が集まり、発足時の内閣支持率はＮＨＫの世論調査によると62％となった。政権発足時の内閣支持率としては、小泉内閣の81％、鳩山由紀夫《はとやまゆきお》内閣の72％に次ぐ高い水準だ。

確かに、安倍政権における官房長官時代の菅さんの力は群を抜いており、官邸主導を盤石にしたように思う。官僚は重要な政策については総理大臣や官房長官に説明し、了承を得て進めていくが、幹部たちの菅さんに対して説明する際の、緊張の仕方は尋常ではないように見受けられた。もちろん、幹部官僚の人事に大きな影響力を持っていることは間違いないが、官僚の説明を聞く最中もほとんど表情を変えないし、コメントも少ないので、何を考えているのか分からないと恐れられていた。

菅首相は「利」の人

僕は、官僚時代から今に至るまで、多くの政治家と接してきたが、政治家の人となりを考える時に、3つの要素で見ている。それは、「情」と「理」と「利」だ。

「情」は、困っている人を何とかして救いたいとか、公正な社会をつくりたいとか、そういう思いのことだ。政治家として永田町や霞が関で人望がある人は、総じて情が深い。

「理」は、理屈のことだ。根拠のある政策とか、論理的な政策を重んじるタイプの政治家だ。

「利」は、利益や利害のことだ。自分にとって得かどうか、あるいは自党にとって得かどうか。支持者のどの層に利益がもたらされるかといった実利を重視して判断するタイプの政治家だ。

だいたい、政治家というのはこの3要素のバランスでものごとや行動を判断しているように思う。

菅さんが、どのタイプの人かというと、圧倒的に「利」の人だと僕は思っている。国会議員としてキャリアを積む過程でも、特定の派閥に属してこなかったところもそうだし、記者会見でも内部の打合せでも、感情を露わにすることはほとんどない。怒ったり、不快感を露わにすることはあるが、安倍さんのように楽しそうに笑ったりしたところを見たことがない。

掲げた政策も、ふるさと納税、携帯電話料金の値下げ、不妊治療の保険適用、医療保険の高齢者の窓口負担引き上げ（による現役世代の負担の緩和）など、どの層の国民にどのような利益があるかが、具体的に見えるようなものが並んだ。ただ、子どもを持ちたい夫婦や現役世代に寄り添うような、気持ちの伝わるメッセージは、聞こえてこなかった。これは、菅さんが「利」を重視していて、「情」に働きかけるタイプではないことを物語っていると思う。ここは、安倍さんとの大きな違いだ。

また、国家観が見えないということもよく言われた。総裁選では「自助、共助、公助、そして絆」という理念を掲げ、総理大臣としての就任会見でもキャッチフレーズとして掲げたが、正直言って何を言っているのかよく分からないものだった。この「自助、共助、公助」という言葉は、社会保障の世界でよく使われる言葉だが、実は1950年に社会保障制度審議会が内閣総理大臣に提出した「社会保障制度に関する勧告」の時代から続く、戦後の日本の社会保障の基本理念だ。また、2010年の自民党の綱領にも、

「自助自立する個人を尊重し、その条件を整えるとともに、共助・公助する仕組を充実する」と記載されている。つまり、この国はずっと「自助、共助、公助」の順番で生活保障を整備してきたわけだ。だから、今さら、このキャッチフレーズを聞いても、菅さんが、どのような社会にしていこうとしているのか、僕には全く分からなかった。

「理」については、どうだろうか。残念ながら、論理的な思考が得意とは言えないと思う。官僚が事前に用意したメモを読み上げる姿が印象的な菅さんだが、メモが準備されていない質問にアドリブで答えないといけない場面で、それはよく分かる。

２０２１年3月5日、緊急事態宣言を2週間延長する際の記者会見で、フリージャーナリストの江川紹子さんが、ブラック霞が関の問題について質問した時のことだ。ブラック霞が関とは、昨今話題になっている霞が関の過重労働の問題のことで、その問題を詳述した拙著のタイトル「ブラック霞が関」というキーワードがよく引用されている。若手官僚の離職増加について、ブラック霞が関と言われるような働き方、接待の問題、官邸主導によるやりがい喪失といった論点を、江川さんは提示して、菅首相の見解を尋ねた。

これに対して、菅首相は、以下のような内容を回答した。「若手官僚が、途中で退職することは残念だが、逆に、いったん退職して、また元の省に帰ってくる人がいることも事実。労働力の流動化が大事。志半ばで諦めるのではなく、次のステップを考えて人事異動ができるように、若い人はした方がよい」と。

質問のポイントを理解していない、あるいはブラック霞が関問題を理解していない回答に愕然としたが、この時の映像を見ると、菅首相は終始手元の官僚が作ったメモに視線を落とさずに回答しているし、政府の公式答弁とも異なる回答をしているので、アドリブで答えたものだろうと思う。こうした嚙み合わない回答は、記者会見やテレビのインタビューでも繰り返された。

分かりやすい「利」をコントロールすることで政治家としてキャリアを積んできた菅さんは、官房長官として辣腕をふるったが、これも人事権を背景に幹部官僚をコントロールしたことが大きい。人事権も、官僚の利益のコントロールだ。官僚たちにとっては、菅さんは上司に当たるわけだが、よいリーダーだとか、魅力的な人間だからついていこうというのではなくて、「怖い上司だから言うことを聞こう」ということだ。

誤解のないように言うと、菅さんは悪い政治家だと言いたいわけではない。企業でも、部下たちには腹を見せず、厳しくおしりを叩きながら、売り上げや利益といった成果を上げていくタイプの幹部や経営者がいるだろう。そういうタイプの人だということだ。官房長官時代に、政権の方針を霞が関の各部に行き渡らせるためには、よく機能したと言ってよいだろうし、ワクチン接種という数字で成果が見えるタスクをすごいスピードで進めたのも、菅さんならではの実行力・突破力だ。

官房長官と総理大臣の違い

問題は、官房長官と総理大臣の立場の違いだ。官房長官として、内向きには部下の官僚たちを従わせる手腕は特筆するものがあった菅さんだが、総理大臣には別の外向きの顔としての役割がある。政府の最終責任者として、国民への説明責任を果たさなければならないし、外国の首脳に対しても国の代表としてメッセージを発したり、コミュニケーションをとったりしないといけない。企業で言えば、渉外とか広報のような役割だ。

もちろん、官房長官は政権のスポークスマンとしての役割もあり、毎日午前と午後の2回も記者会見をやっていた。しかし、メディアも国民も注目するのは、圧倒的に総理大臣の安倍さんの発言の方だ。もちろん、官房長官も発信力があるに越したことはないが、どちらかというと、余計な言質《げんち》をとられないことの方が重要だ。「指摘は当たらない」「適切に対処していく」「○○していくことは、当然じゃないでしょうか」といった、言葉足らずで紋切型の回答を官房長官時代から繰り返していたが、余計なことを言って言質をとられることは、ほとんどなかった。

しかし、総理大臣というのは、全く違う立場だ。特にコロナ禍のように、「すべての国民に不都合のない結論」が出せないような場面では、国のトップがどのようなメッセージを国民に向けて出すかが、強く問われる。

菅さんを見ていると、事業部門のトップや人事・総務担当役員として、部下たちを動かして実績を上げてきたが、渉外・広報の経験のない役員が急に社長になったような雰囲気を感じる。

日本型のコロナ対策と菅首相の相性の悪さ

ちょっと言葉が過ぎるかもしれないが、そういう菅さんが、コロナ禍で急に総理大臣になったことは、菅さんにとっても、国民にとっても不幸だったかもしれない。

感染症対策の大きな鍵の一つは、人の流れを減らすことだ。もちろん、医療体制の整備は最大限すべきだが、それ以上に感染が広がってしまえば、やはり医療は崩壊してしまうし、経済にも大打撃になってしまう。

この点、日本は欧米や中国などで出されたロックダウンのような強い対応を取ってこなかった。外出禁止命令を出し、違反者には罰則を科すなどの私権の制限には憲法上、懸念を示す声も多い。だから、緊急事態宣言に基づいて外出自粛を要請するという形をとっている。言ってみれば、「お願いベース」の感染症対策だ。

だからこそ、外出自粛という行動変容が起こるように、一国のトップがどのようなメッセージを国民に発するかということが、極めて重要になるのだ。普段の生活ができない不都合やストレスがある中で、「仕方ないので、もう少し我慢して頑張ってみるか」と思えるようなメッセージが発せられるかどうかだ。

そのためには、人の心を動かし、共感を得られるかどうかが大事だ。ドイツのメルケル首相が、パンデミックの初期の2020年3月に国民に向けて行ったテレビ演説は、理性的でありながらも、心を打つものとして世界的に高く評価された。また、コロナによる死者数が増える中、クリスマスを目前に控えた2020年12月に、メルケル首相が連邦議会で行った国民への制約を説明する演説も、国民の心に訴えかける共感を呼ぶものだった。どちらも、ユーチューブに動画があるので見ていただきたい。

残念ながら、権力と利益で人を動かすことが得意な菅さんにとって、共感を得ることで人の行動を変えるということは、最も苦手なことだったのかもしれない。

不都合なことをちゃんと伝える勇気を

そういう人がコロナ禍で首相になったことは、タイミングが悪かったと思うけども、僕は別に菅さんが政治家として無能だとか、そういうことが言いたいのではない。説明を尽くすことや丁寧なプロセスを踏むことが苦手だけども、結果を出すことにこだわる突破力が持ち味なのだろうと思う。ワクチン接種にすべてをかけて、自治体の接種率を競わせることで、無理を押してでもワクチン接種を急がせたり、自衛隊を動員したり、経済界を説得して職域での接種を進めたり、ワクチン接種を行う医療機関に多額の報酬を用意したりした。なりふり構わず進めるところは、菅さんならではだと思う。いずれも、通常ではあり得ない例外的な対応だから、各方面の「難しいです」という声を押し切って、進めたことは想像に難くない。

ただ、そうであっても、この国をリードしていく首相としては、やはり説明を尽くすことは必要不可欠だったと思う。コロナ禍の意思決定は、「すべての人に不都合のない結論」を出すことができないことに特徴がある。国民には、外出自粛という不自由をお願いすることになるし、飲食店には時間短縮や酒類の提供制限などの要請をする。人の流れを抑えるため旅行業にも大きな打撃があるし、医療機関や役所は限界まで働くことを強いられる。だから、必ず国民に、不都合があることを何とか理解してもらわなければならない。

このことは、今後日本が抱える社会保障改革、財政再建、産業構造の転換、脱炭素政策など、様々な政策課題に共通の構造だ。

だから、コロナ収束後も、これからの首相には、「不都合なことは理解が得られない」という姿勢ではなく、「不都合なことであっても将来のため、あるいは、より大きなリスクを避けるために、説明して何とか理解してもらう」という姿勢が必要だ。

国民に信頼してほしいなら

菅さんのように、メッセージを伝えて、共感を得るということが苦手な人でも、やりようはあるのではないかと思っている。それは、テクニックというよりも、率直に自分の気持ちを語ることだと思う。「すべての人に不都合のない結論」を出したいが、それができない状況であることを認め、自分も悩みながら決断しているということを、率直に伝えることだ。

もう一つ提案したいのは、「国民」という呼びかけを変えることだ。国民という人はいないからだ。「国民の皆さん」と呼びかけられて、「あ、自分のことだ」と思う人がいるだろうか。おそらくいないだろう。

もっと細分化して、「学生の皆さん」「子育て中の親御さん」「高齢者の皆さん」といったように、顔が見える形で話しかけることが大事だと思う。そこから話し始めれば、「学校に行けない、部活動ができない、受験に向けた不安があるでしょう」とか、「お孫さんに会えなくて大変寂しい思いをされていると思います」とか、聞いている人に寄り添う言葉が続くはずだ。その上で、それぞれの立場の人のための政策を説明しつつ、必要な我慢について理解を求める姿勢が大事だと思う。

同じように、不都合を強いられる人たちとしても納得感が違うし、「もう少し我慢しよう」と思える人も増えるだろう。もちろん、雇用を失ったり、倒産するリスクを抱えたり、あるいはDVや虐待などの問題を抱えている人などへの実質的な困難を緩和するための政策は何より大切だ。しかし、メッセージが届かなければ、それらも不十分だと思ってしまうのが人情だ。

感染症は、元々誰かが悪いわけではないのだし、誰もが不都合やリスクをゼロにすることはできない。それは、みんな分かっていることだ。「不都合なことでも、ちゃんと説明すればなんとか理解してもらえる」と国民を信頼して、おそれず率直に伝えてほしい。

第4章　国の政策はなぜ国民に伝わらないのか

構造的要因が

第1章の3で、避難しているDV被害者の方が特別定額給付金を受け取る手続について、総務省が関係省庁と調整して突貫工事でつくったこと、その手続があまり報道もされず、また総務省などが公表した政府の広報資料も非常に分かりにくいものだったということを紹介した。これは、総務省固有の問題ではないし、今回だけの問題ではない。省庁を問わず政府の広報は分かりにくいと、いつも思う。

支援策には多くの国民が納めた税金が使われる。しかし必要な支援策を意思決定しても、誰がどういう条件の時にどのような給付が得られるのか、給付を得るために必要な手続はなんなのかといった内容が支援を必要とする人たちに届かなければ、税金は有効に活用されない。支援策を設計して、意思決定のための長い調整の道のりを乗り越えた官僚たちも、やはり残念な気持ちになるだろう。

ここでは、なぜ国の広報が伝わりにくいのかということについて、その構造的な要因を明らかにしたいと思う。

1　官僚はなぜ伝えるのが下手なのか

わざとではない

官僚が作る資料や説明が分かりにくいことについて、「官僚は頭がよいのだから、本当は分かりやすく書けるのに、わざと難しく書いているのではないか」と思っている読者もいるのではないだろうか。古くから官僚の姿勢を表現する言葉の中に、「由《よ》らしむべし、知らしむべからず」というものがあり、官僚たちは国民に知らせないようにするために、わざと難しく文章を書いたり、分かりやすい説明を避けたりしているのではないかということを言う評論家の方もいる。

これは、僕に言わせると、少々乱暴な見解と思う。批判や追及に対して、明確な表現を避けたりすることは、政府与党サイドのテクニックとして確かにある。ちょっと自信のない内容や、先行きがどうなるか分からないようなことについては、あまり、ハッキリ見解を述べると、「あの時、こう言ったじゃないか」とか、「○○省の資料にこう書いてあるじゃないか」と、あとで野党やメディアから突っ込まれて、立ち往生するリスクが出てくるからだ。言質を取られないように、慎重な国会答弁メモや文章を書くのも官僚の基本的な能力と言ってよいだろう。

ただ、そのようにハッキリしない物言いをしたり、文章を書いたりするのは、政策の方針が決まる前の意思決定に向けた調整過程の場合である。今回の特別定額給付金のように、すでに意思決定された政策について、国民にちゃんと申請してもらうために制度内容や手続を知らせる場合であれば、あえて不明瞭な資料を作る実益は官僚には全くない。むしろ、政権との関係を考えても分かりやすく説明する必要がある。

幹部の官僚の実質的な出世の鍵を握っているのは、総理大臣や官房長官、各大臣などの偉い政治家や官邸の幹部などだ。官僚たちが彼らに気に入られるためには、政治家たちが国民のために意思決定した支援策が、ちゃんと届くようにしなければならない。だから、意図的に分かりにくい広報資料を作ったり、発表をしたりしているメリットはない。

受験エリートの官僚たち

では、なぜ分かりやすく伝える必要がある場合でも、なかなか分かりやすく伝えることができないのだろうか。まず、個々の官僚の資質として、分かりやすく伝えることが苦手な人が多いのだ。官僚は受験勉強で高度に成功してきた人が多い。小難しいことを知っていること、難解な文章でも正確に内容を理解できることで、人生を渡ってきた人たちだから、どうしても難しい文章を好む面がある。官僚たち自身は、ことさらに難しい文章を書こうとしているわけではなくて、むしろ正確に伝えようとしていると思う。ただそれでも、彼らは多くの人と比べると異常なほど長い文章を読むことが苦にならない人たちなのだ。

役所に入って出会った先輩や同僚たちは、東大など超難関大学出身の人たちばかりで、さらに難しい国家公務員試験を通ってきた受験エリートの集まりだった。中学から大学まで受験なしで進学できる一貫校出身の僕は、そういう受験エリートたちとは、役所に入るまで全く接点がなかったので、結構なカルチャーショックがあった。端的に言うと、ものすごく勉強の得意な人の集まりだった。

厚労省は、霞が関の中では割とのんびりした雰囲気ではあったけど、それでも勉強の得意な人の中で、さらに頭のよい人が尊敬される職場ではあったように思う。だから、受験と無縁の学生生活を送ってきた僕から見ると、受験エリートの他の官僚たちは、自分とはずいぶん違う人たちに見えた。20年近く官僚の世界にどっぷり浸かってきたのだけど、どこか官僚たちのことを客観視しているようなところが、今でも僕にはある。

難解な文章を読むことに慣れすぎて

僕が、人生で初めて真剣に勉強をしたのは大学4年になって国家公務員試験の勉強を始めた時だった。法律の教科書を読むと、一つの文章が長く、非常に難解な表現で書かれていて、一度読んだだけでは理解できず何度も何度も読み返した。一応、法学部出身だけど学生時代は、勉強していなかったので、ちゃんと法律の教科書を読むのは初めてのことだった。条文、判例、学説を暗記していれば点数が取れる科目もあるが、憲法や民法など結論に至るまでの理屈や考え方を理解する必要のある科目はマスターするのに時間がかかり、二度目の国家公務員試験で何とか合格して厚労省に入った。

そんな感じだから、入省して間もない若手の頃は、先輩たちの話していることは、やはり難しいと感じることが多かった。「みんな、色んなこと知っているなあ」「頭いいんだろうなあ」「こんなに難しい話を自分ができるようになるかなあ」などと思っていた。そして、何年か働くうちに、徐々に先輩たちの話していることも理解できるようになっていった。

先輩たちの話している内容が理解できるようになると、今度は別の気持ちが湧いてきた。「そんなに難しい言葉や言い回しを使っていては、プロの間でしか分からないのではないか」「若手とは言え官僚である自分が難しいと感じる話を、一般の人が理解できるわけがない」という思いを持つようになっていった。その思いが高じて、若手課長補佐だった２０１１年頃に、僕は実名肩書付きでブログを開設した。政策について、プロでない人が理解できるように伝えるためだ。

もちろん、官僚たちにとって精緻な難しい文章や情報を読み解けることが必要な資質であることは間違いない。しかし、官僚たちが扱っている政策情報を誰かに伝える時は、相手に合わせた分かりやすい伝え方をする必要がある。

では、官僚たちは通常どういう人たちと政策についてコミュニケーションを取っているのだろうか。自分の所属する官庁や他省庁の官僚たち、県庁などの地方官僚たち、記者クラブなどの大手メディアの人たち、役所の審議会のメンバーになっているような有識者や経団連、連合、業界団体などの大きな団体の役員の人たち、そして閣僚を含む国会議員たちである。お気づきだろうか。偏差値の高い人たちばかりである。

この中で、国会議員だけは必ずしも高学歴とは限らないのではないかと思う読者もいるかもしれない。国会議員の学歴については、「政治ドットコム」というウェブメディアが公開している。２０２０年2月28日時点で、議員の公式ホームページほか、確認できる資料を元に国会議員の出身大学を分析した結果だ。

これによると、衆議院と参議院を合算した出身大学別の議員の数は、多い順に、①東京大学１２７人、②早稲田大学74人、③慶應義塾大学69人、④京都大学31人、⑤中央大学22人、日本大学22人、⑦創価大学17人、⑧明治大学15人、⑨上智大学13人となっている。衆議院と参議院の定数を足すと７１０人だから、東大、京大、早慶出身者が国会議員の４割を優に超える計算になる。大学進学していない国会議員は31人で、わずか４・４％だ。国会議員も、相当な高学歴であることが分かる。

つまり、官僚たちが日常コミュニケーションを取っている相手というのは、同じように難解な文章を読むのが得意な人たちなのである。さらに、受験エリートの官僚たちは、学生時代の友人たちも高学歴である場合が多いし、そもそも超長時間労働なので、プライベートで人とコミュニケーションを取る時間は限られている。官僚たちが思うほど、「多くの人は、長くて難解な文章を理解するのが得意でない」ということに気づいていないと感じる。

日本で最も怒られることが嫌いな人たち

もう一つ、官僚の書く広報資料が分かりにくくなってしまう背景として、官僚の「怒られるのが嫌い」という性質があると感じている。僕自身は、中学校以降は全く優等生ではなかった。実は、小学校時代は勉強も得意だったが、決して「よい子」ではなかった。ケンカしたり、物を壊したりと、よく問題を起こす乱暴な子どもだったし、先生の言うことを素直に聞かない子どもだった。だから、子どもの頃から、ずっと大人たちに怒られながら育ったようなところがある。そういう僕が、役所に入って官僚たちを見ていて驚いたのは、「こんなに、怒られることがいやな人たちがいるのか」ということだ。その相手が、上司だろうが、国会議員だろうが、国民だろうが、とにかく怒られることを避けようとするという行動原理が強いと感じた。

怒られることが自然な環境で育った僕は、怒られたら反論するなりちゃんと説明して説得するなりすればいいやと思っていた。あるいは、最後は怒られても仕事が前に進むならそれでもいいや、という気持ちも持っていた。しかし多くの官僚たちを見ると、そもそも怒られるリスクを減らそうという考えが強いと思う。

おそらく、こういう性質の根っこには、多くの官僚たちが、子どもの頃からずっと優等生で育ってきたということがあると思う。がんばって成果を出してきた人たちだし、言われたことはちゃんとやる真面目な人たちではあるのだが。

客を選べない辛さ

怒られるリスクを減らそうとする官僚の行動原理は、優等生が多いという育ちの問題もあるが、さらに、仕事上の立場も大きく影響している。役所と民間企業の最大の違いは、客を選べないということだ。誰が来ても、平等に扱わなければならないし、ある政策に関係ない人だとしても、納税者であり有権者だから、「あなたには関係ないことです」と言うことができない。国民の代表者である国会議員にも様々な考えの人がいるが、この人たちとのコミュニケーションも断ることができない。企業が考えや条件の合わない取引先との契約や取引関係を止めることができるのとは、随分と違う環境だ。

つまり、考えの違う人、自分たちに批判的な人とのコミュニケーションから逃れられないというのが役所で働く場合の大きな特徴だ。逆に、よい政策をつくったとしても、ほとんど感謝されることはない。直接、お客さんと接する機会がほとんどないからだ。お医者さんは患者から感謝されることがあるだろうけど、国民全員がかかった治療費の3割の負担で済んでいる医療保険の仕組みを作っている官僚たちに感謝する患者は、まずいない。いや、中にはいるのかもしれないけど、霞が関にまでそういう声が届くことはない。

実は、霞が関の中央官庁には、一般の人からの電話もかかってきて、職員が受けることが日常的にあるが、その多くは苦情電話だ。しかも、国に苦情電話をかけてくる人たちは、いきなり国に電話するのではなく、市役所や県庁など色々なところに苦情を言ったけど、それでも納得できなくて電話してくるような人が多い。つまり、スポーツに例えると、地区の大会や県予選を勝ち抜いて、全国大会に出場するようなもので、一筋縄ではいかない人たちも多い。また、霞が関の庁舎の前には、日常的にデモや街宣車が来る。オフィスの窓から、大音量で糾弾する声が響く中で仕事をしている。

一般の人との直接の接点の多くは、苦情、デモ、陳情などの「怒られる場面」であるが、国会議員との関係もそれに近いものがある。もちろん、冷静に政策論を議論したり、時に役所を褒めてくれたり、応援してくれる政治家も決して少なくはないが、国民の二ーズを聴いて、役所の行き届いていないところを指摘して直させるということは、政治家の役割だ。きつく叱責されることも、決して珍しくない。

一番分かりやすい例としては、先にふれた野党合同ヒアリングがある。国民の関心の高い問題について、担当省庁の官僚を呼んで野党の議員たちが追及する場面を見たことがあるのではないだろうか。こうした野党合同ヒアリングのような公開の場だけでなく、個別に叱責を受けることは与野党を問わずある。企業に例えると、強面の取引先から、頻繁に呼び出されて怒られるようなものだ。

こういう環境の中で仕事をしている官僚たちは、元々怒られることに慣れていない人たちが多い上に、やたらと怒られる機会の多い仕事をしてきた人たちなのだ。そういう、育ちと職業人としての経験の積み重ねの結果、「世の中にこんなに怒られるのが嫌いな人がいるのだろうか」と思うほど、怒られることを避けようとする行動原理が出来上がる。

もちろん、そういう行動原理にはよい面があって、ミスを犯さないように緻密な仕事ぶりにつながっていることは間違いない。しかし、政策を分かりやすく伝えるという目的のためには、この性質はマイナスに作用することがある。「伝わる資料を作ろう」ということよりも、「批判されない、当たり障りのない資料を作ろう」「あとで『書いてなかったじゃないか』と怒られないように注意書きや言い訳をたくさん書こう」というマインドになりがちだからだ。どうしても、無味乾燥になるし、情報を削ることが難しく、結果的に文字だらけの広報資料が出来上がる。

生活者の経験がほとんどない

最後にもう一つ、官僚が陥りやすい構造を紹介したい。拙著『ブラック霞が関』（新潮新書）で詳しく書いたが、官僚たちは極めて長時間労働だ。国民の注目度の高い忙しい部署には、特に24時間休日も仕事をすることが可能な職員たちが配置される。生活者として、市役所や区役所に行って手続をするなど家庭生活の用事は、どうしても家族に任せきりになることが多い。

象徴的な例を挙げると、厚労省には待機児童対策など保育政策を担当する保育課という部署があるが、その課の職員に保活（子どもの保育園入所のための申請手続を行うこと）の経験のある職員はほとんどいない。最も忙しい部署の一つだから、常に夜遅くまで仕事をしているし、休日出勤することもあるので、家族が子育てを主にやってくれる職員が配置される構造だ。

官僚が生活者として過ごす時間が極端に少ないことは、制度を使う側として情報を受け取る機会が極めて限られているということだ。どうしても、供給者目線でものを考える癖がついてしまう。

2 霞が関には国民に伝える仕事はこれまでなかった

かつてはプロだけでつくれた

これまで、国が一般の人に分かりやすい資料を作るのが難しいことについて、官僚たちの個人的な資質に焦点を当てて述べてきた。ここからは、組織としての構造に焦点を当ててみたい。誤解を恐れずに言えば、国民に政策の内容を直接伝えるという仕事は、かつての霞が関には存在しなかったと僕は思っている。かつての政策の意思決定プロセスに、国民が直接参加するということは、あまりなかったからだ。

第3章の1に詳しく書いたが、政策を決める時には多くの人の意見を聴いて、一つの結論にまとめる必要があるが、伝統的には、業界団体や労働組合などの同じような立場の人が集まった全国団体（中間組織）を経由した意見集約システムで政策をつくってきた。中間組織の代表者たちが、多くの人の意見をまとめて省庁の官僚に届けてくれていたのだ。

近年、世間の注目度の高い政策については、中間組織の代表者たちと調整をして決めるのではなく、官邸主導でトップダウンの意思決定が行われることが増えてきたが、そこまで多くの人が注目していない政策については、政権の支持率に大きな影響がないので、各省庁が中間組織の代表者たちと議論して決めていくという伝統的なプロセスは今でも残っている。

周知広報は中間組織と自治体の仕事

中間組織が果たしていた役割は、制度をまとめる過程での意見調整だけではない。出来上がった制度の内容を広く国民に知らせる役割も担っていた。中央官庁は、法律などの政策が出来上がると、政策の内容を記載した「通知」や「事務連絡」と呼ばれる文書を中間組織の全国団体に送付する。役所から情報を受け取った全国団体は、全国の会員たちに向けて、かみ砕いて知らせるのだ。同様に、中央官庁は都道府県や市区町村にも、制度が出来上がると通知を発出して正式に知らせる。通知を受け取った都道府県や市区町村は地域の関係者に知らせるという流れだ。

要するに、企業でいうところのマーケティングや広報といった役割を、中間組織や地方公共団体がやってくれていたわけだ。だから、霞が関で政策をつくっている官僚たちにとっては、国民一人ひとりに直接意見を聴いたり、出来上がった制度を説明したりする必要はあまりない環境だったということだ。

また、中間組織や地方公共団体を介さずに、一般の人が政策についての情報を得る機会ももちろんあったが、それはほとんどの場合は、新聞やテレビなどの報道を介してだった。これも、中央官庁が直接国民に伝えるという場面ではない。

官僚が伝える相手もプロ

審議会に出てくるような委員たちは、学者などの有識者はもちろんのこと、中間組織の代表も地方公共団体の代表も、その政策の議論に仕事として加わっている人たちだから、言ってみれば政策のプロだし、官僚たちとコミュニケーションを日常的に取っている人たちだ。もちろん、最終的な政策の意思決定権者であり、また国民の声を届けてくれる国会議員たちも同様だ。

さらに、官僚たちが持っている新聞やテレビなどの報道機関との接点は、省庁担当の記者たちだ。彼らは、役所の記者クラブに属していて、役所の建物の中に仕事場があって、日常的に官僚たちと接しているし、政策にも徐々に詳しくなっていく。記者たちも政策のプロと言ってよい。

このようなプロたちと官僚は議論し、意見をまとめて政策をつくってきたし、出来上がった政策もプロの人たちを通じて、多くの国民に伝えていたのだ。つまり、霞が関で蓄積されてきたコミュニケーションスキルというのは、プロ向けのものなのだ。

しかし、多くの中間組織の組織率は下がってきたので、中央官庁の政策をつくる現場からすると、中間組織などを介した政策のマーケティングや広報は機能しなくなった。また、中間組織の組織力の低下は、制度の周知広報も大いに難しくした。顔の見える政策のプロに伝えておけば、国民の大多数に情報がちゃんと届くように翻訳してくれるという状況がなくなってしまったのだ。

市区町村と住民の距離も広がる

中間組織を経由したマーケティングや広報が機能しなくなってきたわけだが、地方公共団体はどうだろうか。もちろん、地方公共団体の役割自体は決して後退していないが、人のつながりの希薄化により、地方公共団体と国民（住民）の距離も、またどんどん疎遠になっていることを指摘したい。

コロナ禍の特別定額給付金にせよ、ワクチン接種にせよ、最終的に一人ひとりの生活者に届かないと政策の目的は達せられないわけだが、いずれも当事者の申請があって初めて市区町村は給付金の支給なり、予防接種の提供なりが可能となる。だからＤＶ被害者の話で述べたように、政策の対象者に、自分が支援を受けられるという情報や、いつ、どこの役所にどのような手続をする必要があるのかといった情報が届かない限り、政策の効果は届かない。では政策の情報はどのように届くのだろうか。

まず、人のつながりが希薄になる前の状態を、僕の幼少期の昭和の時代を例にとって説明したい。当たり前のことだが、人は、そもそも一人で存在して生きているわけではない。何か困りごとがあっても、家族という運命共同体があり守られているし、家族だけで解決できない問題があっても、親戚や近所の人など周りの助けもある。町内会や自治会といった地縁団体も機能していたし、日常的に回覧板も回っていたし、公園の清掃など地域の仕事もみんなでやっていた。さらに、終身雇用を前提とした正社員が多い時代には、会社が社員の家族の生活も含めてかなりカバーしていた。

そういう環境の中では、人が困った時に、行政が手を差し伸べる前に、こうした重層的な助け合いの中で、ある程度のことはカバーできていた。こうした古き良き時代であれば、市区町村も支援策のカタログを持って窓口でお客さんを待っていれば、支援策を必要としている人の周りの「優しいおせっかいな人」が、役所の窓口に連れてきてくれたわけだ。

ところが、今はそのような「優しいおせっかいな人」を頼ることが難しい。家族の機能、地縁・血縁、職場のつながり、すべてが希薄になっているからだ。国勢調査のデータから、日本の一世帯当たりの人員の推移を見てみると、１９６０年（昭和35年）は4・14、80年（昭和55年）は3・25、２０００年（平成12年）は2・70、10年（平成22年）は2・46、15年（平成27年）は2・38、20年（令和2年）は2・27と減少の一途をたどっている。家族の機能はどんどん小さくなっている。

かつて、家族を支えていた、親戚づきあいや近所づきあいも希薄になっているし、町内会・自治会や民生委員といった地域の世話役たちも高齢化が進み、活発ではなくなってきている。正社員で終身雇用のお父さんが職場というコミュニティに強く所属していて、会社が社員の家族の生活を丸抱えで面倒を見る時代でもない。地方公共団体としても、住民に必要な行政情報を届けるのが、非常に難しくなっている。だから、霞が関も地方公共団体任せでは国民に情報が届かなくなっている。

3　大手メディアの機能低下

新聞とテレビを見なくなった国民

中央官庁が一般の国民に政策の内容や支援策などを伝えるための伝統的な手段には、もう一つ大手メディアが介在したコミュニケーションがある。そのための仕組みが各省庁の建物に設置された記者クラブ制度だ。大手の新聞社やテレビ局の省庁担当の記者が入っていて、彼らが仕事をするためのオフィスも役所が用意している。厚労省の例で言えば、記者たちが仕事をするための席が集まっている記者クラブの部屋の隣に、会見室と厚労省の広報室がある。大手メディアが、政策情報を国民に届けるためには非常に効率的な仕組みに見える。

業界団体などの中間組織を経由した広報やマーケティングが機能しなくなってきたことを述べたが、実は大手メディアを経由した一般の人とのコミュニケーションも機能しなくなってきた。第3章に書いたように、国民の新聞・テレビ離れが進んでいるからだ。

データを見てみると、テレビや新聞の活用の状況の変化は、より鮮明になる。新聞協会経営業務部が新聞の発行部数と世帯数の推移を公表している。新聞の発行部数と一世帯当たり部数の推移を見ると、２０００年は約５３７１万部（一世帯当たり１・13部）、10年は約４９３２万部（同０・92部）、20年は約３５０９万部（同０・61部）である。朝夕刊セットを1部として計算したものであるが、新聞の購読が大きく減っている。

テレビも、視聴時間が減ってきている。総務省の令和2年情報通信白書には、テレビのリアルタイム視聴の平均時間の推移が掲載されているが、平日のデータを見ると、２０１５年は１７４・３分、直近の19年は１６１・２分である。僕が小学生だった１９８７年（昭和62年）の通信白書によると、85年（昭和60年）には、平日に全国民の90％がテレビを見ており、見た人の平均視聴時間は3時間15分（１９５分）とされている。

テレビや新聞を国民があまり見なくなっていることに加えて、もう一つ大切なことを指摘したい。世代によって活用しているメディアが異なるということだ。２０２０年9月30日に総務省情報通信政策研究所が公表した「情報通信メディアの利用時間と情報行動に関する調査報告書」を見てみると、世代別にどのようなメディアから情報を得ているかが分かり、大変興味深い。平日、休日ともにテレビをリアルタイムで視聴している時間も新聞を読んでいる時間も、年齢層が高くなるにつれて長くなる。逆に、インターネットの利用時間は、若い世代ほど長く、30代以下の人はほとんど新聞を読んでいないことが分かる（図4）。

つまり、新聞やテレビの報道を見る人は、どんどん減ってきている。そして、新聞やテレビは高齢者が主に見ていて、若い人はあまり見ていないメディアだということだ。

もう一つだけ面白いデータを紹介したい。これも総務省情報通信政策研究所の調査だ。新聞及びニュースサイトなどからテキストでニュースを得る手段について、年代別に調べている。これによると、新聞は高年齢層がよく利用していて、若い年代はほとんどニュースの情報を得るために活用していないことが分かる。若い年代が利用しているのはポータルサイトによるニュース配信やソーシャルメディアによるニュース配信だ（図5）。

このように、国民の側のニュースへのアクセスの方法は、大きく変わっている一方で、中央官庁のメディアを通じた発信は、いまだに記者クラブに所属している大手新聞社やテレビ局を中心としたシステムが中心になっている。

図４　主なメディアの平均利用時間（令和元年度、平日）

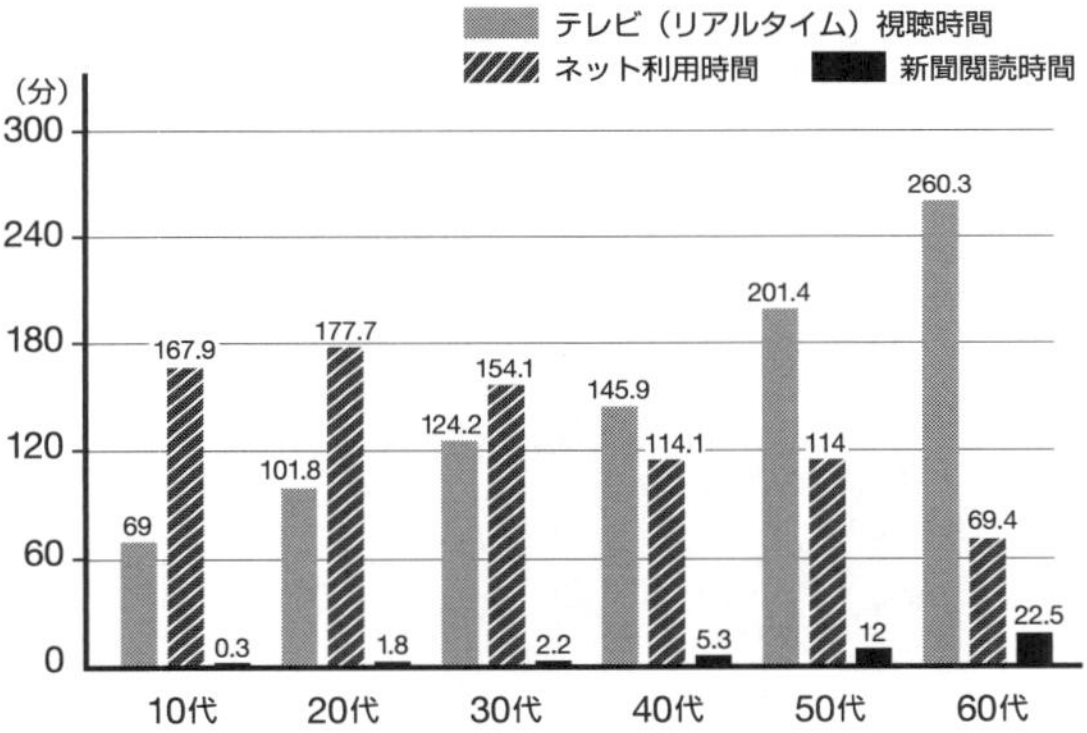

図５　利用しているテキスト系ニュースサービス

	紙の新聞	新聞社の有料ニュースサイト	新聞社の無料ニュースサイト	ポータルサイトによるニュース配信	ソーシャルメディアによるニュース配信	キュレーションサービス	いずれの方法でも読んでいない
10代	23.2%	0.7%	12%	47.2%	**62%**	12.7%	14.1%
20代	21.3%	2.8%	11.8%	**71.1%**	56.9%	16.6%	9%
30代	30.8%	1.6%	11.5%	**75.1%**	51.4%	19.8%	6.3%
40代	50%	3.1%	13.2%	**79.1%**	44.2%	16.6%	4.3%
50代	67.3%	3.6%	13.7%	**74.1%**	40.3%	16.9%	1.4%
60代	**80%**	3.1%	10.3%	46.9%	23.1%	16.9%	5.9%

※図４、図５ともに総務省情報通信政策研究所
「情報通信メディアの利用時間と情報行動に関する調査報告書」を元に作成

4　広報の仕事と役所の意思決定システムの矛盾

幹部ほど広報は下手

広報に限ったことではないが、霞が関の改革が進まない背景の一つに、年功序列・終身雇用の人事システムがあると僕は考えている。意思決定に大きな権限を持つ幹部クラスの官僚は、伝統的なやり方をずっとやってきて昇進してきたからだ。

これまでと同じようなやり方を上手にやれば仕事がうまくいく場合は、年功序列・終身雇用の人事システムはよく機能する。係長や係員より課長補佐が、課長補佐より課長や局長の方がその仕事に熟練しているので正しい判断ができる可能性が高いからだ。情報を持っている若手が案を作って、それを経験豊富な幹部がチェックしたり、指示したりするという、いわゆるボトムアップの意思決定でうまくいく。法律案や予算案を作ったり、政治家や関係団体の根回しをしたり、といった昔からある仕事は、若手や中堅が判断に迷ったら幹部に判断をあおぐ。霞が関でよく見られる光景だ。

しかし、広報については、幹部が正しい判断ができる可能性が乏しい仕事だ。これまで述べてきたように、政策についての伝統的な意見集約や情報伝達の方法が機能しなくなってきた。プロ向けではなく、制度を使う一般の人に直接分かりやすく伝える必要性が大きく高まってきたのは、比較的最近のことだ。つまり、霞が関では新しい仕事だから、伝統的な仕事が評価されて昇進した幹部が上手にできる仕事ではないのである。

むしろ、幹部ほど広報センスは乏しい。官僚も世代の特質と無縁ではないから、例えば最近の若手は、学生時代からツイッターなどＳＮＳをやっている人は多いが、幹部クラスでやっている人は少数派だ。また、幹部世代の官僚たちは一様な人材が集まっている。ほとんどが東大出身という世代だし、出身学部も事務系キャリアで言えば法学部や経済学部が多い。最近は、キャリア官僚の出身大学や学部もかなり多様化しているので、文学、社会学など多様なバックグラウンドを持つ若手が増えているし、中にはデザインや動画編集が得意な人もいる。

幹部に聞いてどうする

広報の仕事は増えているが、僕が2年前に厚労省で、「上手な医療のかかり方」を広めるための広報の仕事をしている時にこんなことがあった。実は、その仕事をしている期間に僕は、３か月ほど体を壊して休職して復帰したのだけど、復帰した頃にちょうど集中的に広報をする「月間」の名前を決めるタイミングがあった。一般の方々から、月間の名称の案を公募して決めるのだけど、「医療を守る」といった供給者目線の言葉が入った名称で意思決定されようとしていた。

確かに、医療政策を担当している官僚たちにとっては、国民・患者のために大切な医療を守るのは大事なミッションではあるし、医療関係者もそういう方が多いと思うけれど、今回は、一般の人たちに医療のかかり方を考えるきっかけにしてもらうための月間の名称だ。このような供給者目線の名前は適さないだろうと感じた。

どのように決定したのか聞いたところ、課長や局長など幹部に投票してもらって決めたとのことだった。担当としては、責任者にちゃんと意思決定させる通常の仕事のやり方だったのだと思うが、医療のかかり方の広報のやり方を議論してきた有識者会議のセンスとも異なる。

ステップを踏んで意思決定されようとしているところに、復帰したての僕の一存で、いきなり覆すのは局内にも混乱が生じる。有識者会議の委員たちの意見も聞いた方がよいと進言して、意見を聞いたところ、やはり異論が出て、最終的には「みんなで医療を考える月間」という名前に決定した。僕も、こちらの名前の方がよいと思った。元々、漠然と思っていたことだけど、広報の仕事は通常の役所の業務と同じように、幹部の意向で決めるやり方でない方がよいと確信した出来事だった。

第5章　政策と現場を近づけるための霞が関改革

1　広報機能を強化するには

若手の創意工夫を活かす

これまで、国の政策情報が伝わりにくい背景について解き明かしてきた。官僚自身の資質や生活環境の問題、国民の生活の多様化、中間組織の組織率低下、地域のつながりの希薄化、大手メディアの機能低下、組織の意思決定プロセスの問題といったことを指摘した。要するに、霞が関にとっては、これまでやってこなかった新しい仕事だから、新しいやり方が必要ということだ。では、どのような取組が必要なのだろうか。

国民に直接分かりやすく伝えるというのは、霞が関の官僚にとっては新しい仕事であり、またニュースなど政策情報に触れる手段も若者ほど新しいメディアなどを活用している。これまでの仕事が上手で出世してきた年配の幹部に、今からセンスを磨くのは期待しにくいし、組織の経営という観点からも合理的とは思えない。やはり、若い世代のセンスを活かしていく必要があるだろう。

農林水産省は、「ＢＵＺＺ　ＭＡＦＦ（ばずまふ）」という動画を活用した新しい広報に取り組んでいる。「ＢＵＺＺ（バズ）」は、「バズる」というネット用語からとって、ＳＮＳなどで話題になり、多くの人の注目を集めるという意味だ。「ＭＡＦＦ（マフ）」は、農林水産省の英語表記である「Ministry of Agriculture, Forestry and Fisheries」の略称だ。農林水産省のＨＰには、ばずまふについて次のように説明されている。「農林水産省職員自らが、省公式ユーチューブチャンネルでユーチューバーとなるなど、担当業務にとらわれず、その人ならではのスキルや個性を活かして、我が国の農林水産物の良さや農林水産業、農山漁村の魅力を発信するプロジェクトです」。

動画編集が得意な若手職員がいて、そういう人たちのセンスや取組を、組織が公式に認めて取り組んでいるそうだが、「担当業務にとらわれず」というのも大事な視点だろう。大企業では、広報という仕事は広報部に集約されていることが多いが、これまでの霞が関では各部署に任されていたので、広報が得意な人材が特定の部署に蓄積されていない。こういう仕事は事業内容にとらわれず、得意な人が場数を踏んでノウハウを蓄積していく方がよい。

少し前だが、厚労省でも「ジョカツ部」という若手のプロジェクトチームが、新しい形の広報に取り組んで成果をあげたことがある。当時は、塩崎恭久大臣の時代で、働き方改革が政府の最大のテーマだったのだが、女性活躍についてあまり取組がなかったので、大臣の発意で立ち上げられたものだ。

省内の女性活躍関連政策の経験者の若手などが集められ、リーダーは女性活躍を本業としている課の若手課長補佐で、その課が事務局的な機能も担った。僕は、その課が所属している局の総括補佐（いわゆる局の司令塔役とか若手のリーダーみたいなポジション）をやっていたので、後見人のような立場で、若手の活動と組織が衝突しないように間に入りながら、サポートをしていた。若手たちは、最初は戸惑っていたが、自由に創意工夫を活かして好きなことをしてよい場を作ってあげたことで、どんどんアイディアを出して活動していった。

NPOや子育て中の親など、普段厚労省の仕事で会わない多様な人たちの意見を聴きながら、政策案をまとめて塩崎大臣に提言を行った。ただ、大臣に提言して終わりではなく、自分たちも社会に訴える活動をしたいということで、イクボス（部下のキャリアやワーク・ライフ・バランスを応援しながら、組織としての成果を出しつつ、自らも仕事と私生活を楽しむ上司のこと）を広めるための「イクボス応援動画」を作成し、厚労省の公式ユーチューブチャンネルにアップした。

若手が自ら作ったので手作り感が強いが、面白い試みだったし、自分たちでメディアの人たちと事前に相談して最適なタイミングでリリースしたり、イベントを合わせたりして、テレビや新聞などでもかなり取り上げてもらうことができた。ちなみに、動画にはよい上司と悪い上司の例を示すためのショートコントがあり、僕も若手に頼まれて悪い上司役で出演した。顔がこわいので、パワハラ的な悪い上司役がはまっていると、みんなに言われたし、当時の橋本岳副大臣にも「怖い上司」とよくいじられた。関心のある方は「イクボス応援動画」と検索して、見ていただければと思う。

厚労省の取組は、いわば期間限定のものだったが、ばずまふのような取組を、各省でも継続的に広げていったらどうかと思う。官僚の中でも、若手のデジタルネイティブ世代（インターネットがあって当たり前の時代に生まれた世代）は、趣味で動画を作ってアップしたりする人たちもいるし、デザインのセンスのある人たちも珍しくない。政策知識と広報の能力の両方を持った人材の育成のためにも、組織との衝突に配慮しながら若手が動きやすい場を作ってあげることが大事だと思っている。

外部の広報の専門人材を活かす

若手の方が上手な仕事とはいえ、やはり素人だけでは限界があるのは間違いないし、自前で新卒の若手を育成していたら、時間がかかってしょうがない。

これまでの霞が関の広報は、地方自治体にせよ、関係団体にせよ、役所が作った書類を受け取ったら見るのが仕事という人たち、いわばプロに向けたものだったが、特に見ようと思っていない人に、まず見てもらわないといけないし、前提知識がなくても必要なアクションが分かるように簡潔に表現するなどのスキルも必要になってくる。こうしたスキルを持つ人材が、霞が関には少ないのだから、民間企業から即戦力の経験豊富な広報のプロに入ってもらう必要がある。広報のプロのスキルも活用しつつ、内部の職員の教育も進めていくべきだ。

民間の広報のプロを活用する必要性は「伝えるスキル」だけではない。真剣に広報をやるためには、省庁の自前の発信だけでなく、広告代理店への発注といった仕事もある。ただ、省庁の側に広告業界の知識が乏しいので、入札に入る広告代理店の提案を評価するのが難しいという課題がある。つまり、発注者としての能力が必要ということである。

これを確保するためには、メディアの特性、選び方、広告業界の知識なども必要になる。そうしたことまで加味すると、民間の広報のプロの中でも、それなりの経験と立場の人がよいと思う。

実際に霞が関でも、数年前から民間の広告代理店などから出向でプロに来てもらう取組が始まっている。そして、徐々に出向という形式から、職員として中途採用する形式に切り替え始めている。

中途採用に際しては、高度な人材を採用するには人事システムにも、工夫が必要と思われる。大手広告代理店などで活躍している経験豊富な人材は、国家公務員よりも給料などの待遇がよいことも多いので、それなりの人材ではなく、本当によい人材を採用しようと思えば、別の給与体系が必要になるだろう。

もう一つ、霞が関サイドで大切なことは、専門性を持った人材を活かすマネジメントができるかどうかだ。専門性を持った人材を確保できても、彼らの目で見て「こうした方がよい」「こういう風に変えた方がよい」というアイディアが出てきた時に、組織として意思決定できなければ、結局その人の専門性が活かされず、なかなか改善されないし、民間から来た人もやりがいを感じられなくなってしまう。まずは、専門性を持った民間から来た人材の上に、役所の中で力があって「広報を改革したい」という意思の強い幹部を配置することが大事だと思う。

また、広報以外にも、デジタル分野などでも、専門性を持った人材に民間から何らかの形で来てもらうことが霞が関では増えつつある。今後さらに広がっていくと思うので、外部から来た人材の専門性を活かすためのマネジメントをどうしていくかということも、組織として考えていく時期に来ているだろう。これも、新しい課題だ。

官民交流を増やす

組織の中に広報人材を育てるということは、言い換えれば、政策をつくる仕事や役所の立場を理解していて、かつ、「伝える」技術の高い職員を育てていくということだ。これまでは霞が関が、政策をつくる仕事を、言わば独占してきた。そして、既に述べたように、思い切って言えば国民に直接伝えるという仕事が霞が関には存在しなかった。だから、その両方ができる人が、そもそもとても少ない。そうした人材を育てるためには、「政策をつくる仕事と役所の立場」と「伝える」のどちらか一方ではなく、どちらかに軸足を置きつつも、他方の領域を理解している人材が必要だ。

先述のように、ビジネスの領域はパートナー・取引先にせよ、顧客にせよ、賛同者が自社と関わりを持つ、いわば手上げ方式で事業活動をするが、官の世界は好むと好まざるとにかかわらず全国民がお客さんであり、意思決定に関係する人たちは自分で客や株主を選べないという環境で事業活動をしている。こうした官と民の大きな違いを理解する必要がある。

２つの専門領域をクロスする人材を育てるために、手っ取り早いのは外部人材を登用し、役所の中のことも理解してもらうことであるが、もう一つ「政策をつくる仕事と役所の立場」に軸足を置いてきた霞が関の内部人材が、民間の広報部門に修業に行くことも非常に有効だと思う。

霞が関から民間への在籍出向という形での官民交流は、１９９９年に「国と民間企業との間の人事交流に関する法律（官民人事交流法）」という法律ができて、徐々に増えてきた。人事院の「令和2年官民人事交流に関する年次報告」によると、２０２０年に民間企業に新規に派遣された官僚は35人（派遣中の職員数は１１１人）。業種は、多い順に、金融業・保険業14人、サービス業7人、運輸業・郵便業6人、製造業4人、情報通信業4人となっている。派遣される官僚のほとんどは、30代から40代であり、政策企画、人事、ＣＳＲ（企業の社会的責任）などの部署で業務に当たるケースや、所属省庁の分野の業界で実務に当たるケースなど、出身官庁での経験も活かして活躍している。官民人事交流法により、派遣先企業が給料を支払い、原則3年以内・最長5年というルールがあるが2年間が多い。

また、在籍出向という形態以外にも、研修という仕組みもある。研修は出向元の省庁が給料を支払い、期間も1か月から1年を超えない範囲の派遣だ。派遣先企業でＯＪＴを行う長期研修という仕組みもある。経済産業省からは、メルカリというベンチャー（といっても今や大企業だが）の経営企画に若手職員が派遣されていた。役所とは異なる刺激的な経験をしつつも、役所の仕事の価値も再認識したそうだ。こうした取組を各省庁とも、もっと進めるべきだと思っている。

もちろんどの領域に出向や研修で派遣しても、官僚側も勉強になるだろうし、逆に受け入れ企業にも自社にない発想や知見が得られるメリットがあると思うが、企業の広報部門への派遣は、農林水産省から博報堂など、ごく一部にとどまっているので、もっと増やすべきと思う。

兼業のメリット

　また、出向や研修という形態以外に、兼業という仕組みもある。現状では、公務員の兼業は「職務の公正な執行の確保及び公務の信用の確保の観点から」利害関係のない非営利団体に限定されている。非営利団体というのは、国、地方公共団体、独立行政法人、公益社団・財団法人、学校法人、社会福祉法人、医療法人、ＮＰＯ法人、一般社団・財団法人、自治会・町内会、マンション管理組合、同窓会などである。株式会社など営利法人との兼業は、現在は原則として認められていない。国家公務員には職務専念義務があるので、勤務時間外に兼業の仕事をすることになるが、社会通念上相当と認められる範囲で対価を得ることが可能だ。

　ボランティア活動や、専門性を活かしてＮＰＯを無償で手伝うプロボノ（職業上のスキルや専門知識を活かしたボランティア）などの形で課外活動を行うことはもちろん可能であるが、有償の兼業であれば、多額ではないとはいえ、責任感を持って兼業先の業務に従事することになるため、より貢献が求められるし、職員の学びも大きい。以前から、大学で講師をやるようなケースや、医師免許を持つ職員が休日に医療機関で臨床に従事するようなケースはあったが、最近では、ＮＰＯに有償で兼業するケースが少しずつ出てきている。

例えば、ＮＰＯが困っている人の支援に活用できる行政情報を得たり、新しい事業を行政と連携して行ったりするような場合には、自団体にはない官僚のノウハウが活かされるメリットがある。逆に、普段制度をつくる仕事をしている官僚側からすると、制度を使う側の視点で業務に従事することは、大きな学びになり、使いやすい制度の立案を考えるきっかけにもなる。

また、官僚の場合は役所からの人事異動で担当業務が決まるので、例えば厚労省に入省して子育て関係の政策をやりたい若手職員が、それを担当できるとは限らない。兼業という形であっても子育て支援に関わりたいと希望し、子育て支援のＮＰＯと兼業したケースもある。職員の研鑽やモチベーション維持にもプラスだろう。

この仕組みは、２０１８年6月15日に閣議決定された「未来投資戦略２０１８」に、「国家公務員については、公益的活動等を行うための兼業に関し、円滑な制度運用を図るための環境整備を進める」と記載され、２０１９年3月28日に「『職員の兼業の許可について』に定める許可基準に関する事項について」という内閣人事局参事官通知が発出され、ルールが整備された。まだ、それほど数多くはないが、複数の省庁からいくつかのNPOへの兼業の実績が出てきている。

課題は、近年霞が関では若手の離職が加速度的に増えていることから、兼業を認めると、そっちが面白くなって辞めてしまうのではないか、という懸念を人事課が持つことだ。しかし、官僚の離職を防ぐために本当に必要なことは、役所の働き方を変えたり、やりがいのある仕事や成長の機会を本業で与えたりすることによって、職場の魅力を高めることの方だ。

職場に不満のある職員を閉じ込めておけば、早晩耐え切れなくなって辞めてしまうに違いない。むしろ、国家公務員としての安定や経験を積めることを確保しながら、より広い世界を知ることができる選択肢を提供することは、職場の魅力の一つとなるのではないだろうか。先に書いたメルカリに研修に出た経済産業省の職員も、民間企業を経験したことで、改めて経済産業省の仕事の魅力に気づいたということを積極的に発信している。

兼業を経験した職員がポジティブな発信をすることにより、各省の人事課も安心して兼業を認める流れができることを望みたい。また、現状のルールでは、兼業先は、NPOなど非営利団体に限定されているが、利害関係に留意しつつ、出向や研修という形態で官僚たちが営利企業に派遣されていることを考えても、将来的には営利企業への兼業も認めてよいのではないかと考えている。

近年では、僕が知っている事例でも、霞が関に出向という形できたビジネスパーソン、医師、地方自治体職員が、仕事の魅力を感じて、正式に厚労省の職員になるケースも出てきている。民間で広報の仕事をしてきた人が、長く中央官庁の広報に従事しているケースもある。これらのケースが教えてくれているように、霞が関での仕事自体には、民間とは異なる魅力があることは間違いないのだから、中央官庁はもっと自信を持ってよいはずだ。霞が関の組織全体を考えても、人材を囲い込もうとするのではなく、官民の流動性を高めながら、職場の魅力を高めていくことが望ましい方向だろう。

官僚もみんなSNSを

2020年に、人事院が各省の10年目の課長補佐を集めた研修で講義する機会をもらったのだが、その時に「ぜひツイッターをやってほしい」という話をさせてもらった。なぜ、官僚がツイッターをやらないといけないのかと思われる方もいるかもしれないが、間違いなく本業に活かされる。

株式会社JX通信社の2021年5月の調査によると、ツイッターアカウントを持つ国会議員は、全体の7割を超えるという。多くの国会議員たちは、当然リアルでも支持者や有権者と接点を持ちつつ、SNS上でも一般の人向けに発信し、それに対するコメントを見たりしているのである。

一方で、官僚については、統計があるわけではないが、肌感覚としては、年齢が上がるほどツイッターをやっている人は少ないと思う。20代の官僚たちは、学生時代からツイッターをやっているから、官僚になった後もやっている人が多い。

官僚たちは、国会議員の指示を受けて政策を考えたり、逆に政策の案を作って国会議員の了承を取りつけたり、といった仕事を日常的にしているが、僕は徐々に両者の持っている情報のギャップが広がっているように感じる。官僚たちが組織から与えられる有権者のコミュニケーションは、どうしても同じような立場の人の意見を集約して届けてくれる関係団体との対話がメインになってしまうからだ。そして、関係団体は組織化された有権者の集まりなので、サービスの供給者側の代表であることが多い。

例えば、保育園を経営する大きな全国団体は昔からあって厚労省とも頻繁にコミュニケーションをとっているが、厚労省と意見交換をする保育園児の保護者の全国団体は、僕が知る限りない。これでは、国会議員と意見交換をする前提知識が整わず、嚙み合わない議論になることも多い。

僕は、霞が関の働き方改革を進めて、霞が関から外に出て、もっと生活者サイドの情報や生活者に近い現場の情報を得てほしいと思っている。けれども、そうした改革が進むのを待たずとも、忙しい官僚たちがコストをかけずに、一般の人の意見や雰囲気を感じられる方法として、ツイッターなどのＳＮＳの活用は有効だと感じている。

別に、すべての官僚たちに積極的に発信をしてほしいというわけではない。むしろ、発信はしなくてよいし、実名でなくてよいから、情報収集用にアカウントを作って、自分が担当している政策や所属している組織に関するワードで検索をかけてみてほしい。世の中の人たちが、どこに不満を持っているのか、喜んでいるのか、あるいは政策の内容が理解されているのかどうかも、ある程度わかる。

もちろん、ツイッターをやっていない国民も多くいるし、ツイッターは過激な意見がリツイートされて拡散されるので、ツイッター上の意見がそのまま世の中の意見であると鵜呑みにするのは危険だ。プラットフォーム上に存在している意見の割合については、必ずしも信用できないと思う。しかし、賛成、反対や、様々な立場からの意見があふれているので、世の中にある多様な意見の、相当程度は網羅されていると考えられる。また、どのくらい政策の意図や内容が伝わっているのかを、推し量ることもある程度できる。政策内容を誤解して、コメントしている意見が多ければ、丁寧に説明しないといけないポイントが分かることもある。

分かりやすく伝えるためには、「誰に」伝えるのかということが大事だ。伝える相手のことが分からなければ、分かりやすく伝える最適な表現も分からない。日々の業務や生活の中で会えない多くの人たちが自分の仕事についてコメントしているのを、気軽に見られるツールを使わない手はない。

個人が主語の他流試合を増やす

政策の内容について伝えるというスキルを高めるためには、場数を踏む必要がある。霞が関の本業の中でも、政策内容について講演などをする機会は時々ある。例えば、僕の若い頃の例で言うと、担当した児童福祉法という子育て関係の法律の改正案が国会で可決・成立してから、改正法の施行日（法律が効力を持つタイミングのことで、制度が実際にスタートする日）の間に、県庁に集まった市役所の児童福祉担当の職員たちに説明をするようなケースがあった。

同じ制度の説明でも、国会議員など法律をつくるプロに話すのと同じ説明では届かない。市区町村の実務を仕切っている公務員がどのような仕事をしているか、どのような環境なのか、様々な規模の市区町村の現場の実務の様子を知っておく必要がある。そして、自治体の実務の実例なども交えながら、この法律によって説明を聞いている人たちの仕事がどう変わるのか、具体的にどのようなアクションをしてほしいのかを伝えることが大切だ。

このように、直接誰かに伝える機会を持つことは、相手を知り、伝えた相手が具体的にどういうアクションをしてほしいのかを考え、そのために何を伝えないといけないのかということを考える最適なトレーニングだと思う。

本業の中で、そのような機会を増やすことも、もちろん大切であるが、もう一歩進めてほしいと思うのは、本業以外でもなるべく政策を人に話す機会を持つという活動だ。本業で講演をする時は、少なくともその場では組織を代表して話すわけだから、あまり個人的な意見を言うわけにもいかない。どうしても、組織の公式見解の範囲内で話すという制約が生じる。

こうした制約を外して、プライベートの活動として民間の人たちとの自主的な勉強会や意見交換をする機会が、実はすごく勉強になる。僕も官僚時代に、自主的な勉強会などをよくしていたが、例えば福祉がテーマであれば、様々な立場で福祉をもっと進めたいと思って活動している人が集まっているものだ。当然、自分もその一人という立場になる。

厚労省の官僚が公式説明をする場ではないので、こういう場では、一人称で話さないと議論が嚙み合わない。例えば、すぐに政策が実現できないような課題がある時でも、「厚労省としては、○○といった難しい問題があると思います」などと話をしていたら、「この人は官僚だから、福祉を前に進めたい自分たちとは違う人なんだ」と思われてしまう。それでは、自分がどういう人間かということが相手に伝わらないし、他のセクターの仲間を増やすのも難しい。

同じことを答えるにしても、「僕も、確かにその通りだと思う。いつか制度を変えてみたい。今は、○○というハードルがあって、少し時間がかかるかもしれないけど、こうすればいずれ乗り越えられるかもしれないので頑張る」というような言い方に自然となる。そうすると、他の参加者たちから「千正さんという福祉を進めたい人が、厚労省にもいるのね」と思ってもらえる。そうなると、「たまたま勉強会で会った人」から、「違う場所にいる社会を変える仲間」という信頼の関係に変わっていくものだ。そうやって、仲間になれるから、現場のことをいつでも教えてもらえたり、自分が机の上で考えた政策に意見をもらったりすることもできるようになる。

自らのメディアを活用する

実は、霞が関の各省は、自前のメディアを持っていることが多い。広報そのものの強化と職員の広報スキルの向上のためにも、自前のメディアのコンテンツを時代に合ったものに変えていく工夫や、新しい自前のメディアを立ち上げるなどの取組も有効だ。

厚労省なら、月刊「厚生労働」という広報誌がある。この雑誌は、厚労省の業界関係者が購読しているので、伝統的な業界関係者に伝達する意義はあると思う。近年は、厚労省の職員が登場して、現場訪問や意見交換の特集を組むなど、現場の人たちに厚労省や政策を身近に感じてもらうための工夫をしている。

経済産業省は、「METI Journal」というインターネットの自社メディアを2017年6月に立ち上げている。それまでも、「METI Journal」は紙の情報誌として隔月で刊行されていたが、時代の変化に合わせてインターネットメディアへ移行した。企業関係者向けなら、インターネットメディアも活用されるだろうし、日々更新できるので情報も新鮮だ。また、紙の媒体と異なり、分量の制約も少ないし、関係する情報にリンクを貼ることも可能だ。こうした記事をつくるに当たっては、官僚たちが持っている政策情報を、一般の方向けに文字を中心に表現する作業が必要になるので、トレーニングにもなるはずだ。省内各課がＰＲしたい政策について、タイムリーな特集記事をつくるので、広報室以外の様々な部署の職員が「伝える」仕事をする機会になる。

農林水産省では、若手の創意工夫を活かす例として、既に紹介したばずまふという動画配信を行っている。動画でどう伝えるかという、これまでの霞が関にはないスキルを鍛える機会になっているはずだが、僕がばずまふについて、面白いと思うのは、本省の官僚だけではなく、地方農政局の国家公務員が登場して全国各地の食に関する情報を届けたりしているところだ。農産物の振興という組織のミッションに合う内容だし、現場の職員たちのモチベーションも上がるのではないかと思う。真面目そうな国家公務員が、地域の食材を料理して、美味しそうに食べて「ＵＭＡＦＦ（うまふ）」と親指を立てるシーンは、とてもシュールなので、よかったら見てみてほしい。「ＵＭＡＦＦ（うまふ）」は、「うまい」と農林水産省を表す「ＭＡＦＦ（まふ）」を組み合わせた造語だ。

それぞれの伝えたい内容と伝えたい相手によって、適切なメディアは異なると思うが、各省でも、官僚たちが自分の頭でどうやったら伝わるかということを真剣に考える機会にもなるので、新しい自前のメディアの立ち上げやコンテンツの工夫をどんどん進めていってほしい。

お金をちゃんと使う（プロに任せる、デジタルを使う）

組織の中に、広報に詳しい人材を確保することも重要であるが、伝えるべきコンテンツを作った後の情報の受け手との関係を作るためには、民間のサービスを活用せざるを得ないことが多い。役所サイドが伝えたい内容を適切にまとめる能力は必要だが、広報資料のデザインなどは、やはり専門の業者に任せた方がよい。また、例えば役所のＨＰに分かりやすい資料を掲載しても多くの人は見に来ないし、また各種メディアを活用した情報伝達も必要になるので、真剣に広報をしようとすれば、やはり広告会社の力も必要だ。

中央官庁には記者クラブがあり、庁舎内に大手メディアの記者が常駐しているという民間企業にない特殊な体制があるので、ともすればお金を払わずにメディアの人たちが多くの人に自動的に伝えてくれるような錯覚に陥ることがある。しかし、既に述べたように、大手メディアだけで多くの国民に届く時代ではなくなっている。インターネット広告も必要だし、動画の作成・配信も必要だ。

さらに、メディアを通じた情報伝達だけでは不十分だ。今でも、電話で直接問合せをしたい国民・住民も多い。コロナの流行初期に、厚労省にもコールセンターが設置された。外部委託できるようになるまで、時間がかかったことから、当初はあらゆる部署から職員がコールセンターに集められて、電話対応に追われていた。彼らの中には、感染症の専門家ではなくて、例えば普段はハローワーク関係など全然別の仕事をしている職員たちもたくさんいた。

よくある質問と答えがまとめられたQ＆Aを持たされて、一般の方の電話の問合せに答えるのが役割だ。公式見解として確立したものがQ＆Aにまとめられて、そこに書いていないことを勝手に答えるわけにもいかない。そういう仕事であれば、別に厚労省の職員でなくても十分対応が可能だ。

コールセンター運営会社に委託して、むしろコールセンター業者が得意なQ＆Aに含まれない新しいよくある質問をまとめてもらった方がよい。厚労省の職員はそういうニーズの高い質問の情報を受け取って、適切な答えを作成する作業や、Q&Aの情報をアップデートする作業に集中するのが効率的だ。同様のことは、電話を使ったコールセンターだけでなく、SNSを活用した問合せでもできるし、AIを活用して自動的に回答できるチャットボットも有効だ。

コミュニケーションの手法が多様化した現代においては、このように、対象者が慣れた情報の受け取り方に合わせて多様な情報伝達手段を持っておく必要がある。本当に、国民が必要な情報を届けようと思ったら、様々な特徴を持つ民間企業への委託ということがどうしても必要になってくる。民間企業が商品の情報を潜在的顧客に届けるために計上する広告宣伝費のような予算を霞が関でも、増やす必要があると考えている。

2 申請主義の限界を超える

ナッジという新たな手法

これまで述べてきたような、様々なメディアを活用して「伝える」ということもとても大事だが、最終的に必要なことは、相談窓口や補助金・助成金などの支援策情報を、必要としている人たちに、適切なタイミングで知ってもらって申請などの具体的なアクションにつなげてもらうことだ。つまり、情報の受け手の行動変容を促せるかどうかということだ。

そのための手法は、企業の商品広告などビジネスの世界の方が進んでいるが、行政も徐々に新しい手法を取り入れ始めている。ちょっとしたきっかけを与えることで消費者に行動を促す「ナッジ（nudge）」という手法がある。ナッジとは注意や合図のためにひじで人をそっと突くことを指す英単語で、人の思考の癖を利用して、特定の行動に導く行動科学の手法だ。柔らかい言葉で言えば「そっと後押しをする」ということだ。

提唱者のリチャード・セイラー教授（シカゴ大学）が２０１７年にノーベル経済学賞を受賞して話題になったので、耳にしたことのある読者もいるのではないだろうか。ナッジは、当事者に強制せずに、選択の自由は確保しつつ、補助金の額などの経済的なインセンティブを変えなくても、望ましい行動を導く新しい手法として政策の世界でも注目を浴びている。

ナッジの定義を説明しただけではイメージが湧かないと思うので、一例をあげてみたい。乳がんは早期発見で治る可能性が高いタイプのがんなので、検診の受診率を上げることが政策的にも課題だ。検診の費用を助成する仕組みがあるが、そもそも検診を受けるかどうかは個人の自由なので、対象となる人たちに「助成を受けて検診を受けよう」と思ってもらわないといけない。

受診率が1・5倍に

２０１８年に、国立がん研究センターが、44都道府県約３６０市区町村と協働し、各市区町村の乳がん検診助成対象の住民約86万人へ検診のお知らせのハガキを送る取組をしたことがある。このハガキは、２０１８年９月初旬に送付されたのだが、同じタイミングでＮＨＫ「ガッテン！」（２０１８年９月５日放送、９月８日再放送）で、乳がん検診特集を放送した。番組には、国立がん研究センター保健社会学研究部室長の溝田友里さんが出演し、乳がんに関する基礎知識、検診の利点・限界を示すとともに同個別通知ハガキについても紹介し、乳がん検診受診の呼びかけを行った。つまり、番組を見た人がすぐに市区町村から乳がん検診のハガキを受け取ることで、検診を受けてみようと思う人が増えることを狙った取組だ。一部の自治体の速報値という前提ではあるが、放送後３か月間で、受診率は前年度の１・５〜７・６倍に増加したという。

新しい政策手法として注目に値することが、おわかりいただけただろうか。もちろん、ナッジで全ての政策課題が解決するわけではないが、法規制や補助金・助成金などの伝統的な政策手法が届きにくい状況を補完できる可能性は大いにあるだろう。

霞が関でも取組が始まっている。環境省は、各省に先駆けて２０１５年にいち早くナッジ・ユニットを立ち上げて、環境省の政策にどのようにナッジの手法が活かせるか検討を始めた。２０１７年には、環境省が事務局となって、関係府省庁や地方公共団体、産業界や有識者等から成る産学政官民連携のオールジャパンのナッジ・ユニット（BEST：Behavioral Sciences Team）を立ち上げ、情報交換やナッジの活用方法の検討を進めている。そうした検討も活かして、スマートフォンのアプリで、簡単に家庭のエネルギー使用量が分かるようにしたり、ＧＰＳ機能を活用して自分の車の運転がどのくらいエコだったか診断できるようにしたりといった実証事業を展開している。

経済産業省も２０１９年に「ＭＥＴＩナッジユニット」というプロジェクトチームを立ち上げているが、こうした手法は環境・エネルギー以外にも、健康・医療、教育、徴税、行政の効率改善、働き方改革、差別撤廃、ＳＤＧｓ（持続可能な開発目標）など様々な分野で活用できる可能性がある。さらに、政府全体や各省の取組に期待したい。

3　デジタルの力を活用

迅速に給付金を支給するには

第2章で述べたように、10万円の特別定額給付金がなかなか国民の手に届かなかった要因の一つは、申請主義である。急いで配ることを優先した結果、全員一律支給としたのだが、その結果、高所得者や国会議員や公務員などコロナによって収入が影響されない人たちも含めた支給となった。これに対する批判も一定程度あった。このため、給付金が必要ない人は辞退できるようにしたわけである。

特別定額給付金は、あらゆる給付金・助成金・補助金の中でもっともシンプルな制度だ。つまり、日本に住所を持つ人であれば、全員に同じ額が支給される。厳格な言い方をすると、「基準日（2020年4月27日）において、住民基本台帳に記録されている者」が対象だ。例えば、高齢者向けの年金であれば、65歳以上という条件があるし、その人が過去にどのくらい年金保険料を納めていたかという実績によって給付の額も異なるので、支給事務も複雑な確認が必要になる。コロナ禍によって、経営が悪化した企業に対する持続化給付金であれば、売上げの減少という条件を確認することも必要だ。

現金給付は、条件が複雑になるほど、支給事務で役所が確認する事項が増え、給付を受ける側の提出資料も増えていく。

もっともシンプルな特別定額給付金であっても、①受け取りたいかどうかの本人の意思確認と、②給付金を振り込む先の２つの情報が、支給事務には必要だ。①については、市区町村は住民基本台帳で管内の対象者の情報を持っているが、本人の意思を確認するためには申請をしてもらう必要がある。併せて、申請しているのが本人であることの確認も必要だ。②については、申請に合わせて、給付金を振り込む銀行口座の情報を教えてもらう必要がある。

裏返しであるが、給付金を受け取る側からすると、いつ、どこに、どのような形で、どんな書類を用意して申請をすればよいのか、という情報を把握して申請を行う必要がある。つまり、申請する国民の側に作業が必要になるので、間違える人も一定数いる。市区町村の窓口では、申請書類の間違いを確認する作業も発生するから、さらに支給事務に時間がかかる。

支給に伴う市区町村など自治体の煩雑な作業をなくし、支給を迅速に行う根本的な解決方法は、国民の側の作業を不要とすることだ。つまり、申請をしなくても対象者に該当すれば自動的に振り込まれるようにするのが一番だ。

申請なしで振り込みも

特別定額給付金の1年近く後の2021年3月、政府は経済的に困窮する子育て世帯に対し、子ども一人当たり、一律5万円を支給することを決めた。「低所得の子育て世帯に対する子育て世帯生活支援特別給付金」という長い名前の給付金だ。対象者は、①児童扶養手当を受給するなど低所得のひとり親世帯と、②住民税非課税世帯の子育て世帯だ。この給付金について、2021年5月、平井卓也デジタル改革担当大臣は、対象世帯の多くについて、申請不要で自動的に振り込まれると発表した。支給対象となる約130万世帯のうち、申請が不要になるのは、児童手当などを受け取る口座を自治体に登録している8割~9割の世帯だ。

支給対象となる世帯のうち、2021年4月分の児童扶養手当（平時からある低所得のひとり親世帯への給付）を受給している世帯や児童手当を受給している住民税非課税世帯については、自治体は既に対象者を把握しているし、児童の数、銀行口座、住民税非課税かどうかといった、今回の給付金の対象かどうかを判断するための情報も既に持っている。申請をしてもらわなくても、誰に、どの金額の給付金を、どの銀行口座に振り込めばよいか分かるので、正しく支給できるわけだ。

実は、申請しなくても支給できるようになった背景には、２０２１年5月21日にデジタル改革関連法が成立して、マイナンバーに紐づいている、自治体が別の目的で保有している個人情報（この場合で言うと児童扶養手当など別の現金給付の支給のために把握している情報）を、緊急時の給付金の支給に活用できるようになったことがある。

ただし、それ以外の世帯は、依然として申請が必要だ。例えば、高校生のみを養育している住民税非課税世帯がこれに当たる。児童手当は中学生以下の児童を養育している世帯が対象だから、高校生しかいない世帯に自治体は手当を支給していないので銀行口座などの情報を持っていない。収入が急に低下してまだ児童扶養手当の受給に至っていないような世帯も同様だ。支給事務に必要な情報を当事者から受け取らないといけないので、やはり申請してもらう必要がある。

納得感も高まる

一人ひとりの家族構成、住所地、収入、銀行口座などの様々な情報を、自治体に預け、その情報を様々な制度に活用できるようにしてもらうことによって、給付金を受け取るための申請が不要になり、自治体の支給事務も簡潔になるので行政コストも下がり支給のスピードも上がるということだ。

給付金や行政サービスを受ける手続が簡素で便利になり、自治体の仕事も効率化されるのはもちろんであるが、実は、納得感の高い制度設計も可能になる。所得の多い人や減少しない人を対象から除くなどしても、支給事務が煩雑にならなくなるので、支給のスピードを犠牲にしなくてもよくなるからだ。

これ以前、2020年6月に、高市総務大臣はマイナンバーと一口座のみの銀行口座情報の紐づけを義務化する法案の準備を進めると発表した。これが実現できれば、特別定額給付金のような給付金も自治体が振り込む先の銀行口座が分かるので、迅速に給付金を届けられるし、そもそも申請自体不要にすることも可能だ。しかし、個人情報とお金に関する情報を紐づけることには懸念も強く、結局は見送られた。あくまで、国民が任意で銀行口座を登録できる仕組みとなってしまった。

国民の個人情報を公的機関に、どこまで活用することを許容するかというのは、まさに社会の選択である。銀行口座の紐づけ義務化がおこなわれると、官公庁が口座の状況を把握できるため、税務調査がしやすくなるなど、なんとなくいやな感じがする人もいるかもしれない。しかし、悪質な脱税を防いで、ルール通りに税金が徴収されるのは公平なことだし、正しく国や自治体が税収を得ることは、国民が受ける行政サービスの確保にも必要だろう。

一方、個人情報流出のリスクを指摘する声もある。こちらは、情報管理の強化がもちろん必要と思うが、一つの口座のみの紐づけを義務付けるのであれば、役所に必要以上に個人情報を預けることもないし、情報流出時のリスクも軽減されるのではないかと思う。また、紙で管理されている個人情報であれば流出リスクがないわけではないことにも留意が必要と思う。ゼロリスクはないという前提に立って、社会的便益とリスクの抑制のバランスを考えることが大事だろうと思う。

例えば、ワクチンや治療薬にしても、必ず体によくない副反応が一定の確率・度合いで起こるわけだが、それ以上に病気の予防や治療という便益が上回るから、この社会は許容してきている。政府としても、こうした個人情報の管理と社会的便益のバランスについて、国民の理解を求めていくことが必要だが、国民の側も大きなメリットも考慮して、寛容な雰囲気になっていけばと思っている。

プッシュ型の周知と簡便な手続

特別定額給付金のような緊急時の給付金を迅速に受け取れるようにするために、デジタルの活用が重要なことはお分かりいただけたと思う。実は、同じことは緊急時だけでなく、常日頃の行政手続にも言える。例えば、子育てをしている親たちは、行政から数多くの情報を得て、手続をしていると思う。妊婦健康診査、産婦健康診査、乳幼児健康診査、子どもの予防接種、保育園の入園手続、児童手当の手続など、様々な手続に追われている。

そして、子育て世帯は、とにかく忙しい。昔と違って、共働きも多く、手を借りられる人が少なくなっている。三世代同居が多かったサザエさんの時代や、専業主婦世帯の多かったドラえもんの時代は、子育てに時間をかけられるお母さんや家族もいた。しかし、それはもはや昔の話だ。独立行政法人労働政策研究・研修機構の「第5回（2018）子育て世帯全国調査」によると、子育て世帯の母親の有業率は67・2%だ。ひとり親世帯の有業率は、母子家庭で89・6%、父子家庭で92・6%だ。厚労省の「平成30年国民生活基礎調査」には子育て世帯の世帯構成のデータがある。児童のいる世帯のうち核家族世帯は83・3％（昭和61年は69・6％）、三世代世帯は13・6％（昭和61年は27・0％）、ひとり親世帯は6・8％（昭和61年は4・2％）となっている。

せっかく、子育て支援策は色々と用意してあるのだけど、それを利用する忙しい子育て中の親に負担がかかっている状況は改善すべきだ。やることが煩雑で必要な健診や予防接種のタイミングを逃してしまうかもしれない。

こうした状況を変えるために、政府は「子育てノンストップサービス」を実装しようとしている。母子健康手帳アプリや保育園連絡帳アプリといった子育てアプリと連携して、紙の手続をデジタル化する取組だ。例えば、子どもの予防接種は一定の月齢・年齢の時に無料で受けることができるが、予防接種を受けさせるタイミングで、スマホのアプリでプッシュ型の通知を出したり、児童手当に必要な現況届という書類の提出をスマホのアプリで完結したりする取組だ。また、一部の自治体で試行を始めている段階だが、2023年度からの全国展開を目指している。

必要な支援策が、対象者に、適切なタイミングで届くことによって、子育て家庭への周知も効果的・効率的にできるし、手続も簡便になる。裏返しだが、自治体の事務負担もかなり軽減できるので、その結果生み出されたマンパワーや財源を他の行政サービスに活用することにもつながる。また、手続がデジタル化されることは、国が逐一自治体に負担をかける調査をして、実態を把握・分析して政策立案に活用している現状を大きく変えて、公務員の負担を増やさずに、時宜をえた実態把握や詳細な分析が可能になる。そうなれば、政策立案もより科学的・合理的になっていくと期待される。

子育て支援サービスについては、特に子育て世代のスマホ利用率が高いことから、導入しやすいと思うが、教育分野や若者を対象とした様々な行政サービスでも応用が可能なはずだ。

デジタルだけでは解決しない

デジタルの力で、必要とする人に必要なタイミングで必要な情報が届くこと、生活者の手続も便利になり、また行政効率も上がることがお分かりいただけたと思う。個人情報保護の制度変更や情報セキュリティの強化を進めつつ、こういうものが社会実装されていくと、多くの人にとっては、とても便利になる。

一方で、長く福祉分野に携わってきた僕からすると、デジタルですべて解決するわけではないことも強く指摘しておきたい。困窮や家庭問題など重層的な困りごとを抱えていて、かつ、孤立しているような家庭が増えてきている。また、ひとり親家庭やひとり暮らしの方も増えているし、これからもっと増えていくことは間違いない。

多くの人は、長く生きていると、何らかのピンチが必ず訪れる。例えば、国家公務員という経済的には安定した立場にあった僕も、離婚、親の病気や介護、自身の病気休職など様々なピンチがあった。その時々、妻や家族、職場の人、友人、所属組織、そして社会保障制度などに支えられて、なんとか乗り越えることができている。でも、家族や親戚、友人、近所の人、仕事上のつながりのある人などに頼ることができない人たちも、決して少なくない。

そして、スマホのアプリが便利になっても、なお行政の支援策を理解して手続をするには、一定のリテラシーも必要だし、行政が嫌いな人たちもいる。精神的に落ち込んでいたり、引きこもっている人たちもいるし、生きる気力すら失っている人たちもいる。そもそも、虐待やいじめなどの経験から、自己肯定感が得られず、「自分なんかが支援を求めたら、人に迷惑をかけてしまうのではないか」という気持ちになる人もいる。支援を受けることにも、「自分は誰かを頼ってもいい、大事な存在なんだ」というある程度の自己肯定感が必要だ。

人のつながりが希薄になった現在において、最も困っている人たち、一人ひとりにきめ細かく寄り添って支援していく社会であってほしいが、そういうことをすべて行政がやるのは現実的には不可能である。公務員が何人いても足らない。そこで、奮闘しているのが、NPOなどのソーシャルセクターだ。貧困、虐待家庭、ひとり親、DV被害者、性暴力被害者、家出少女、自殺しそうな人、ニート・引きこもり、学校を中退した人、病気の人、生活に困っている外国人などなど、最も支援が必要だけど自分でSOSを出せないような人たちとつながり、相談に乗り、自らも支援を行い、必要な時は行政につなげるような活動をしている。

制度に位置づけられた支援策のカタログが自治体にあって、窓口を設けてはいるが、それだけでは、こういう最も支援を必要とする人たちは、なかなか来てくれない。その課題はデジタルの力で便利になっても、残る。この問題をどう解決したらよいだろうか。

僕は、困っている人を長く支援している様々なNPOと関わっているが、実はNPOの現場の支援者も、必ずしも行政の支援策を熟知していないという悩みを抱えている。ベテランの支援者など属人的にそういうことが得意な人はいるが、みんながそれをできるわけでもない。デジタルの力で当事者の属性や困りごとから、利用可能な支援策がすぐに分かるようになれば、多くの現場の支援者たちにとっては大きな武器になるはずだ。そして、その武器を持った上で、困っている人に寄り添って、民間の支援策と行政の支援策をうまく使えるように伴走してあげることができれば、最も必要とする人たちに支援が届くようになる。

困りごとを抱える人の問題は、以前からあったが、コロナ禍で顕在化し、社会問題化した。虐待やＤＶも増えたし、自殺者も増えた。この10年、日本の自殺者数は減少し続けていたが、２０２０年には11年ぶりに増加に転じた。特に、女性や若年層の自殺が増えた。こうした問題に対応するため、政府は２０２１年2月、新たに「孤独・孤立対策」担当の大臣を任命して、4月に緊急支援策をまとめた。端的に言うと、孤立して困っている人たちを支えているＮＰＯのリーダーたちからヒアリングして、ＮＰＯが活用できるような事業を、既存の予算の組み換えなどを急いでおこなってつくったわけだ。

こうした取組によって、ＮＰＯの支援の総量を増やして、困っている人が孤立しないような環境を作ることは非常に大切なことだが、もう一歩進めて、困っている人が活用できる支援策の情報を当事者にカスタマイズして届ける仕組みを実装してほしい。これは、企業のマーケティングのようなものだが、デジタルマーケティングだけでなく、人力マーケティングも必要ということだ。

収益をあげなければならない企業であれば、手間のかかる顧客層はターゲットから外すかもしれない。例えば、生命保険のネット販売などは、人力マーケティングのコストをカットして、価格優位性を確保できる。しかし、ネット販売では来ない顧客を獲得するために、今でも営業員が回っている。銀行も、店舗数を縮小して、インターネットバンキングが主流になっている。人力で顧客とコミュニケーションをとるのは、富裕層向けの資産運用などに特化してきている。企業の戦略としては当然だろう。

しかし、行政はすべての人が顧客だ。収益を上げるという制約の中で民間のサービスが届かないところに光を当ててこそ、存在意義がある。そして、当事者がどのような困りごとを抱えていて、どのような支援策が有効で届きやすいかということを、一番知っているのは、多くの当事者と接している現場の人たちだ。特定の層にどのような政策情報が必要か、どのような見せ方をしたら一番分かりやすいかということを考えるにも、当事者に伴走支援をしているＮＰＯなどを最初から巻き込んで知恵を借りるべきと思っている。

第6章　充実した議論を効率的に行うための国会の改革

1　行政を止める国会から行政をよくする国会へ

機能が麻痺しかけた厚労省

新型コロナウイルスの感染拡大が続く中、対応に当たる厚労省は、限界に近い状況だった。厚労省が入っている合同庁舎第5号館には、2階に大きな講堂があるが、そこに新型コロナ対策本部が設置され、感染症対策や医療とは別の分野のあらゆる部署から大量の職員が集められ、他省庁や民間企業からも応援に入っていた。それでも、マンパワーを超える大量の業務であり、「倒れないよう3日連続で徹夜はしないように」とのお触れが出されたという。つまり、2日連続の徹夜は当然の状況ということだ。特に、2020年春くらいから、異常な状態が続いていた。

医療関係者も、影響を受けているあらゆる事業者や生活者の人たちも、緊急事態の国難の中で、国民の命と健康を守るために限界まで働いたり、不自由を強いられたり、様々なことを我慢したりしている。そういう国難とも言える状況の中で、コロナ対応のために不眠不休で霞が関の官僚たちが働くのは、もちろん仕方のないことではある。官僚たちにとっても、元々、国民生活を守りたい、社会の役に立ちたいという思いで官僚になった人たちは多いので、力の入れどころとも言えるだろう。

「ご説明」に追われて

問題は、その中身だ。平時から、霞が関の仕事の中で最も業務負荷が大きいのは、意思決定をするための調整だ。それは、霞が関内部もあるが、重要なのは国会との関係だ。コロナが国民の最大の関心事であったことから、当時、連日連夜、大勢の官僚が国会議員への「ご説明」に追われた。国会議員への「ご説明」には、国会での質問対応以外にも、各党のコロナ関係の会議への説明、野党合同ヒアリング、個別の議員からの問合せや資料要求など、様々な形態がある。これらの対応が爆発的に増えた。

2020年4月3日、衆議院厚生労働委員会で、日本維新の会の藤田文武衆議院議員の質問に答弁する形で、厚労省は国会対応の実態を明らかにした。厚労省が担当した国会質問について、委員会数とのべ質疑者数は以下の通りだった。

2月　1・9委員会　のべ質疑者数　9・6人（いずれも1日平均）
3月　4・9委員会　のべ質疑者数　17・4人（いずれも1日平均）

最も質問が多かった日の、質疑者数、のべ答弁者数、質問数は以下の通りだった。

2月25日　衆議院予算委員会分科会
質疑者　51人　のべ答弁者　99名　質問数　342問
3月18日　参議院予算委員会委嘱審査
質疑者　53人　のべ答弁者　120名　質問数　280問

要するに、一日だけで厚労省への質問通告をした国会議員が50人以上、合計200問以上の国会答弁作成を行ったという。これは、厚労省時代に無数の国会答弁を作ってきた僕の経験からしても極めて異常な数で、一省庁が対応できる業務量ではない。
また、各政党の厚生労働部会（厚労省の政策を議論する常設の会議。政党によって名称は異なる）、各政党のコロナ対策の会議（厚生労働部会とは別に、コロナ対策のみ集中的に議論するために設けられた新しい会議）、野党合同ヒアリング（野党各党が合同で関係省庁から説明を受ける会議。その時々の話題のテーマを扱う）など、コロナに関する会議が乱立する状態になった。そうした会議が頻繁に開催される中で、コロナ対応をしている厚労省は、毎日数か所の会議に出席して、同じような説明をして回ることになった。

さらには、各政党の会議とは別に、不安を感じた地元の支持者から問合せを受けるなどした国会議員たちが、厚労省に無数の説明要求や資料要求を提出した。完全にキャパシティを超えた厚労省サイドは対応しきれずに、議員側の要求する期限を守れない事態も頻発し、議員から激しい叱責を受けることもしばしばだったという。

国会議員への説明以外にも、毎日のように開かれる大臣の記者会見の対応もある。一日中、手分けして各方面への「ご説明」に走り回り、夜10時から対策そのものについて会議をするような日々だったという。「死ぬほど頑張っているけど、仕事が進んでいかない。国民の役に立っていると思えない」。厚労省から、聞こえてきた本音だ。もちろん国民の代表である国会議員への説明は非常に大切なことではある。だからこそ後回しにできないのだが、いくら「ご説明」をしても、対策そのものは一ミリも前に進まない。

国会議員も本当は知っている

もちろん、国会議員たちは、官僚にいやがらせをしているわけではない。支持者や国民の関心事だと思えば、役所に問合せをしたり、国会質問をしたりするのも、平時からの国会議員の大切な役割だ。この大切な役割を、平時から効率的に果たしてもらうことが必要と考えている。そして、少なくとも緊急事態には国会議員の仕事も緊急事態モードにすべきだ。国会議員がいつも通りがんばって仕事をすればするほど、コロナ対策の実務が止まってしまう。これでは本末転倒だ。国会の仕事がいかに非効率であるかについては、拙著『ブラック霞が関』に詳しく記したので、関心のある方はぜひ読んでいただきたい。

非効率な国会の仕事のやり方を変えないと、国会自体も大量の課題を迅速に議論して意思決定できないし、霞が関にも異常な負荷をかけてしまい、霞が関の機能を低下させる。霞が関の機能が低下すれば、本来やるべき対策が進まなくなるし、職員が何人も倒れている現在の状況を放置すれば、コロナ後も機能が回復しなくなる。結局、困るのは国民だ。そもそも、官僚たちは税金から給料をもらっている人たちだから、緊急時であろうとなかろうと無駄な仕事をさせるべきではない。

実は、国会が開会されていると、霞が関の動きを止めてしまうということを、国会議員たちはよく知っている。僕の経験でも、一度だけ国会開会中に非常事態が起こり、与野党のリーダーが話し合って、全ての国会審議を止めたことがある。2011年3月、東日本大震災の時だ。国会で質問すれば震災関連の話題一色になり、対応に当たっている官僚たちの手を止めてしまって、行政が麻痺することを国会議員たちはよく分かっているからだ。しかし、非常事態だから止めないといけないとは、いったいなんのための国会なのだろうか。緊急事態でも、審議する内容はしぼりつつも、行政を止めないような効率的なやり方をしていくべきだ。

国会改革は必ず進む

このような状況の中で、2020年4月、僕は3つの提言を打ち出して、複数の政党の国会議員に、なんとか対応してもらえるようお願いすることを始めた。提言の内容は次のとおりだ。

提言①コロナに関する質問は原則厚生労働委員会と予算委員会に集約すべき。
提言②政党ごとの会議はまとめるべき。少なくとも、与党で1つ、野党は合同ヒアリングに集約するなど。
提言③個別議員の問合せは、衆議院・参議院の調査室などに一元的に議員からの問合せ窓口を作って、まずはそこで受けるべき。

ほどなくして、各政党は国会対応を緊急対応モードに変えることを決めた。結果的に、ほぼ提言を実現するような方針だったが、自分がお願いしたから実現したというほど、国会の意思決定は単純ではない。むしろ各党の国会議員、霞が関、メディアの人などの尽力が積み重なった結果だ。与野党ともに、国会対策委員会（国対。自党の国会運営方針を決め、他党と交渉する組織）から所属議員に効率的な国会運営を指示する文書が発出された。

衆議院の立憲民主党・国民民主党・社民党共同会派及び立憲参議院の国対からは、個々の議員が役所に対して行う問合せ・説明要求を最小限にとどめるとともに、国対に

あらかじめ報告するよう指示をした。（提言③の内容）

同じように衆議院立・国・社共同会派及び立憲参議院の国対からは、厚労省への質問は、極力厚生労働委員会、予算委員会、決算行政監視委員会にするよう指示した。日本維新の会も、代表はじめ各役員の名前で霞が関の負担軽減も兼ねて国会審議をしぼる方針を出した。自民党も厚生労働委員会以外の厚労省への質問を控えるよう指示をした。（提言①の内容）

各党が、自分の党の利益だけを追求すれば、国会議員の活動をある意味で制限するような指示はなかなか出せないと思うが、厚労省の機能が麻痺してコロナ対策が止まることを防ぐために、部分最適より全体最適を優先させた結果だ。こういう意思決定をするに当たっては、各党の中でも様々な意見があっただろうし、調整も容易ではなかったと思う。特に、政府を追及する立場の野党の国会対策委員会がこのような配慮をするのは珍しい。

国会議員たちは選挙という厳しい競争社会の中で活動していて、ともすれば自分又は自分の政党の党勢拡大を強く意識しなければならない立場なのは間違いない。国会議員によくないイメージを持っている読者もいるかもしれないが、良心のある国会議員もたくさんいるし、必要な時には、社会全体のためには自党の利益を横に置くこともある。そのことを読者の皆さんには、知っていただきたいと思っている。

国会改革の鍵は世論

かくして、２０２０年4月に国会は緊急対応モードになったわけだが、そもそもコロナ禍で人と人の接触をなるべく防止しなければならないし、税金から給料をもらっている官僚たちに無駄な仕事をさせるべきではない。もちろん国会議員自身も効率的に仕事をすべきだ。

なかなか進まなかったのが、国会議員と官僚のコミュニケーションのオンライン化だ。政党の会議には、何百部も紙の資料を印刷して持ち込む、国会質疑をする委員会室にはＰＣやタブレットの持ち込みが許されていないので、大量のコピーの束を大臣や秘書官、サポートのために同席している多くの官僚たちが持ち込んでいる。ペーパーレス化が進めば、若手官僚たちがやっている大量のコピー作業は不要になる。ウェブ会議をやったことのない国会議員への「ご説明」は対面が基本だから、官僚たちは国会議員の事務所がある永田町の議員会館まで資料を持って往復している。役所の立地にもよるが、厚労省で言うと、議員会館まで往復で概ね30分かかるが、ウェブ会議でやればこの時間は別の仕事ができる。

コミュニケーションの仕方というのは、どの世界でも目上の人に合わせるものだ。官僚にとって国会議員がどういう存在かというと、企業でいえば、下請けにとっての重要な取引先のようなものだ。法律案にせよ予算案にせよ、官僚たちが作った政策という商品は国会議員たちがOKを出してくれないと世に出せない。具体的には、過半数の国会議員が賛成可決しないと成立しないということだ。

これは、あたかも自動車部品を作っている下請けの会社が、どんなによい部品を作っても、組み立て工場を持っている自動車メーカーが買ってくれなければ一銭にもならないのと似ていると思う。霞が関側でもウェブ会議に慣れる必要はあると思うが、やはり国会議員の側から「ウェブ会議で打合せしよう」、「タブレットPCで資料見るから、事前にファイルを送ってくれれば紙の資料は不要だよ」と言ってくれないと、なかなか変わらない。

ペーパーレス化やコミュニケーションのオンライン化に加えて、国会の質問通告の早期化も大きな課題だ。読者の皆さんも国会中継をテレビやユーチューブなどで見たことがあると思う。実はあれは、ぶっつけ本番で質問に答えているわけではない。事前に、質問者の国会議員が、問題意識と質問内容を政府側に通告し、それを基に官僚たちが、大臣が答弁するためのメモを用意している。

そう聞くと、「なんだ、シナリオのある茶番か」「自分の言葉で答えられない大臣はダメだ」と思う方もいるかもしれない。しかし、僕はこの事前通告自体は、国会審議を充実したものにするために必要なプロセスだと思っている。各省の所掌範囲は広いので、どんなに優秀な大臣でも隅々まで細かく把握するのは不可能だし、突然その場で質問されても「問題意識は分かったので、実態を調べて考えてみたいと思います」のように抽象的な回答しかできないのだ。それでは、なかなか議論が進まず、せっかく質問の機会を与えられた質問者としても、問題点を具体的に指摘して政策を動かすことができない。大臣に「今は細かいことは分からないけど、把握して検討したい」みたいな逃げを許さないためにも、事前に通告しておくことは必要だし、地方議会でも他の国の国会でも行われている。

ちなみに、大臣は官僚の作ったメモをそのまま棒読みしているわけではなくて、国会の本番前にメモを作った官僚たちと議論している。官僚が作ったメモが、大臣の感覚よりも後ろ向きだったり、分かりにくかったり、大臣が気に入らない場合は、修正の指示をする。そして、修正した後のメモを持って、大臣は国会の本番に臨んでいる。大量の質問を受ける大臣が正確に答えられるようにするためだ。

この質問通告が、数日前に来れば官僚側も計画的に作業ができるのだが、日本の国会では前日の夜に来るのが通常だ。どうしても、官僚たちは夜中答弁作成作業を強いられているし、そもそも質問通告が来ないと自分の部署に関係する質問が通告されるかもしれないから、待っていないといけない。これを霞が関では「国会待機」という。質問通告を受けることを霞が関では「質問取り」というが、内閣人事局の2018年12月の調査によると、全ての質問取りが終わった時刻は、全府省等平均で20時19分である。質問を取ってきた後、質問を一覧表にして、全ての質問について答弁作成部局が確定した時刻は、全府省等平均で22時28分である。それから、答弁を作成するのでは当然のことながら終電を逃してしまう。

実は、この質問通告のタイミングについては、1999年9月に、「原則として、2日前の正午までに」することを与野党の国対委員長間で申合せがされており、その後も何度か同様の申合せがされているが、形骸化している。

２０２０年時点では、ペーパーレス化、オンライン化、質問通告の早期化などの改革を進めるべきという若手議員は少なくなかったが、なかなか各政党の重鎮の議員を説得して意思決定するまでには至らなかった。しかし、霞が関の働き方改革の問題が繰り返し報道されるようになり、また旧態依然とした国会の運営にも批判が集まるようになってきた。

そうした動きを受けて、ようやく２０２１年1月15日、衆議院議院運営委員会で議員への説明のオンライン化や質問通告の早期化の問題については、進めることを与野党で合意した。実際に、各政党の会議のペーパーレス化は進んでいるし、質問通告の時刻も特に参議院は早くなっていると聞く。また、国会議員への説明をウェブ会議で行うこともようやく普通に行われるようになった。

残る課題は、国会の委員会室へのノートＰＣやタブレットＰＣの持ち込みや国会自体のオンライン開催だ。さらに、国会の質問通告の早期化は徐々に進んでいるが、２日前のルールは依然として守られていない。質問通告が遅いのは、質問者の議員の作業が遅いという理由もあるが、委員会開催自体が前日に決まるようなケースもあることが原因だ。委員会を開催して審議をするかどうかという国会日程が与野党の取引の材料になっている。いわゆる日程闘争政治というやつだ。こうした状況を改善するためにも、委員会の開催が決まった日時と個々の議員の質問通告の日時は公表すべきだ。

質問通告の日時が公表されることになれば、質問通告の遅い議員は「ブラック議員」と言われてしまうかもしれないし、官僚に残業をさせること自体が税金の無駄遣いに他ならないので、批判を受けるだろう。税金の無駄遣いの防止の観点からも質問通告の日時は公表されるべきである。国会だけ対面でなければならないとか、ノートPCやタブレットPCの持ち込みが禁止されているのは、全く合理的な理由がないし、技術的には可能だ。国会に権威があるのはそうかもしれないが、政府の最高意思決定の手続である閣議もオンラインで開催することができたのだから、国会もできるはずだ。

そうした改革が前に進むかどうか、最大の鍵は世論だ。世の中に国会議員ほど、人気を気にする人たちはいないと僕は思っている。人気がなくなれば、数年後の選挙で落選するのだから当然だし、それは正しいと思う。幸いにして、昔と違って各政党とも一般の人の人気を最も気にしている政治状況なので、声をあげていけば変わらなさそうなことも必ず変わっていく。

2　野党は夢を語れ

野党合同ヒアリングは民主党政権の成功体験の名残り

国会の重要な役割は、国民のための政策を議論して意思決定をするということだと僕は思っているが、もう一つ行政監視という大切な役割がある。ここでは、行政監視という大事な機能を国会が果たしていくために、何が必要かということを考えてみたい。

元々、国家権力の本質は警察権や徴税権を中心とした行政権にあるといってよい。直接、国民の権利を制限したり、義務を課したりするのは行政権だからだ。今の社会においても、法律で直接国民に義務を課している規定はたくさんあるが、法律違反を犯しても直ちに身柄を拘束されたり、罰金を徴収されたりするわけではない。警察を中心とした行政当局から逮捕されたり、命令されたりして初めて、具体的な義務が生じる。

権力が行政に集中してしまうとどうしても恣意的なことをしたり、国民の権利をないがしろにしたりといったことが起こる。だから、国民の代表が構成する国会は、行政が勝手なことをやらないようにチェックする役割がある。

今の日本の国政の状況を見ると、野党合同ヒアリングは、その象徴のように見える。

野党合同ヒアリングとは、その時々の重要課題について野党各党が合同で各省をヒアリングする場だ。取り上げる問題の多くは、モリカケ問題、桜を見る会や、最近だと日本学術会議の人事の問題やＧｏＴｏトラベルキャンペーンの運営事務局の人件費の問題など、その時々の政権の姿勢や不正を追及するようなホットなテーマが多い。もちろん、コロナについても開催された。

野党合同ヒアリングが、官僚の負担になっているのではないか、パワハラまがいの追及が行われているのではないかという指摘はかつてからあったが、最近も「ブラック霞が関」問題の時流に乗ったのか、話題になったことがある。２０２０年10月21日、自民党二階幹事長と公明党石井啓一幹事長が、会談の中で与野党のヒアリングについて、「官僚の本来の職務に支障をきたしている」として見直す必要性を語ったと、報道された時のことだ。

これに対しては、立憲民主党や共産党からは当然のように反発が出た。「政府与党が説明責任を果たさないからだ」「国会を開催しないから野党合同ヒアリングという形を取らざるを得ない」「政務三役が来て説明責任を果たしていただいて構わない。役人に押しつけているのは政府・与党側だ」ということだ。こうした与野党の対立は支持者を巻き込んでメディアやSNS上でも話題となった。2020年10月25日朝のフジテレビ日曜報道THE　PRIMEでも、この問題が取り上げられ、僕もインタビューを受けてVTR出演した。

野党合同ヒアリングについて、「野党はパワハラだ」と言われる大きな要因は、公開されていることだと僕は思う。昔から、様々な場面で官僚が国会議員から怒鳴られたり、怒られたりすることはあった。僕自身も、官僚時代に、人格否定やパワハラまがいのようなことを言われたこともある。ただ、同じようなことは、別に官僚でなくても（好ましくはないが）民間企業で働いていてもあるだろう。お客さんから攻撃を受けるいわゆるカスハラもあるし、取引先などからきついことを言われることもあるだろう。永田町・霞が関の特殊性は、その様子が広く映像として流されてしまうことにあるように思う。これは正直、精神的にかなりきつい。

今は、野党合同ヒアリングという形で、ユーチューブで公開されているが、野党の国会議員が官僚を糾弾している姿が映像として広く見られるようになったのは、2000年代半ば頃だと思う。この頃は、まだインターネットの動画配信がそれほど普及していなかったが、旧民主党の会議に行くと、テレビ局のカメラが入っていて、翌日の情報番組で、血も涙も正義感のかけらもないように見える官僚の姿が放送される。

当時は、公務員バッシング真っ盛りの時代だし、小泉首相の頃に政治がワイドショー化された後のことだから、こういうTV報道が受けたのだと思う。僕は、こういう一連の流れが、政府与党の信頼をどんどん低下させて、旧民主党が支持を拡大し政権交代に至る流れを大きく後押ししたと感じている。この時の成功体験を持っている人たちが、今も野党の中枢には多くいると思う。ただ、野党合同ヒアリングそのものに対する風当たりも徐々に強まってきている中で、野党の立場に立ったとしても、もう少しよいやり方はないだろうかと感じる。

政治家同士で議論すべき

官僚を呼んで、資料を出せなどと糾弾しても、実は官僚には資料を出す権限がないことが多い。官僚の上司たちは与党の政治家だ。政権が追及されるような新しい情報を野党側の要求に応じて出すためには、必ず政府に入っている政治家の了解が必要だ。

資料を出さなかったり、国会でのらりくらりと答弁したりして、政権の防波堤になる幹部官僚の姿を見て、「忖度して偉くなりたい悪い官僚」だと思う方もいるかもしれない。僕自身も官僚時代に、「あんな役割を担わされるなら偉くなんかなりたくない」と思った。ただ、官僚も組織人である。議院内閣制の中で、国会が指名した総理大臣や内閣を構成する閣僚の指示があれば、それに反して自己の正義感に従って勝手なことをするのは、官僚の職分を超えていると思う。総理大臣や閣僚の指示がおかしかったとしても、それに従わずに情報を出せというのは難しいと思うし、道理からしても望ましくはないと思う。変えないといけないのはシステムの方だろう。

政策についての実態や実務的な見解などを説明するなら、官僚が呼ばれて行って説明するのは何の問題もないが、やはりモリカケ問題のように政権の姿勢を追及するのであれば、答える権限のない官僚を呼ぶのではなく、責任を持って答えられる政府の政治家が出ていって議論すべきだろう。

政権が説明責任を果たさない理由

野党が国会で追及しても、野党合同ヒアリングで追及しても、あるいはメディアが追及して、国民のフラストレーションがたまっても政権が情報を出さないのは、なぜだろう。それは、情報を出さなくても政権の支持率があまり下がらず、野党の支持率が上がらないからである。

例えば、2020年9月に、菅首相が、日本学術会議が推薦した会員候補の一部の任命を拒否した問題については、恣意的な人事ではないか、政権に批判的な学者の任命を拒否したのではないかと批判が高まっていたが、菅首相は任命拒否の理由について「総合的、俯瞰的な活動を確保する観点から判断した」と答えるにとどまり、具体的な理由については答えなかった。

TBSが2020年11月に実施した世論調査で、任命見送りに関する菅首相の説明について「不十分だ」が56%で、「十分だ」は21%、「答えない・わからない」が23%となっており、不十分とする声が大きかったが、内閣支持率は66・8%で、前月比3・9ポイントの減少にとどまっていた。同じ世論調査で、この問題を追及していた野党の支持率の変化を見てみたい。立憲民主党の支持率は4・5%で前月比±0ポイント、共産党の支持率はマイナス0・6ポイントと上がっていない。

日本学術会議の問題だけでなく、同様の傾向はモリカケなど他の政権の姿勢が問われる問題が話題になった時にも見られた。つまり、政権の姿勢について世論はNOと思っていても、内閣支持率や与党の支持率はそれほど下がらず、追及する側の野党の支持率は上がらない。面白いのは、そのような状況の時に人気が上がるのは、次の総理候補だ。安倍首相の人気が下がり、石破茂元防衛大臣、河野太郎規制改革担当大臣、小泉進次郎環境大臣など次の首相を目指す人たちの人気が上がる構図だ。つまり、仮に野党が政権のおかしなところを正しく追及しても、野党の支持拡大や内閣支持率の低下に結びついていない。

こうなると、政権の立場からすると、余計な情報を出したり、丁寧に説明したりして、さらなる追及を受けるよりも、のらりくらりとかわして、世間がその問題に関心を失うのを待つのが、ビジネス的には正解ということになる。これが、政権の不祥事のような事件が起こっても、時の政権が情報を出さない、丁寧な説明をしないという戦略をとる背景だ。野党の追及型の姿勢は、自党の支持増加につながっていないのだから、成功していないと言ってよいだろう。

行政監視強化のために

では、どのような状況になったら、政権は情報を出したり、丁寧な説明をしたりするようになるのだろうか。それは、野党が正しい追及をしたら、野党の支持率が上がり、政権の支持率・与党の支持率が下がる状況である。情報を出さない、丁寧な説明をしないこと自体が支持を失う状況を作るということだ。

先の世論調査の結果を、平たい言葉で解釈すると、「野党の言ってることは正しいし、政権はおかしい。でも、野党には任せたくない」ということだ。政権のおかしなところを野党が追及した時に、野党の支持が上がる状況を作るためには、多くの国民に「もしかしたら、野党に任せた方がよいかもしれないな」と思ってもらうしかない。

そのためには、野党に政権を任せた時に、こういう社会になるというビジョンが必要だ。少し大げさに言うなら、夢を語ることが欠かせない。この点については、2020年9月の立憲民主党と国民民主党が合流した新党の代表選の際に、追及型でいくのか、提案型でいくのかで話題になった。自民党との違いを明確に示すという追及型の姿勢を打ち出した枝野幸男衆議院議員と、提案型の野党を目指す泉健太衆議院議員の戦いになり、枝野議員が代表になった。

立憲民主党は、その後も追及一辺倒との批判を受けることも多く、支持が拡大できない状況が続いた。こうした中で、次期衆議院選挙を見据えて、2021年1月31日の党大会で、枝野代表は、政策を具体化した政権構想を作り上げると表明した。通常国会でも、対案を発表するなど提案型に徐々に舵を切っているようにも見える。5月20日には、『枝野ビジョン　支え合う日本』（文春新書）を発刊した。

実は、立憲民主党の国会議員の中には、野党合同ヒアリングに官僚を呼びつけて糾弾しても、なかなか情報も出てこないし、必ずしも建設的でないことを理解している人もいる。「なぜ、建設的でないことが分かっているのに、ああいう手法を続けるのか」と聞いてみると、「ああいうことしかメディアが取り上げてくれないから」という事情があるという。

野党第一党である立憲民主党には、堂々と政策を語ってほしいと思うし、メディアが取り上げないからと嘆かずに、必ず国民に伝わると信じて政策を語り続けてほしい。立憲民主党の支持が増えないのは、ある意味では国民の旧民主党政権への失望という、負の遺産を引きついだ同党の宿命だろう。もう一度、任せてもよいのではないかと思ってもらえる政党への脱皮を目指してほしい。

別に、僕は野党支持者でも与党支持者でもないのだけど、おかしいことをおかしいと指摘されたら、ちゃんと直す政府であってほしいと強く思っているし、常に政府には説明責任を果たしてほしいと思う。そのためには、政権を追及する役割を果たす野党が国民からの信頼を回復することが絶対に必要だと思う。

3　利害対立を乗り越える国会のルールづくりを

与党のせいか野党のせいか

拙著『ブラック霞が関』を2020年11月に出版して以降、霞が関の働き方改革の必要性についての報道もかなり増え、社会課題と認識されてきたと感じる。国会でも、官僚の働き方を変えるべきだという議論がされている。もちろん、霞が関内部で対応しないといけないこともたくさんあるが、官僚の業務負担の大きなウェイトを占める国会改革は必須だ。これは、法律案や予算案の了承を求める立場の霞が関からは、言いにくいテーマということもあり、僕も発信に力を入れている。

国会改革を進めるために、一番障壁になるのは、与野党の対立だ。先に述べた野党合同ヒアリング一つとっても、与党サイドは「野党は官僚へのパワハラをやめるべきだ」という。一方で、野党サイドは「政府与党が情報を出さない、説明責任を果たさないのがいけない」「与党が国会を開いて議論しないからだ」と反論する。

国会の質問通告の早期化の問題も同様だ。与党サイドは「野党が早く質問通告をしないから霞が関の深夜残業が変わらない」という。野党サイドは「だったら、与党が委員会の開催を早めに決めるべきだ。強引な委員会運営で急に委員会開催を決めるから通告がギリギリになってしまう」と反論する。

こうやって、水掛け論が繰り返された結果、旧態依然とした非効率な国会運営を変える議論は進まない。こういう状況を何とか変えたいと思って、僕は官僚を辞めた後も政党を問わず国会議員の人たちと対話を続けている。そういう中で、官僚と政治家の違いを強く感じるようになった。

官僚というのは、どこまで行っても公務員だ。議院内閣制だから、もちろん与党の閣僚たちの指示に従わないといけない立場ではあるが、だからといって政策の検討に当たっては、与党の支持団体のことばかり考えるわけではなくて、野党の支持団体のことも考える。身分保障されていて、利益を気にしなくてよい意味はそこにあると思う。中立的で、かつ、長期的視野で考えることに、存在意義がある。

僕自身は、2019年に官僚を辞めた時に、民間企業への転職ではなくて、独立して会社を設立して運営する道を選んだので、急に会社経営ということを考えるようになった。つまり、急に自分の活動と収入が完全に結びつく立場になったので、売上げや利益を意識したり、仕事やパートナーを自分で選んだり、という民間の感覚を習得せざるを得なくなった。そういう立場になってから、国会議員たちを見ていて、官僚時代にはちょっと理解しきれなかった彼ら、彼女らの行動原理が少し理解できるようになった気がしている。

官僚時代は、政策を議論する相手だから国会議員については、どこかで「政治家も自分たちと同じようなものだ」と思っていたところが、僕にもあった。でも、最近は「ああ、この人たちは官僚と違って民間の感覚で動いているんだ」と強く感じるようになった。国民の支持を失い、選挙で負けてしまえば失業するのだ。これは、企業が、市場で商品を選んでもらえなければ、売上げが落ちて倒産するという構図とよく似ている。いや、むしろ選挙一発勝負だから、企業よりも過酷な競争にさらされていると言ってよいだろう。

もちろん、個々の国会議員たちは、この国や社会のことを一生懸命考えていると思う。ただ、政党としての方針は、国会対策委員会とか幹事長室とか政務調査会とか、政党の執行部で決定する。執行部は重鎮の議員がトップを務めているが、この人たちは、企業で言えば経営者みたいなものだ。選挙という市場で、どのくらいシェアを取れるかということを必死に考えている人たちだ。だから、若手の議員が質問通告のルールを変えるべきだというような正論を言っても、執行部は、自分の政党に有利かどうかということを強く意識して判断する。

ブラック霞が関問題の解決のために、各党も官僚からの説明をオンラインで行ったり、政党の会議をペーパーレス化したり、なるべく質問通告を早くしたり、といった改善に取り組んでいる。こうした、与野党のどちらに有利になるかということと、強く関係しない改革は比較的早く進む。一方で、質問通告の時刻の公表やルールの厳格化、官僚の業務をストップさせる質問主意書のルール見直し（国会法に基づいて国会議員が文書で政府に質問を出すと、7日以内で閣議決定をして回答する）、国会へのタブレットPCの持ち込みによるペーパーレス化など本質的な改革は、与野党の利害対立を乗り越えないと、なかなか実現しない。

国会改革はあらゆる制度改正より難しい

僕は、官僚時代から、法律案など様々な政策の意思決定プロセスを当事者として調整してきたが、国会の運営ルールを変えるのは、法律を変えるよりも、もっと難しいことだと感じている。理由は、意思決定のルールが違うからだ。法律は、衆議院と参議院で過半数の国会議員が賛成すれば成立する。予算の議決も同様に過半数の国会議員が賛成すればよい。政策の意思決定は多数決が基本になっている。しかし、国会運営のルールは、基本的に各政党の全会一致で決まる。ゲームのルールの決定を多数派の与党が決めてしまえば、ルール自体がどんどん与党に有利なものになってしまうからだ。

少数意見の尊重や多様性のある議論をすべきということを考えると、政策そのものは過半数の賛成で意思決定するとしても、国会の運営ルールについて全会一致で決めるのがよい、ということは理解できる。

例えば、国会の委員会にタブレットPCを持ち込むとか、そういうことでも国会の運営ルールを変えることについては、一部の野党が反対すれば、なかなか強引に進めることができない。もう少し、大きくとらえると世の中の半分を超える人が賛成するくらいでは、なかなか変わらないということだ。世の中のほとんどの人たちが「今どき、タブレットPCの持ち込みくらい認めるべきだ」「国会だけペーパーレス化が進まないのはおかしい」と思う社会になると、国会でも意思決定ができる。タブレットPCの持ち込みに反対している少数野党も、支持者たちから認めるべきだと言われれば方針を転換せざるを得ない。

国会の運営ルールについては、メディアや多くの国民を巻き込んだ大きな議論をしていかなくてはいけないと思う。そうした国民的な議論を進めながら、国会内でも各党の議論を進めていく必要がある。衆議院と参議院の議院運営委員会という場がそれに当たるので、充実した政策論議と国会や霞が関の効率化を進めるための方策を議論するＷＧ（ワーキンググループ）を作ってほしいと、強く願っている。

自党の利益か、社会の利益か

国会改革については、与野党の利害対立を乗り越えないと成し遂げられないことを述べたが、では与野党の利害対立を乗り越えるためには、何が必要なのだろうか。それは、どの政党も反対できない、大きなビジョンや目的と世論だ。

税金で雇っている官僚たちに無駄な仕事をさせず、効率的に働かせるというのは、社会共通の利益と言える。長い目で見れば、過酷な労働環境の中で、既に始まっているように霞が関の人材流出や採用難の状況が続けば、行政のミスも増え、政策の質も落ちて、支持政党にかかわらずすべての国民にとってよくないことだろう。

これは、与党に有利か、野党に有利かという以前に、社会全体のために必要なことだと僕は思っているけども、そういうことを多くの国民が思うと、与党も野党も真剣に考え始めるはずだ。多くの国民が、霞が関の働き方改革を進めるべきという意見を持っている時に、自党に不利という理由で反対する政党は支持を失うことにつながるからだ。

また、先ほど政党の幹部は民間企業の経営者と同じような立場で、自党の利益を常に考えないといけないと述べたが、それでも大義があれば社会全体のために合意するだけの気概は持っていると僕は信じている。

一番大事なのは、与野党の利害対立をいったん横に置いて、国会が国民のために充実した議論をいかに効率的にするか、という観点からルールづくりを議論していくということだ。もちろん、そうした議論の過程は自党の利益を優先しすぎないか国民やメディアがチェックできるように、透明性を確保して行うべきだ。例えば、会議自体を公開にできなくても、毎回合同で記者会見をするなどの工夫もできるだろう。

行政監視、政策の議論、効率化をすべて進めるために

国会改革は、霞が関の働き方改革の重要な要素であるが、もちろんそのためだけにす

るものではない。霞が関の働き方がよくなるために、国会の機能が落ちては本末転倒だ。行政監視機能をしっかりと果たし、充実した政策の論議をすることと、効率的な運営を両立すべきだ。では、具体的にどのような改革が必要なのだろうか。

僕自身の考えとしては、野党合同ヒアリングについては、不祥事などを野党が追及するテーマがあるなら、国会でそうした問題を専門に扱う特別委員会を立てて議論することを与党側が認めるルールを作るべきだと思う。それなら、政治家同士の議論になるし、野党合同ヒアリングで、上司である与党の政治家からゼロ回答しか許されていない官僚が防波堤になることも不要だ。

質問通告の2日前正午までという期限が守られない背景は、日程闘争政治だ。どんな仕事でも事前にスケジュールが明確になっているから、効率的にできるのだが、国会の委員会の審議日程の決め方はそれとは正反対だ。その都度、委員会日程が、政治的駆け引きの材料になるので、直前まで委員会の日程やテーマが決まらないことも珍しくない。これは、政府が提出する法律案は、政府として閣議決定して国会に提出する前に与党に説明して了承をもらうという慣行（与党の事前審査制という）が原因だ。そして、与党が組織として了承した法案については、所属議員は賛成しなければならないことになっている（党議拘束）のだ。その結果、与党は議会の過半数を構成しているので、政府が法律案を提出した段階で国会議員の半分以上が賛成するのが決まっているということだ。もちろん、法律案について審議はするが、採決すれば成立するということだ。

採決してしまえば、法律が成立するのであれば、その法案に反対の立場の野党としてはどのように対抗するか。与党が進めようとする法律がなるべく成立しないように、できるだけ採決を引き延ばそうと、国会の審議を遅らせるという戦略を取ることになる。野党が反対する法案の審議日程については、委員会日程を決める与野党の理事が「審議は十分尽くしたので次回は採決を」「いや、まだ問題点が明らかになっていない、次回も審議を続けるべきだ」と綱引きを行うので、なかなか委員会日程が決まらない。また、副大臣が委員会に数分遅刻したとか、突っ込まれるような理由が発生すれば、野党が審議拒否をして、様々な政策の議論がストップすることもある。

このような日程をめぐる争いは、全く建設的とは思えない。審議と採決の日程は、国会の冒頭に決めて、政策の中身で戦う国会に変わるべきだと考えている。例えば、ある法案については、採決の前に野党の対案を提示する日を最初から設けるのがよいと思う。野党案の方がよさそうなのに、与党が修正などをせず強引に採決すれば、与党の支持が落ちるような状況を作るのだ。

与党案の方が国民の支持が多ければ、修正に応じず採決すればよい。そうすれば、より納得感のある形で法律はできる。そして、野党の対案をメディアも報じるだろうし、野党の議員の政策立案能力は劇的に上がる。委員会の理事などの先輩議員から、「この法案の対案はあなたがまとめてほしい」と指示を受けた議員は必死に勉強して、恥ずかしくない案をまとめるからだ。こうやって、対案が出てくることによって、国民からすれば、個別の政策の選択肢も見えるし、ひいては野党の政策立案能力が上がれば政権の選択肢も出てくる。

第7章　よい政策をつくるために国民にできること

1　今の政治状況はプロの片思い

官僚は課外活動せよ

僕は、生活者や現場と政策の意思決定の場の距離が遠くなってしまったことに、官僚時代から危機感を持っていた。そうした溝を何とか埋めて政策をよくしたいと思い、本業とは別に二つの課外活動を活発にやっていた。

一つは、プライベートの時間に現場や企業を訪問したり、外部の人との意見交換をしたりといったことだ。最初は、一人で個人的にやっていたのだが、だんだんと僕だけが学ぶのはもったいないと思うようになっていった。また、外部からの頼まれごとも増えてきて、手に余るようになっていった。頼まれごとと言っても、もちろん特別な便宜を図るとかそういうことではない。「こういうことを教えてほしい」とか「こういうことに詳しい人を勉強会に呼びたい」とか、そういうことだ。ある時からは、厚労省の仲間と一緒に活動するようになっていった。

そういう活動をしている時の官僚たちは、みんな目を輝かせているし、僕が退官した後も、そういう活動を自主的にやっている若手も増えてきた。霞が関が忙しすぎて、課外活動がしにくい環境の職員も多いことが悩みではある。僕が霞が関の働き方改革に取り組んでいる大きな理由の一つだ。

二つ目の課外活動は、政策の発信だ。きっかけは、年金だ。僕が厚労省に入って、初めて制度改正の仕事をさせてもらったのは、3年目から4年目にかけて担当した2004年の年金制度改革だ。この時の年金制度改革は、ちょっと難しい言葉だけど「マクロ経済スライド」という仕組みを導入した。

当時から、将来にわたって少子高齢化が進み、年金を払う人がどんどん減って、もらう人がどんどん増えていくことは分かっていた。早めに手を打たないと、年金財政の収支はどんどん悪化し、将来ちゃんとした額の年金がもらえなくなってしまう。でも、保険料を引き上げたり、給付額を抑えたりする法律改正をその都度していたら、どんどん改革が先送りになってしまう。特に、選挙前にはそのような国民に痛みを強いる制度改正は先送りされることが多い。それでは、多くの人が老後安心して暮らせなくなってしまうので、あらかじめ段階的に保険料を引き上げていくプログラムを法律に書き込み、その保険料の総額の範囲内で高齢者への給付を自動的に抑えていく仕組みを導入した(2017年9月に保険料の引き上げは完了し、企業などで働いている人が入っている厚生年金の場合は、賃金の18・3%を労使で折半となっている)。

この制度改正によって、年金は実質的な価値はある程度抑制されるけども、もらえなくなるようなことはなく、安心できると僕も思った。でも、数年後、既に他の部署に異動した後だったが、たまたま国民年金の納付率の発表資料を見たら、納付率が下がっていたことを知り、愕然とした。制度を作る仕事をしていた自分たちは、「これで年金は安心」と思っていたけど、国民は全然そんな風に思っていなかったのだと感じた。

その頃、僕は30歳前後だったけど、同世代のインテリたちも、というよりインテリの人ほど、「どうせ、僕らの世代は年金もらえないからさ」みたいに言うのがカッコイイ雰囲気さえあった。確かに、2004年の年金制度改革の頃の国会審議でも、特に衆議院では年金制度のことを全然取り上げていなかったし、報道も同様だった。国会審議でもニュースでも、やたらとやっていたのは、大臣や国会議員などが昔国民年金未納の時期があったという話と、過去に年金保険料を年金生活者以外の国民にも還元するという目的で行ってきたリゾート施設の建設や融資の事業で出した損失の責任をとれという話ばかりだった。これからの年金制度がどうなっていくか、つまりマクロ経済スライドについて、取り上げられる機会は少なかったし、知っている人も少なかったように思う。

その時、僕は「そうか。法律を変えるということは、難しい仕事ではあるけど、プロの世界で頑張れば、何とかできるものなんだ。でも、もっと難しいのは、制度を使う多くの生活者・国民に理解してもらって、『この制度・法律はいいね』と思ってもらうことなんだ」、そして「そこまでちゃんとやらないと、社会はよくならないんじゃないか」と思った。

でも、第4章に書いたように、当時の役所は国民に政策の内容を伝えるということに真剣に取り組む雰囲気ではなかった。年金の広報資料は、官僚である僕が読んでも難しかったし、年金局の先輩たちの話はもっと難しかった。「僕にとって難しいのだから、政策を仕事としていない多くの人には、もっと難しいに違いない」と思った。

役所が本腰を入れて取り組まないなら、まずは自分でやってみよう。そう思って、当時はやり始めていたブログを個人的に開設して、政策の内容やつくり方などをプロでない人にも分かるように発信する取組を始めた。厚労省と似たようなミッションを掲げて福祉や就労支援などの活動をしているNPOの仲間たちは、当時盛んにブログで発信をしていたので、自分もやってみようと思った。NPOの仲間から、「やるなら、実名と所属を明らかにしてやってほしい。そうでないと、誰も読まない」と言われた。そういうことをやっている官僚がほとんどいなかったので、ちょっと悩んだが、読んでもらわないと意味がないので、思い切って実名・所属付で始めた。10年前のことだ。

ブログを書いて、ツイッターなどで拡散すると、ダイレクトな反応がたくさん届くので、本当に勉強になった。肯定的な反応も届くし、意外な記事のPVが伸びたりして、どういう情報が読み手にとって価値があるのかということが、だんだん分かってきた。肯定的な反応以上に勉強になったのは、匿名の批判的なコメントだ。SNS上では辛辣なコメントも珍しくない。「よかれと思って書いたことでも、僕の立場で書くと、怒る人もいるのか」などとすごく勉強になった。

これらの課外活動は、政策をつくるという官僚としての本業をよくしようと思って、始めたものだけど、実際に自分の本業の力を間違いなく劇的に上げたし、現場や生活者・有権者とのチャネルを持っていることで、自分の霞が関での仕事と社会の関係がクリアになり、官僚の仕事がとても楽しくなった。

こうした活動は、今の霞が関の若手の中でも広がりを見せている。入省数年の若手たちが、省庁の壁を越えて集まり、「ミライの霞が関」という名前のプロジェクトを進めている。ブラック霞が関と呼ばれる省庁の働き方を変えるために、提言をまとめて河野国家公務員制度担当大臣に提案をしていた。また、新しい時代の霞が関のあり方やビジョンを作るために、多様な民間の人たちとの対話も進めている。

今の霞が関のように、自分たちだけで政策をつくる時代ではなく、民間や生活者など多様な人たちとの対話の中で、よい政策をつくっていきたいという思いが表れていると思う。彼らは、活動について発信もしているので、よかったら、インターネットで検索してみてほしい。

霞が関の外に出て気づいた情報格差

２０１９年9月に、僕は厚労省を44歳で退官した。これから先は、自分の得意なことを活かして社会への貢献を最大化するために、時間を自由に使い、仲間を自由に選んだ方がよいとの思いからだった。準備期間を置いて、２０２０年1月に株式会社千正組という自分の会社を立ち上げて本格的に活動を始めたが、活動の柱は三つだ。

一つは、政策そのものに貢献する活動だ。内閣府や環境省の有識者会議の委員をやったり、民間団体の政策提言の委員会に入ったりしている。また、正式な肩書をもらうケース以外にも、国会議員や地方議員、霞が関などにアドバイスを求められれば、意見交換などを続けている。これは、現役の官僚だった頃の活動に近いけども、今の自分の自由な立場の活動で新たに知ったことを、政策をつくる人たちに還元しているような活動だ。

二つ目は、政策コンサルティングの活動だ。霞が関時代から、課外活動で外部に仲間はたくさんいたので、何かを教えてほしいとか、色んな相談を個人的に受けることはあったけども、そういうことを独立した立場で、ちゃんと仕事としてやるようになった。企業やNPOなどの民間団体が、政策との連携や公的な機関とのコミュニケーションを取る時の、ノウハウを提供している。

ここで、強く感じるのは、大きな情報格差だ。日本では、これまで政策をつくるという仕事を霞が関が独占してきたので、民間には政策をつくるノウハウやプロセスを熟知した人が本当に少ない。政策の種は、常に霞が関ではなく、人の生活や事業活動の現場にあるものだ。だから、民間の人が政策の内容やつくり方を理解しやすくなり、上手に政治家や官僚に伝わるように話すことができれば、もっと政策はよくなるはずだ。

三つ目は、政策の内容やつくり方を多くの方に広く伝えるという活動だ。政策コンサルティングの仕事をしている中で、政策についての官民の大きな情報格差に触れた結果、個別のきめ細やかなコンサルティングはもちろん大事だけど、それだけでは、関われる人やプロジェクトも限られるということに気づいた。それでは、自由な立場になって、社会への貢献を最大化しようという独立した当初の目的が達せられない。

そこで、政策をつくるプロセスなどのノウハウ、考えないといけない社会全体への視点、政治家や官僚に伝わりやすい説明方法などを、もう少し広く知ってもらいたいという気持ちが湧いてきた。そして、それは政策との連携について、仕事として関わっている人たち向けにも必要なことだけど、もっと広く生活者・国民向けに広げないといけないと思うようになった。よい政策を実現するためには、多くの人に「その政策はいいね」と思ってもらう状況がないと実現しないからだ。

政策というのは、決して政策づくりそのものを仕事にしている政治家や官僚だけのものではないし、制度から強い影響を受ける企業や民間団体のものでもない。生活者一人ひとりの支持があって、初めて結実する。

プロの悲しい片思い

僕は、官僚時代はもちろん、今も色々な政治家や官僚とフランクに対話を続けているが、政治家も官僚も、実際にはよい政策をつくって国民の生活をよくしたいという思いを持っている人が多い。ただ、正解が分からなくなっていると感じる。どこに、どんな課題を抱えている人がいるのか、どういう政策をつくったら解決できるのか。そして、国民がどう思っているか、そんなことを知りたいと強く思っている。

第3章で指摘した支持率至上主義も、それ自体は、国民が望む政策をつくろうということだから、本来は望ましいことのはずだ。一方で、国民には、政治家や官僚たちが、そんな風に思っているということが届いていないのではないだろうか。政治家や官僚がニュースなどで話題になる時は、失言、接待、忖度、不祥事など悪い話が多いので、よいイメージを持っていない方もいるかもしれない。ただ、ニュースになるということは、その話が珍しい話だからニュースになるのであって、当たり前の話はニュースにならないものだ。

この政治状況は、まるで政治家や官僚たちといった政策をつくるプロの人たちが、国民の声を聞きたがっているのに、国民は気づいていない悲しい片思いのような状況に、僕には見える。

せっかく、「どうやったら国民の人気が出るか」ということを考えて、意思決定権者が政策を決めるように変わってきたのだから、国民が政治家や官僚を信用して上手に声を届けることができるようになれば、この国の政策はもっとよくなるはずだ。本当に困っている人が救われるような政策ができるようになり、新しいビジネスを広げようとする企業活動も活発になり、経済や雇用もよくなる。そんな、政策ができあがる環境を目指していきたい。

でも、政治家や官僚も、誰の声をどう聴いたら正解か分からなくなっているし、国民の側も、どうやって政策の決定に関わったらよいか、誰にどんな声を届けたらよいか、分からないのではないだろうか。だから、両者をつなぐ回路が必要なのだと、強く思う。国会議員や官僚たちにも、もっと顔の見える存在になってもらって、国民にもっと自らの活動や政策について発信を頑張ってほしいと思うが、僕たち有権者の側からはどのようなアプローチができるだろうか。次節以降に紹介してみたい。

2　政治家を知るために

選挙と選挙の間が大事

国民と政治家をつなぐ最も強い回路は、言うまでもなく選挙である。代表者を選ぶ選挙はもちろん大事なことだけど、衆議院議員の任期は4年だし、参議院議員の任期は6年と長い。そして、選択肢がすごく多いわけではない。

実は、選挙と選挙の間には、無数の政策をつくるための意思決定プロセスがある。この意思決定プロセスに、生活者の声が届くようになることが、よい政策ができるためにも必要だと思う。そうでなければ、選挙のたびによい候補者を選んでも、よい政策はできないからだ。

２０１６年6月から、選挙権の年齢が20歳から18歳に引き下げられたが、若者の低い投票率を上げようと発信する人たちもいる。もちろん、若者の投票率は高い方がよいと思うが、若者に選挙に行けということを言っても、あまり効果がないように思う。それ以上に大事なことは、政治家や官僚が何をやっているかを知ることができ、自分が声を上げれば政治家や官僚が真剣に考えてくれるという経験ではないかと思う。政策の意思決定の中での自己効力感が高まれば、より政治や政策に関心が高まるだろうし、その結果として投票率も上がると思う。そして、そういう順番の方が健全だとも思う。

好きな政治家をつくる

まずは、好きな政治家をつくることから始めてはどうだろうか。きっかけは、テレビでも新聞でも何でもよいと思うけども、考え方や主張、関心分野が自分に近い政治家を見つけたら、ツイッターをフォローしてみてほしい。最初のきっかけは、面白いでも、何か気になるでもよいと思う。

第５章に詳しく書いたが、７割を超える国会議員はツイッターをやっている。国会議員は、ツイッターで日々の活動を報告したり、自分の考えを発信したりしている。中にはブログで詳しく発信している人もいる。また、ＨＰなどを見ると、プロフィールやその人が政治を志した理由なども掲載されている。そうやって、より深く国会議員の発信に触れる中で、メディアで見る政治家のイメージと違う地道な活動や人柄を知ることができると思う。できれば、何人かファンを見つけてみてほしいと思う。そういう好きな政治家の発信という窓から、日々国会議員が何をしているか、だんだん分かってくると思う。

また、ツイッターをやっている政治家は、自分が発信した内容に対するフォロワーのリアクションを結構気にしているので、「いいね！」をつけたり、返信やリツイートなどをしたりするとよいと思う。中には、あなたの返信に「いいね！」をつけてくれる政治家もいる。

気になる政治家が見つかって、政治家の活動について関心を持ってみたら、自分の選挙区の政治家も探してみてほしい。「衆議院小選挙区」＋「〇〇市（自分の住んでいる自治体の名前）」で検索すると、自分の住んでいる地域の選挙区と、その選挙区の過去の投票結果などの情報が得られ、地元の衆議院議員が誰か分かる。小選挙区での当選は1人だが、比例復活でもう1人選出されているケースもある。参議院の場合は、選挙区は都道府県なので、「参議院」＋「〇〇県選挙区」で検索すると、同じように地元の参議院議員が分かる。参議院は3年ごとに半数改選なので、人口の少ない県でも2人は地元選出の議員がいる。人口の多い県なら、選挙区の定数が多くなるので地元選出の議員の数も増える。

国会議員のHPには、問合せフォームが設けられていたり、地元の事務所の住所や連絡先が書いてあったりすることが多い。どうしても、直接伝えたいことがあれば、こうした連絡先に連絡することもできる。選挙区の有権者からのメッセージであれば、少なくとも目は通すと思う。

3　政治家や官僚と国民をつなぐ新しいプラットフォーム

自力で政治家との回路をつなげようとすると、前節のような動きをしていく必要があるが、忙しい人にとっては、あちこちに散らばっている情報を見つけて、つながる先の政治家を見つけてアクセスするのは、結構大変だ。こうした活動のハードルを下げて、多くの人と政策のプロをつなげるためのプラットフォームを若い世代の人たちが中心となって作り始めているので、以下に紹介したい。

国会議員の政策づくりを応援する（PoliPoli）

PoliPoli（ポリポリ）は、伊藤和真さんという20代前半のいわゆるZ世代の方が、慶應大学の1年生だった2018年に立ち上げたデジタルプラットフォームだ。PoliPoliのサイトでは、孤独担当大臣の設置、コロナに対応する看護職の慰労金、ヤングケアラー支援、こども宅食、不妊治療・不育症の支援、同性婚を認める法律、新しいテクノロジー活用のための規制緩和といったように、生活者に身近な政策や企業活動の活性化などのテーマごとに、政策の目標、進め方、必要性、その政策を進めようとする国会議員の活動などを見ることができる。

関心の高い政策が見つかった一般のユーザーは、その政策の実現に向けて活動している国会議員に応援メッセージを送ったり、意見をコメントしたり、直接会って意見交換をすることもできる。政治家の側は、そのような一般のユーザーとの対話をしながら、国会質問、政党内での議論、政府への働きかけなどの活動を進める。そして、その政策実現に向けた具体的な活動や、達成状況について分かりやすく情報をまとめている。

また、一般のユーザーから、実現してほしい政策をプラットフォーム上で提案することもできる。その課題を解決すべきだと思う政治家が、「私がこの政策を進めます」と、取り上げることによって、新しい政策づくりにつなげる仕組みもある。

マスメディアで報道される国会議員の情報は、不祥事などイメージの悪いものも多い。実際には、国民のための政策実現に日々活動しているが、そうした地道な活動はなかなか報道されない。こうしたデジタルプラットフォームを見てみると、本来の政治家の役割や活動を知ることができるので、国会議員へのイメージも大分変わるのではないかと思う。色々な国会議員が参加しているので、自分と考え方の近い国会議員も見つかるだろう。PoliPoliは、特定の政党に偏らずに、色々な政党の国会議員が参加しているところもフラットでよいと思う。ぜひ、ファンの政治家を見つけていただければと思う。

そして、何より、自分たちの生活やビジネスと政治・政策がどのように結びついているのかを知ることができる。ちゃんと政策をつくる立場の国会議員が、耳を傾けてくれて、実現に向けて動いてくれる様子が見られるので、利用者（有権者）にとっては、「声を届けることは無駄ではない」という自己効力感を得られると思う。単に、若者に投票に行けというより、小さな自己効力感を持ってもらうことの方が、政治参加の促進には有効なはずだ。

PoliPoliを利用する国会議員としても、業界団体などの中間組織が介在しなくても、生の生活者や若者の声を直接聞くことができるし、自らが取り組むべき政策課題のヒントをもらえる。そして、自分の活動についてのフィードバックもダイレクトにもらえるので、励みになる。よい政策をつくる政治家を育てるという価値もある。

僕自身も伊藤さんからご依頼をいただいて、PoliPoliの有識者メンバーとして、国会議員が進めている政策についてコメントなどをしている。ぜひ、多くの人に「PoliPoli」で検索してサイトを訪問してみていただきたいし、多くの国会議員に活用してもらいたいサービスだ。

くらしの悩みごとを政策で解決する（issues）

くらしの悩みごとを解決するために、生活者と地方議員をつなぐデジタルプラットフォーム issues（イシューズ）を立ち上げたのは、廣田達宣さんという30代前半の方だ。大学卒業と同時に教育ＩＴベンチャーを創業し、ＮＰＯでの勤務経験を経て、２０１８年に issues 運営会社を立ち上げ、２０１９年3月にサービスを開始している。僕は、廣田さんとは２０１９年から霞が関の働き方改革に一緒に取り組んできた。具体的な改革の方法、政策のつくり方、国会議員や官僚とのコミュニケーションについては、廣田さんは僕から色々と吸収してくれているけど、企業経営者としては彼の方が大先輩なので、会社経営については僕がいつも教えてもらっている。世代を超えた仲間であり友人だ。

名前（本名）や住んでいる地域を特定するための郵便番号などを入力して、ユーザー登録をし、「保育・幼児教育・子育て」「学校教育・青少年育成」「高齢者福祉・介護」「経済・産業」「防災・安全対策」「清掃・環境・自然」「文化・観光・スポーツ」などissuesが設定した12の分野から、関心のあるものを選び、その中の具体的な困りごとのテーマに参加する流れだ。例えば、「小学校の欠席届をオンライン化してほしい」「小学校のプリント連絡をオンライン化してほしい」「学童保育に通わせる親が長期休みに手作り弁当を用意する負担を減らしてほしい」「公園での飲酒・喫煙を禁止してほしい」といった、極めて生活に密着した具体的なテーマがたくさん出てくる。

issuesの面白いところは、そのテーマの背景や賛否の論拠について、ポイントが示されているところだ。例えば、「公園での飲酒・喫煙を禁止してほしい」というテーマでは、通行人に絡む、大声で叫ぶ、喧嘩をするなど酒に酔った人のマナーが非常に悪く、安心して公園を利用できないといった問題が解決できるというメリットが記載されている。一方、お花見やバーベキューなどの日本文化が廃れ、公園に人が集まらなくなる可能性がある、といったようにデメリットも記載されている。これを踏まえて、ユーザーは関心の高いテーマについて「賛成」「反対」の意見を選び、そのテーマに関する体験談を登録すると、地元の議員（現在は市区町村の議員向け）に要望が届く仕組みとなっている。議員は、自分の選挙区の地域の課題を解決したいという有権者の声を聞くことができるので、解決に向けて動くモチベーションが高くなる。

要望を受けて、解決に向けて活動をする議員から、登録したユーザーに対して、「議会で提案してみます」「議会で質問したところ、○○でした」などとメッセージが届く仕組みだ。身近な困りごとを地元の議員に伝えて、実際に議員が動いてくれるということが分かり、有権者は自己効力感が得られる。また、住民の役に立ちたいと思っている議員としても、具体的にどのような課題を解決すればよいか分かるし、解決するための政策を当事者と対話しながら作っていくことができる。もちろん、その過程で有権者からの支持も得られるだろう。

みんなでルールをつくる場づくり（Pnika）

世の中には様々な規制があり、ビジネスにせよ社会的な活動にせよ、何か新しい発想を用いたり、新しいテクノロジーを活用したりして、これまでにない事業活動を始めた時に、既存の規制にぶつかることがある。

例えば、医薬品には医師の処方箋がないと買えない「医療用医薬品」と、医師の処方箋がなくても薬局で買える「一般用医薬品」の2種類がある。つまり、一般用医薬品というのは我々がドラッグストアに行って買うような医薬品であるが、この一般用医薬品について、かつては対面販売を前提とする規制があった。しかし、ネット通販が発達してきた時に、医薬品の販売規制との関係が大きな問題となった（今では一定のルールの下でネット販売が認められている）。このように、新しいビジネスと既存の規制の衝突というのは、様々な領域で起こっているし、これからもどんどん増えていくだろう。

小泉政権くらいから、よく言われていたのは、規制は既存のプレイヤーの既得権益を守るためのもので、そうした岩盤規制を壊して、ビジネスを活性化する必要があるという言説だ。政府内では、規制改革推進会議や国家戦略特区など内閣府にこうした新しいビジネスを進めるために、規制を改革するためのチームができている。

と言っても、内閣府に規制を変える権限はないので、内閣府から権限を持つ省庁（例えば医薬品規制なら厚労省）に規制緩和を強く働きかけることになる。これらは、ビジネスサイドの要望を受けて、各省庁の岩盤規制を打ち破っていこうという流れである。規制緩和を迫られる省庁の立場からすると、規制の目的（医薬品の販売規制であれば、「（副反応のある）医薬品を適切かつ安全に使ってもらう」ということ）よりも、ビジネスサイドから激しく文句を言われる感じにどうしてもなるので、霞が関内部でも、規制改革推進会議vs規制官庁という構図になる。僕自身は、そう思ってはいなかったが、「規制改革推進会議は敵だ」とハッキリ言う先輩もいた。

僕自身は、厚労省という多くの規制を所管している官庁で長く働いてきたが、こうした既得権益や岩盤規制を打ち破るべきだという考え方は、正直もう古いと思っている。政府内でそのような考え方を強く持っているのは経産官僚であるが、「岩盤規制」という言葉を好んで使うのは、50歳くらいより上の世代の人たちだ。僕と同世代以下の経産官僚から、岩盤規制の打破などという言葉はほとんど聞いたことがない。規制というのは事業者と消費者の双方が納得いく合理的なルールを作るべきであって、対立構造の中で論破した方の意見が通るというような意思決定プロセスはよくないということは、ビジネスの振興を本業としている人たちも気づいているのだろうと思う。例えば、2013年に僕が立案を担当した再生医療という新しい技術についての規制は、経産省とケンカしながらではなく、同じ方向を向いて作ったので、うまくいった。

どんな規制も、それが出来上がった時は合理性を持っているものだ。しかし、技術が進歩したり、社会が変わったりすれば、実態に合わなくなる時が必ず来る。その時に、どのように現在の社会に合った規制を作っていくか、あるいは将来も見据えた規制を作っていくか、という考え方がとても大切だと強く思う。むしろ、単なる規制緩和を行った結果、安全性をおろそかにした事業者が事故などを起こせば、消費者にも大きな損害が出るし、そのビジネス全体が止まってしまうこともある。例えば、自動運転が社会に迅速に実装されるためには、事故を起こさない形で開発や実用化が必要なのだ。どこかで事故が起こったりすれば、国民は不安になり自動運転に対する信頼性が大きく損なわれる。そうならないためには、新しいビジネスを行う人たちやユーザーと、規制を作る人たちの相互理解と対話が必要不可欠だ。

まさに、そういう考え方でルールメイキングに向けたプラットフォームを作っているのが「Pnika」という団体だ。新しいビジネスをやろうとする「イノベーター」が、政策担当者、専門家、市民とつながり、協働でルールを作ろうという試みだ。隅屋《すみや》輝佳《てるか》さんという若手の方が代表をしていて、プラットフォーム開発のエンジニア、弁護士、行政書士などと一緒に運営している。確か、僕がまだ厚労省にいた頃に、人づてに隅屋さんを紹介されて相談というか意見交換をしたことがある。「こういうことを始めたい」というので、お話を聞いたのだが、とても共感して、それ以来応援している。

一つの例を挙げると、近年テントサウナやトレーラー型の移動式サウナを使って、アウトドアサウナのイベントが流行してきている。例えば、屋外でサウナに入って、その後川や湖に入る、といった爽快感のあるイベントを開催している。これが、単発のイベントであればよいのだが、繰り返しこういったイベントを開催しようとすると、いわゆる「業として」実施しているものと解釈されて、公衆浴場法という法律の規制対象となり、都道府県知事（担当は保健所）の許可が必要となる。公衆浴場法というのは、不特定多数が入浴する施設について衛生や風紀の基準を義務づける法律で、銭湯や健康ランドなどを開設するためには、都道府県が条例で定めた基準を守って許可を得る必要がある。この規制は、多くの人が集まって入浴する施設が不衛生だと、感染症が広まるリスクが高くなるので、事業者に一定の基準を守ってもらうということだ。

また、風紀を乱さないように、混浴が認められないとか、男女別の更衣室を設けるとか、そういう基準もある。その目的は、大切なことではあるが、今の基準は銭湯や健康ランドなどの恒久的に設置する施設を想定しているので、排水設備が必要など屋外に設置する組み立て式のサウナテントやトレーラー型の移動式サウナの場合に、合わない基準が色々とあり、実際には許可を得るのが難しいという課題がある。法律の目的を、アウトドアサウナの事業者や行政関係者、専門家、ユーザーなどが理解しながら、また衛生や風紀を守りながら、アウトドアサウナを楽しめるルール、オープンに議論する場をつくるなどの取組をしている。

このように、新しい技術や価値観によって、既存の規制が想定していない事業は、これからどんどん増えていくので、規制する側と事業者、ユーザーが専門家の知恵を借りながら、対話を進めて一緒にルールを作っていく取組は、非常に重要だ。

ミレニアル世代の新しい「公」のプラットフォーム（Public Meets Innovation）

具体的なルールメイキングよりも、もう少し射程を広げて、法制度、社会規範、倫理、文化も含めて、社会のあり方といった大きな新しいビジョンと社会をかえる手法や、人材育成をオープンな形で進めているのが「Public Meets Innovation（ＰＭＩ）」という団体だ。代表は石山アンジュさんという30代前半の方だ。シェアリングエコノミー協会の事務局長も務めていて、「シェアガール」と名乗ってシェアリングエコノミーの普及に取り組んでいたり、メディアに出たりもしている方なので、見たことがある読者もいるかもしれない。

新しい形の「公」を作っていきたいと考える官僚、弁護士、ロビイストや新しい事業を展開するイノベーターなどが集まって、将来の日本のあり方を議論し、レポートをまとめて発表している。ＰＭＩの特徴は、代表の石山さんもそうだが、ミレニアル世代のシンクタンク・コミュニティということだ。ミレニアル世代というのは、１９８１年から１９９６年に生まれた人たちの世代を指す言葉で、デジタルネイティブ、価値観が多様、安定より自由と成長、物欲より経験欲といった特徴があるとされているが、こういう世代の方々がセクターを超えてオープンに議論・提言をしているところにＰＭＩの価値があると感じている。

僕は、ミレニアル世代よりもひと世代上の１９７５年生まれだ。昭和の名残も十分記憶に残っていて、小学校低学年の頃にファミコンが出てきて、大学生の頃に携帯電話やインターネットを使い始めた、そんな世代だ。日本社会の伝統的な企業や組織の多くがそうであるように、年功序列の縦社会の官僚組織で育ってきたし、学生時代も部活中心の生活をしていたので、年長者を敬う縦社会の感覚も持ってはいる。

ただ、僕自身は、世の中の慣習に従うことよりも、課題を解決するためにはどうしたらよいかということをいつも考えてきたので、組織のあり方や政策を変えないといけない時に、年功序列の縦社会は高い障壁になるということも強く感じている。どうしても、変革のハードルが高い組織構造なのだ。例えば、コロナの流行もあってテレワークを始めよう、オンライン会議を始めようという時に、一番変えることが大変なのは、長く昔のやり方をしてきた人たちであり、その人たちが意思決定権を持っている組織はなかなか改革が進みにくい。官僚組織に限らず、歴史のある大きな組織に共通した問題だと思う。

これからの日本社会が進むべき方向性を考えた時に、やはり若い人たちの感覚が一番未来に近いと思うし、新しいテクノロジーへの対応力も若い人の方が強い。僕自身も、長く社会に貢献できるように、なるべく新しいものに触れようとしてはいる。ただ、昭和を知っている自分は、どうしても勝てないと感じることがある。若い人たちは自分の知らないことを知っている、自分が感じないことを感じる人たちなので、色んなことを教えてくれる自分が学ぶべき存在だと、いつも思っている。ありがたいことに、僕は若い人たちから意見交換を求められたり、相談を受けたりすることもあるし、年配の偉い人たちにも、色々なお願いを聞いていただくことが多い。世代を超えて、社会を創っていくための翻訳や触媒の役割も果たさなければという気持ちが、日々強くなっている。

さて、そんなＰＭＩの若い人たちが指し示してくれる未来の方向性の例を一つ紹介しよう。２０２１年４月にＰＭＩは、新しい家族のあり方と社会のあり方を提示する政策提言書を発表した。「昭和平成の家族モデルを超えた、多様な幸せを支える社会のかたち」というタイトルだ。

提言には、ミレニアル世代の人たちの価値観が大いに反映されている。戦後の日本が象徴として描いてきた「家族のかたち」と、個人が求める幸福の形とのズレが生じているという問題意識に端を発している。①政策、②テクノロジー、③文化・社会規範の３つの切り口から分析と検討を重ねて、より多様な家族モデルを認めるべきとして、そのための政策のアイディアを提示している。

僕も、ＰＭＩの方々から依頼を受けて、提言書について意見交換をさせていただいた。家族という難しいテーマを取り扱っているが、イデオロギーにしばられることなく、一人ひとりの幸せに着目した、明るく、しなやかな方ばかりだ。僕からは、日本の生活保障の変遷の歴史をお話しし、家族は単体で存在しているわけではないので、多様な家族を支えるための人のつながり、コミュニティ、支え合いを再生していくことの重要性についてお話をさせていただいた。

ＰＭＩは、有識者との対話だけでなく、提言書を公開して、広く具体的なアイディアを募集し、行政や関係機関に届ける活動にも取り組んでいる。「Public Meets Innovation」のＨＰやツイッターなどを一度訪問して見てほしい。関心を持たれたら、アイディアを投稿したり、イベントに参加しては、いかがだろうか。

政策起業家を育成するプラットフォーム（ＰＥＰ）

「政策起業家」という耳慣れない言葉を聞いたことがあるだろうか。提唱し始めたのは、朝日新聞の主筆だった船橋洋一さんだ。船橋さんは、日本にも政策シンクタンクを根づかせたいという思いで「アジア・パシフィック・イニシアチブ（ＡＰＩ）」という団体を立ち上げた。そのＡＰＩが中心となった政策起業家のコミュニティがＰＥＰだ。ＰＥＰはPolicy Entrepreneur's Platform（政策起業家プラットフォーム）の略だ。

官僚や政治家だけでは解決できない複雑な政策課題に対応するために、政・官・民・学・ＮＧＯ／ＮＰＯ等が垣根を超えて協力して政策づくりや政府の刷新を目指しているが、その担い手たちを「政策起業家」と呼んでいる。だから、政策起業家の中には、政治家や官僚もいるし、弁護士もいるし、現場の実践から政策提言をするＮＧＯ／ＮＰＯ

の人もいる。コンサルタント、企業経営者、研究者、ジャーナリスト、デジタルの専門家などもいるし、官僚から民間の立場になってセクター横断的に政策づくりに取り組んでいる人もいる。

こちらのプラットフォームは、先ほどのPMIと比べると、もう少し上の40代くらいを中心に、第一線で活躍している人たちが多い。2020年7月には、PEPの設立記念のシンポジウムが開催された。政策起業の必要性や、データとテクノロジーと国家、官民連携のあり方、ポストコロナの教育、政策の未来とメディアなど、幅広いテーマで議論が展開された。

このシンポジウムには、僕もセッションに登壇させていただいた。「政策のラスト・ワンマイル：政策アウトリーチ」というテーマだ。福祉など困っている人を支援するための政策をつくっても、困っている人ほど、支援情報を把握して窓口に来ることは難しい。伝統的に福祉行政は、申請主義といって、困っている人が窓口に来て申請をしたら支援をするという手法をとってきた。家族や地域など人のつながりが濃かった昭和の時代なら、それでも周囲の世話焼きの人たちが役所に連れてきてくれたけど、今は困っている人が同時に人のつながりを失い、孤立しているケースも多い。そういう人たちに、せっかくつくった政策をどう届けるかというテーマだ。

政策をつくる現場である霞が関で長く働きながら、自分の仕事がどう現場の支援者や生活者に届いているかが分からないという悩みを解決するために、現場訪問をライフワークとしてきた僕は、こういう地道なテーマがとても大事だと思っている。

このセッションは、官民をまたにかけて活躍している一般社団法人RCF代表の藤沢烈さんがモデレータをやっていたが、パネリストは官僚出身の僕、困っている人を救う活動をしながら政策提言にも取り組んでいるNPOの駒崎弘樹さん（認定NPO法人フローレンス代表理事）、渡辺由美子さん（NPO法人キッズドア代表）、そして参議院議員の山本香苗さん。それぞれ、立場は異なるけれど、困っている人を救うための政策を進めるために、セクターを超えて取り組んできた人たちだ。もちろん、僕は官僚から見える景色を率直にお話したのだけれど、同じ問題について、立っている場所や役割が違うとここまで見え方が違うのかと、改めて僕自身も勉強になった。2021年10月に開催された「PEPサミット2021」にも登壇させていただいた。

こうしたイベントを開催したり、興味深い論考も発表しているので、関心のある方はぜひチェックしていただければと思う。政治家や官僚以外の立場で政策づくりに取り組んだり、セクターを超えてオープンな形で政策を考えたりする政治家や官僚が増えていくことを望んでいる。

4　政策のプロセスの見える化

永田町や霞が関は自律的に変えられない

本書や前作『ブラック霞が関』でも述べてきたように、この国の政策をよくするためには、政策をつくる現場である永田町や霞が関の働き方改革などの効率化を進めて、官僚や政治家といった政策を実際につくるプロが、民間からよいインプットを受け、落ち着いて政策を考えられる時間と環境をつくることが必要不可欠だ。政治家や官僚が、国民へ政策の意図や中身を伝える力を向上することも必要だ。

ただ、永田町や霞が関のような公的部門は、自律的に改革するのが非常に難しい。これは、政治家や官僚が悪いとか、やる気がないということとは少し違う。民間から人材を登用することは大事だが、それだけで改革がすぐに進むわけでもない。公的部門の構造の問題だからだ。

どの組織でも、改革を進めようとすると、変化を好まない人たちの反対にぶつかると思う。それでも民間企業の場合は、まだ自社の売上げや利益の変化や見通しによって、組織が変わっていかないといけないという目標を共有することを、自律的にしやすいと思う。数字による統治が機能する世界だ。

一方で、公的部門には倒産がない。「うらやましい」と思う人もいるかもしれないが、裏を返すと、民間企業と異なり、数字による統治が機能しにくいので、危機感を共有し、改革していこうとするのが難しい。また、改革のためには、ルールや組織の見直し（法律改正など）や費用負担（予算）といった手段も必要となるが、これらも自分たちの組織だけで意思決定ができない。

では、どうやって公的部門は変わっていくかというと、外圧だ。政治家も官僚も（というか民間でもこれは同じと思うが）、旧来の仕事のやり方に慣れている年輩の偉い人たちは、仕事のやり方を変えるハードルがどうしても高くなる。倒産がないので、「このままだと、経営が存続できません」という危機感が共有されることはない。公的部門にとって、最も大きな改革のエンジンは「改革を進めないと国民の理解と支持が得られません」という外圧だ。まさに、民主的統治というやつだ。だから、永田町や霞が関を変えるためには、絶対に国民の力が必要となる。

永田町や霞が関だけでなく

しかし、永田町や霞が関だけが変わっても、それだけではまだ足りない。解決が必要な課題や新しい解決策のアイディアは、常に人の生活、現場、企業活動の中にあるので、誰かがちゃんと情報やアイディアを分かりやすくまとめて、政策担当者に届けることが必要不可欠だからだ。

かつてのように、中間組織や大手メディアに任せておけば、この国で暮らす人の大部分の実態や意見が、永田町や霞が関に届く時代ではない。国民の生活や価値観、企業活動が多様化する中で、従来型の中間組織や大手メディアを通じて、そうした情報やアイディアが集約されて永田町や霞が関に届くのは、もう無理だ。

だから、既存の中間組織を再興したり、新しい団体を作ったりして、情報やアイディアをまとめて永田町や霞が関に届ける活動も、もっと活発になってほしいし、もっと言うと、組織化されていない一般の生活者の声も届ける必要がある。そのためのコストを下げる仕掛けが、本章3で紹介した、若い人たちが作っている新しいプラットフォームだ。

こうした新しいプラットフォームには、僕自身も大きな期待を持っているし、作っている人たちは、力があって、かつ、社会や政策をよくしたいという思いを持っている素敵な人たちばかりだ。僕も応援しているし、多くの方に参加してほしいと思っている。

民間や国民のための教科書を

新しいプラットフォームを若い人たちが作っていることは、大きな希望と思うが、もう一つ大事なことは、本章１に書いた官民の政策のつくり方に関する情報格差の問題をどう埋めていくかだと思う。もちろん、政府や各党の政策の検討プロセスや、政策を考えるためのデータや情報などを、もっとオープンにしていくことは大事だろう。ただ、情報が見られるようになっただけでは、まだ足らなくて、そうした情報をちゃんと読み取ることができて、政策をつくるメカニズムを理解する人を、民間や市民の側にもっと増やしていく必要があると強く感じる。

霞が関が政策をつくる機能を独占してきた歴史と年功序列の終身雇用の慣行の中で、民間で政策のプロセスを熟知している人は、本当に少ない。霞が関から民間に転職する人は、近年増えているけど、若手のうちに転職した場合は、政策のプロセスの深いところまでは、なかなか体験できていないケースが多いと思う。

官民交流、中途採用や、いわゆるリボルビングドア（いったん官僚を辞めた人が民間で経験を積んだ後、再び霞が関に戻ってくるケース）といった、官と民の両方を経験する人が増えていくことは、歓迎すべきとも思う。ただ、こういう人たちが活躍するためにも、官と民の立場・言語・仕事のルールなどの違いを理解してもらうことが大事だ。

僕は、厚労省を退官してからの2年間、伝える活動やコンサルティングなどの活動で、政策に関わる活動をしている民間の方と接してきた。多くの方が言うのは、政策情報の読み解き方やプロセスを学びたいのだけど、よいコンテンツがないということだ。いわゆるロビイングについて書かれた本もあるけど、ロビイングに成功した人のケースが書いてあるものも多く、必ずしも体系的に学べるものではないという声もよく聞く。

誰かのケースを色々な方が学べるのは有意義なことと思いつつ、体系的に学べる教科書のようなものがない状況は課題だなと、強く感じた。政治学や行政学の教科書というのもあるが、学術書は政策に関心を持つ民間の方や市民向けに書かれているわけではないので、ちょっと取っつきにくいし、実践的でもない。政策をよくするためには、政策のプロセスを体系的に学べる教科書のようなものが、必要なのは間違いない。それがないのであれば、作ろうと僕は思った。

実は、そういう構想は、2020年の後半くらいからあったのだけど、自分自身の様々な活動が忙しくて、自分一人ではそれを実現できずにいた。自分がよく知っていることでも、詳しくない人がちゃんと学べるようにまとめるには、細かいファクトの整理、情報の体系化、伝える相手に分かりやすい見せ方の工夫など相当の時間と労力がかかるからだ。そして、僕の活動はむしろ徐々に忙しくなっていった。そんな中で、2021年4月に僕の経営する株式会社千正組に、厚労省の後輩だった西川貴清が加入した。彼は、厚労省に入る前に新聞記者をやっていたというちょっと変わった経歴の持ち主だ。政策をつくるというみんなのために大事な仕事のメカニズムがなかなか見えにくいということに問題意識を感じて、自ら政策づくりの現場に身を投じた人だ。

西川が入社して、しばらく一緒にプランを練って、2021年6月から、「政策人材のための教科書」という定期購読マガジンをｎｏｔｅでスタートした。例えば、予算ができあがるプロセスやスケジュールを分かりやすく示して、その時々に政府内や政治の現場で誰が動いているか、それぞれの人にどのようにコミュニケーションを取って行ったらよいか、分かりやすく伝えるためのコツはなにか、など政策をつくる側の事情なども交えながら、民間や市民の立場で学んでほしい5W1Hをまとめている。無料部分だけでも、色々なヒントが得られる構成にしているので、関心のある方は検索してもらえると嬉しい。

こうした内容を、より多くの人に学んでもらえるように、今後講座などの展開もしていくつもりだ。企業や民間団体で政策や行政に関わる仕事をしている方、公務員や議員など政策をつくる仕事の方、将来、政策をつくる仕事をしたい方、政策について高い関心を持たれているすべての方に向けて、もっと体系立った知識を学べる場を増やしていきたい。

おわりに

2021年10月4日、自民党総裁選で勝利した岸田文雄衆議院議員が内閣総理大臣に任命され、岸田内閣が発足しました。間を置かずに衆議院は解散され、10月31日の衆議院選挙で与党は過半数を占め、11月10日に第2次岸田内閣がスタートしました。

岸田さんが、総裁選以来アピールしているのは「聞く力」です。首相として初めて臨んだ国会での所信表明演説でも、「国民に納得感を持ってもらえる丁寧な説明」「国民の声を真摯に受け止め、かたちにする、信頼と共感を得られる政治」「国民の皆さんとの丁寧な対話を大切にしていきます」と、国民の声を聞くことや丁寧な説明・対話を強調しました。

これは、安倍政権や菅政権に欠けていた人の意見を聴く姿勢や国民への丁寧な説明を改めていこうという気持ちの表れに見えます。本書では、安倍政権や菅政権で、このような姿勢が見られなかった状況を示しました。そして、なぜ人の意見を聴いたり、丁寧な説明をしたりしてこなかったのかという構造を紐解いてきました。この構造を変えられるかどうか、岸田さんの言うように、本当に国民の声を聞いて、丁寧な説明・対話を経て、納得感のある政策決定をしていけるかどうかが鍵なのです。

しかし、岸田さん一人の力では、これは実現できません。霞が関の改革や国会の改革も必要です。そして、何より大切なのは、声を届ける国民の側が、ちゃんと情報を得てよく理解した上で声を届けられるかどうか、ということです。そのような政策をめぐるコミュニケーションが実現できれば、誰がリーダーになっても、納得感のあるよい政策ができあがります。よい政策で国民の生活をよくしていくために、そういう政治状況をなんとかつくりたい、これが、本書を執筆した動機です。政治や政策に仕事として関わっている人たちだけでなく、生活者やビジネスパーソンなど、政治や政策を身近に感じられていない人も含めて、多くの方に伝えたいことです。

国がつくっている政策というのは、一つしかない商品を全国民に強制的に押し売りしているようなものです。好むと好まざるとにかかわらず、お金も強制的に徴収されてしまう。そしてそれは、そういう形でないと必要なサービスからあぶれてしまう人がいるから、成り立っているものです。勝手なものをつくられては困るから商品開発の段階で、様々な人の意見やアイディアを取り入れて社会的合意をとっていく。これが、政策をつくるプロセスなのです。

官僚主導から、官邸主導の流れの中で、業界団体など既存の中間組織の影響力が徐々に弱くなっていき、一般の方の支持を意識するようになりました。その結果、政策をつくるプロセスは開かれてきたと感じます。

でも、そのプロセスは、まだ成熟していません。政治家や官僚など政策をつくる人たちが、正解が分からなくなっているのは、そのためです。この国の政策のプロセスは、よくなる方向に変わってきてはいますが、まだまだ道半ばです。

コロナ禍という未曾有の事態に対応するために、財政的な制約も取り払われ、様々な政策が打ち出されましたが、「あれ？」「これ変じゃない？」「全然届かないじゃないか」そういうものも少なくないと思います。それは、今の時代にあった政策のプロセスがまだ出来上がっていないということの証明でもあります。

政策のプロセスは開かれましたが、かえって人の生活や現場と政策をつくる場の距離が遠くなってしまったように感じます。もう一度、その距離を縮められたらと強く思います。

税金が有意義に使われるようになるために、政策の効果が本当にみんなに届くように、そして多くの人が納得できる政策がつくられるように、そんな風になっていってほしい。ただ、それは、永田町や霞が関などで、本業として政策をつくる活動をしている人たちだけに任せていては、実現できません。永田町や霞が関のシステムも変わらないといけない、もちろん彼ら、彼女らの努力も必要です。読者の皆さんには自律的に変わりにくい永田町や霞が関が変わっていけるように、外から声を届けてほしいのです。また、一つひとつの政策についての種である、人の生活や様々な現場の課題を政策のプロたちに届けることにも、力を貸していただければと思います。それが、政策がよくなり、多くの人の生活がよくなることにつながる。もちろん、歴史のある業界団体や労働組合などの中間組織の方々も、積み上げてきたノウハウやネットワークを活かして、今の時代にあった形で、改めてより多くの人の声を集める努力をしていただきたいと思います。

そういう思いを持ってくださった方が、活用できる新しいコミュニケーションのルートや手法に関する情報を紹介してきました。思いを持っていても、何をしたらよいか分からないという方に、一人でも多く一歩を踏み出していただけたらとても嬉しいです。

さいごに、本書の執筆に関わってくださったすべての皆さんと、本書を執筆できる今の自分を支えてくださったすべての皆さんへの感謝をお伝えしたいと思います。自分を成長させ、いつも支えてくれる家族、友人、霞が関時代の同僚や先輩・後輩、政治家、企業・NPO、自治体、メディア関係の仲間たちに心から感謝いたします。僕の健康や日々のコンディションを支えてくれているトレーナー、会社や生活を様々な形でサポートしてくれるスタッフの方々にも感謝いたします。千正組という僕の会社名は、こういう仲間たちと一緒に社会をよくしていきたいという思いを込めたものです。

執筆に当たっては、前作『ブラック霞が関』に続いて、常に温かく指導をしてくださった新潮社編集部の内山淳介さんに心より感謝いたします。また、前作の企画前から様々なアドバイスや応援をいただいた新潮社の佐藤大介さんに心より感謝いたします。

そして、いつも僕の発信を見て多くのコメントや、フィードバックをくださる読者の皆様に心から感謝いたします。一つひとつ返信できないことがありますが、すべて僕は目を通しています。貴重な示唆をいただいていますし、もっとがんばって伝えようという力になっています。

最後に、僕の決断をいつも尊重してそばで応援してくれる妻・宏美と、日々癒してくれる愛犬のピッピに心から感謝します。

２０２１年11月

千正康裕

千正康裕　1975(昭和50)年生まれ。慶應義塾大学法学部を卒業後、厚生労働省入省。8本の法律改正に携わる。2019年9月退官。現在は株式会社千正組代表。内閣府や環境省の有識者会議委員も務める。

Ⓢ新潮新書

934

官邸《かんてい》は今日《きょう》も間違《まちが》える

著　者　千正康裕《せんしょうやすひろ》

2021年12月20日　発行

発行者　佐　藤　隆　信

発行所　株式会社 新潮社

〒162-8711　東京都新宿区矢来町71番地
編集部(03)3266-5430　読者係(03)3266-5111
https://www.shinchosha.co.jp

装幀　新潮社装幀室

図版製作　ブリュッケ

印刷所　株式会社光邦

製本所　加藤製本株式会社

ISBN978-4-10-610934-8　C0231

価格はカバーに表示してあります。